U0694903

中国社会科学院博士后管委会出版资助

魏明孔 主编

熊昌锟
程　蛟 执行主编

经济发展历程

经验与教训

第六届全国经济史学博士后论坛
论文精选集

图书在版编目（CIP）数据

经济发展历程：经验与教训：第六届全国经济史学博士后论坛论文精选集 / 魏明孔主编 .
—北京：经济管理出版社，2021.5
ISBN 978-7-5096-8024-7

Ⅰ . ①经…　Ⅱ . ①魏…　Ⅲ . ①中国经济—经济发展—文集　Ⅳ . ① F124-53

中国版本图书馆 CIP 数据核字（2021）第 100088 号

组稿编辑：张　昕
责任编辑：张　昕
责任印制：黄章平
责任校对：王淑卿

出版发行：经济管理出版社
（北京市海淀区北蜂窝 8 号中雅大厦 A 座 11 层　100038）
网　　址：www. E-mp. com.cn
电　　话：（010）51915602
印　　刷：唐山昊达印刷有限公司
经　　销：新华书店
开　　本：710mm × 1000mm /16
印　　张：14.5
字　　数：223 千字
版　　次：2021 年 12 月第 1 版　　2021 年 12 月第 1 次印刷
书　　号：ISBN 978-7-5096-8024-7
定　　价：98.00 元

联系地址：北京市海淀区北蜂窝 8 号中雅大厦 11 层
电话：（010）68022974　　邮编：100038

序言

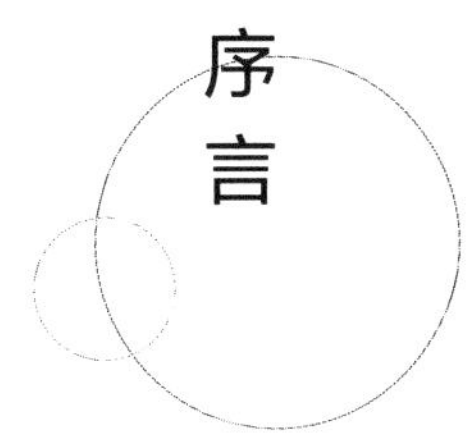

魏明孔[*]

中华民族自古以来就是一个善于总结历史的民族，以史为鉴是我们这个民族的重要思想来源之一。与此同时，中国经济史研究具有悠久的历史传统，若以第一部正史《史记》为例，其中就有《货殖列传》《平准书》和《河渠志》三篇经典文献，成为西汉以来史书记载的样本，标志着我国系统“食货”学的开始，也可将其视为我国系统经济史记载与研究之滥觞。改革开放以来，发展经济成为国家第一要务，经济史学也在曲折中不断繁荣壮大，成为继20世纪二三十年代以来的第二次高潮。在立足传统、广泛吸收其他学科营养的基础上，中国经济史学呈现出一派百花齐放的局面，显示出了勃勃生机。

由中国社会科学院经济研究所《中国经济史研究》团队发起的全国经济史学博士后论坛，得到了全国各地经济史博士后及博士生的热烈响应，已经成为经济史学界的一个重要平台。在有关管理部门的支持下，在兄弟单位的通力合作下，于2014年10月24—25日在北京举行第一届全国经济史学博士后论坛：“中国经济发展道路的历史探索”①；2015年12月12—13日在武汉举行第二届全国经济史学博士后论坛：“历史上的经济转型与

---

* 魏明孔，中国社会科学院“登峰战略”资深学科带头人、中国社会科学院大学经济学院特聘教授、中国社会科学院经济研究所二级研究员，兼任中国经济史学会会长。

① 第一届全国经济史学博士后论坛由中国社会科学院、全国博士后管理委员会、中国博士后科学基金会主办，中国社会科学院博士后管理委员会、中国社会科学院经济研究所、北京大学经济学院经济史研究所、中南财经大学经济学院、云南大学中国史研究所承办，《中国经济史研究》编辑部协办。

经济发展”①，2016 年 10 月 15—16 日在石家庄举行第三届全国经济史学博士后论坛：“货币金融 · 经济发展与现代化”②；2017 年 9 月 9—10 日在上海财经大学举行第四届全国经济史学博士后论坛：“中国经济史学的话语体系构建”③；第五届全国经济史学博士后论坛：“商贸演进视角下的货币金融变迁”④于 2018 年 10 月 12—13 日在北京举行。前五次全国经济史博士后论坛的优秀成果在会后集结成册，以论文精选集形式进行了出版。

2019 年 11 月 9–10 日，由中国社会科学院、全国博士后管理委员会、中国博士后科学基金会共同主办，中国社会科学院博士后管理委员会、中国社会科学院经济研究所、中国经济史学会、南京师范大学社会发展学院、南京审计大学新经济研究院联合承办的第六届全国经济史学博士后论坛在南京师范大学隆重举行。来自国内外高校、科研院所等机构的与会专家和青年学者达 60 余人，以“经济发展历程：经验与教训”为主题展开了热烈的讨论与交流。本届论坛共收到论文近 60 篇，反映了青年学者对学术的执着探索与时代担当。从青年学者提交的论文来看，内容非常规范，研究内容的深度和广度都有了进一步提高，对史料的发掘也有所突破，内容包括对经济史上的传统经济、小农经济、城市发展、市场发育、经济组织、生态环境、区域经济、经济增长、经济转型、财政金融等。从这次的经济史

---

① 第二届全国经济史学博士后论坛由中国社会科学院、全国博士后管理委员会、中国博士后科学基金会主办，中国社会科学院博士后管理委员会、中南财经大学经济学院、华中师范大学近代史研究所、武汉大学历史学院、中国社会科学院经济研究所、《中国经济史研究》编辑部承办，九州出版社协办。

② 第三届全国经济史学博士后论坛由中国社会科学院、全国博士后管理委员会、中国博士后科学基金会主办，中国社会科学院博士后管理委员会、中国社会科学院经济研究所、河北师范大学历史文化学院、《中国经济史研究》编辑部承办，河北师范大学人事处、河北师范大学商学院、河北省史学会协办。

③ 第四届全国经济史学博士后论坛由中国社会科学院、全国博士后管理委员会、中国博士后科学基金会主办，上海财经大学经济学院经济史学系、中国社会科学院博士后管理委员会、中国社会科学院经济研究所、中国经济史学会承办。

④ 第五届全国经济史学博士后论坛由中国社会科学院、全国博士后管理委员会、中国博士后科学基金会主办，中国社会科学院博士后管理委员会、中国社会科学院经济研究所、中央财经大学经济学院、中国经济史学会、中国商业史学会商业文化遗产专业委员会承办。

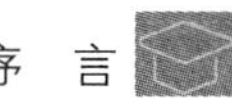

学博士后论坛主题来看，都是从现实经济问题切入，瞄准中国经济发展中的重大理论问题展开研究，认真总结历史上的经验教训，意味着青年学者对当下中国经济和社会的关注既有很强的历史责任感，也非常“接地气”。博士后与著名学者一对一互动，是经济史博士后论坛的显著特色。我们在这次论坛上聆听到了年轻学者的精彩报告与著名学者的专业点评。我想，这对于青年才俊的学术成长是很有意义的。

需要说明的是，《经济发展历程：经验与教训——第六届全国经济史学博士后论坛论文精选集》中的 11 篇论文，系从近 60 篇会议论文中筛选出来的，另外一篇系对这次学术论坛的综述。从本论文精选集开始，改由经济管理出版社出版。我们对之前负责本系列图书出版工作的编辑老师多年来的支持深表敬意和感谢，对经济管理出版社的编辑老师同样深表谢忱！

中国经济史学会作为全国经济史博士后论坛的承办者之一，有必要对学会的情况略做介绍。成立于 1986 年的中国经济史学会是中国经济史学工作者自愿组成的全国性学术团体。其宗旨是广泛团结中国经济史研究与教学工作者，加强相互联系和学术交流，共同促进经济史学科的发展。下设“中国古代经济史专业委员会”“中国近代经济史专业委员会”“中国现代经济史专业委员会”“外国经济史专业委员会”四个专业委员会。经济史学家严中平先生、吴承明先生、经君健先生、董志凯先生和刘兰兮先生先后担任学会会长。中国经济史学会于 2002 年加入国际经济史学会。学会会刊《中国经济史评论》成为南京大学 CSSCI 收录集刊，也成为中国社会科学院资助的优秀集刊之一。经济史学会已经成为我国经济史学界的学术共同体，是学术界之公器，今后将一如既往地服务于学界，特别是为青年学者的成长做出积极的努力。同时，也希望大家进一步关心和支持中国经济史学会。

我国正处于社会转型的重要时期，学术研究将会遇到前所未有的挑战。我们拥有悠久的文明历史，我们拥有改革开放 40 余年的伟大实践，我们有优良的学术传统，我们有年轻学者的奋发有为，中国经济史研究一定会有更加美好的未来！

读史令人明智，其中包括对于历史上经验教训的总结与认知。在我国经济发展演变的历史过程中，既有成功的经验，也有惨痛的教训，对于经验的总结当然是必要的，同时对于教训的汲取更是不可或缺的，其对于我们今天来说具有同样的镜鉴价值。了解国情，当然包括历史传统在内。

中国目前需要发展马克思主义的政治经济学，需要建构和完善中国特色的社会主义政治经济学。我们拥有几千年连绵不断的文明历史，拥有改革开放 40 多年的伟大实践，我们对中国的前景充满信心，对青年经济史学者寄予厚望！

目录

“大分流”的隐喻：中国与西欧优势手工业发展逻辑再审视（7—14 世纪）*

项露林　张锦鹏**

重庆交通大学马克思主义学院；云南大学西南边疆少数民族研究中心

【摘要】在“大分流”相关学说异彩纷呈、数家争鸣的背后，实质是通过构建自身话语体系对“西方中心论”提出质疑和挑战。从历史实践看，工业革命始终是中西方经济发展的分水岭，而手工业作为工业革命的先声，曾在中西方历史上大放异彩。7—14 世纪，中国和西欧由于农业景观的基础性差异，形成了各自的优势手工行业——丝织业和呢绒业。就发展逻辑而言，中西方虽均展现出分工不断细化（由行业内分工向劳动分工发展）、产品市场关联增强的特点，但中国的劳动分工主要是官府需求推动并存在于官营手工工场，西欧则是由市场发展分化而来且广泛分布于城市和郊区；中国受“施坚雅模式”（Skinnerian Model）层级市场影响，丝织产地之间缺乏竞争意识，西欧面对共同的区域或海外市场形成佛兰德斯、意大利和英格兰相互竞争的呢绒产业格局。分工层次和产地竞争的路径依赖殊异明显，隐喻了工业革命后中西方经济发展的“大分流”。

【关键词】大分流；优势手工业；分工层次；产地竞争；路径依赖

---

* 基金项目：国家社科基金重点项目“中国与西欧城市经济发展路径比较研究（7—14 世纪）”（12AZS009）。

** 作者简介：项露林（1989—），男，博士，讲师，主要从事中国古代社会经济史、民族经济和文化研究；张锦鹏（1964—），女，博士，教授，主要从事中国古代社会经济史、民族经济研究。

一、引　言

近年来，王国斌、罗森塔尔（Jean-Laurent Rosenthal）的新著《大分流之外：中国和欧洲经济变迁的政治》①在中国翻译付梓，该书试图从统一与分裂、市场机制、制造业和公共财政等角度重新阐释中西方经济“大分流”问题，使这一颇具争议的学术命题再次引起广泛关注。20世纪80年代以来，国内外经济史学界相继提出三种观点：一是“加州学派”代表人物之一的彭慕兰认为，欧洲和东亚核心区之间经济大分流在18世纪相当晚的时候才出现②；二是英国经济学家安格斯·麦迪森（Angus Maddison）通过对历史数据的测算，认为1820年中国GDP仍然占到世界总量的28.7%，是当时世界上最大的经济体③；三是国内李稻葵团队基于历代官方和民间的史料记载，测量了北宋、明、清的GDP等数据，认为中国在北宋时期生活水平世界领先，但到1300年落后于意大利，1750年之前已经整体落后于西欧。④上述三种观点因其颠覆性的创见，甫一问世便引起巨大争论，赞成者有之，质疑者也不乏其人。至王国斌和罗森塔尔的新作面世，“大分流”相关学说已表现出异彩纷呈、数家争鸣的局面。笔者无意探讨各家学说的正误与否，只想就其论证逻辑做一番细致解读：虽然在具体时间节点以及分流原因上分歧较大，然不管是彭慕兰、王国斌和罗森塔尔，还是麦迪森和李稻葵团队，亦不论其采用史料重构法或者历史GDP测算法，其实质是通过建构一套自身的话语体系来证明中西方经济“大分流”的时间和影响因素要异于

① ［美］王国斌、罗森塔尔：《大分流之外：中国和欧洲经济变迁的政治》，周琳译，江苏人民出版社2018年版。

② ［美］彭慕兰：《大分流：欧洲、中国及现代世界经济的发展》，史建云译，江苏人民出版社2004年版。

③ ［英］安格斯·麦迪森：《世界经济二百年回顾》，李德伟、盖建玲译，改革出版社1996年版，第11页。

④ 该结论公布于2017年10月，但李稻葵团队相关研究已进行了13年，具体成果参见李稻葵、管汉晖：《明代GDP试探》，《清华大学学报》（哲学社会科学版）2009年第3期；管汉晖、李稻葵：《明代GDP及结构试探》，《经济学（季刊）》2010年第3期；等等。

学界的原有认知，借此呼吁重视经济全球化中的东方，从而对“西方中心论”提出事实上的挑战。

正如笔者先前指出的，无论中西方经济“大分流”时间早或晚，工业革命始终是中西方经济发展的分水岭。就历史实践而言，西欧在工业革命前不断积累朝“机器大工业”过渡的积极因子，而中国徘徊不前，始终无法找到其突破口。[①]然而，从另一角度看，手工业作为工业革命的先声，在中西方各自历史上均曾大放异彩，突出表现在出现了一批颇受市场欢迎和追捧的优势手工业商品，前者如丝绸、瓷器，后者如呢绒、葡萄酒，那么这种所谓“优势”的背后，双方手工业发展的内在逻辑是否一致？若不一致，这种逻辑差异是否是决定中西方工业发展命运的关键因素？因此，本文以 7—14 世纪中国和西欧各自的代表性手工业——丝织业与呢绒业及其商品为主要考察对象。目前而言，单就丝织业或呢绒业进行研究的成果颇多，但鲜有学者进行中国和西欧的横向比较研究，所见仅马克垚主编《中西封建社会比较研究》第九章《城市与资本主义萌芽——主要以佛罗伦萨呢绒业和苏州丝织业为例》进行了初步尝试，但其核心乃是关于资本主义萌芽问题的探讨。[②]本文尝试通过分析丝织和呢绒产业及其商品在 7—14 世纪中国和西欧的优势地位，从分工层次和产地竞争的双重维度讨论双方手工业发展的内在逻辑，探寻工业革命前后中西方产业发展道路的差异真相，为拨开中西方经济“大分流”的历史迷雾提供一个独特视角。

二、丝织业与呢绒业：中国和西欧优势手工业及其商品呈现

传统时期，手工业是严重依赖原料的生产部门，在不同的农业资源禀赋条件下，就会因“生产什么、如何生产、为谁生产”的不同而发展出类型各异的手工业。农业景观是中国和西欧手工业发展的基础性条件，其差

① 参见项露林、张锦鹏：《技术与市场：“大分流”视域下中国与西欧城市手工业比较研究（7—14 世纪）》，《世界地理研究》2019 年第 3 期，第 55 页。

② 参见马克垚主编：《中西封建社会比较研究》，学林出版社 1997 年版，第 269–287 页。

异直接决定了双方手工业发展形态的显著区别。7—14 世纪，中国城乡最为发达的手工行业是丝织业，由于依靠农业提供原材料的特点，农业发达区同时也是手工业发达区，因此关中、华北和成都平原以及长江下游等农业主产区成为这一时期重要的丝织业中心。相比较之下，西欧地区特殊的中高纬度、地形和濒临大西洋的水汽条件，形成了覆盖全境的地中海气候和温带海洋气候，极大地影响和决定了西欧农业发展形态。西欧沿海平原地区形成的优良牧场使养羊业和毛纺织业获得了优先发展的机会。从产业发展层面来看，中国丝织业和西欧呢绒业呈现出若干共同特点：

（一）产地分布极广，生产规模庞大

就产地分布而言，除了都城外，一般府州级城市亦是纺织业集中所在地。例如唐代的河北定州，"缫丝鸣机杼，百里声相闻"[①]；到宋代，江南丝织业工艺水平和产量都已经超过了北方，以两浙（浙东、浙西）、四川一带最为发达，当时江南一带城镇"缲车之声连甍相闻，非贵非骄，靡不务此"[②]。西欧地区呢绒业也分布极广，11—13 世纪，英国伦敦、牛津、温切斯特、布里斯托尔、约克、斯坦福等数十个城市呢绒业都十分发达，其产品也远销西欧各地，如"英吉利的斯坦福呢"（English Stamfords）就出现在 1265 年意大利威尼斯城的关税清册中。[③] 此外，前述佛兰德斯地区、法国，还有西班牙和意大利地区等的呢绒业发展也十分繁荣。

从生产规模上看，宋代成都锦院"岁费丝，权以两者一十二万五千。红蓝紫茢之类，以斤者二十一万一千，而后足用。织室、吏舍、出纳之府，为屋百一十七间，而后足居"[④]。而南宋杭州"竹窗轧轧，寒丝手拨，春风一夜，百花尽发，其制而服也"[⑤]，足可见规模之大。西欧方面，据记载，14 世纪末英格兰萨福克郡（Suffolk）盖有检验印章的呢绒为 2797 匹，威尔特

---

① 孙建军等主编：《全唐诗选注》之李白《赠清漳明府侄》，线装书局 2002 年版，第 1371 页。

② 〔宋〕李觏：《直讲李先生文集》卷 16《富国策》第 3，《四部丛刊》，第 6 页。

③ 吴于廑：《15、16 世纪东西方历史初学集》，武汉大学出版社 1985 年版，第 133 页。

④ 〔元〕费著：《蜀锦谱》，载于《丛书集成新编》第 47 册，新文丰出版公司 2008 年版，第 768 页。

⑤ 〔宋〕晁補之：《鸡肋集》卷 28《七述》，文渊阁四库全书本。

郡（Wiltshire）为 7292 匹，萨莫塞特郡（Somerset）则为 12376 匹。[①] 另外一组统计数据表明，英格兰 1366—1368 年平均每年织造呢绒 14000 匹，1392—1395 年达到平均每年 43000 匹。[②]13 世纪，佛罗伦萨呢绒业开始崛起，西方学者估计其在 1310 年达到了年产 10 万匹的最高纪录，而此后直到 1338 年，佛罗伦萨的呢绒产量仍维持在 7 万 ~8 万匹的年平均水平。[③] 据此可知西欧主要地区呢绒产业之繁盛和规模之庞大。

（二）生产形式多样，织工数量众多

就生产组织形式而言，中国丝织业既有家庭作坊式生产，也不乏一定规模的工场手工业生产。如北宋成都锦院，“元丰六年，吕汲公大防始建锦院于府治之东，募军匠五百人织造，置官以莅之”[④]，这是典型的由官方组织的丝织手工工场，织工数量众多。而民间家庭作坊更是多如牛毛，如成都“城中繁雄十万户……锦机玉工不知数”[⑤]，梓州亦是“机织户数千家”[⑥]。宋代江南市镇尤为发达，家庭丝织业作坊也十分繁盛，如婺州“孤城秋枕水，千室夜鸣机”[⑦]，“浦阳俗善织，凡补吏者，指此邑为膏润”[⑧]，江南这些市镇家庭多数是从市场买回生丝等原料在家庭作坊中纺织成布，再拿到市场出售，从中赚取加工费，织工则以家庭成员为主。

---

① ［英］庞廷：《英国西南部的毛纺织工业》，1971 年英文版，第 19 页。转引自陈曦文.《英国中世纪毛纺织业的迅速发展及其原因初探》，《北京师范学院学报》（首都师范大学前身）（社会科学版）1986 年第 2 期，第 38 页。

② ［英］M. M. 波斯坦、爱德华·米勒主编：《剑桥欧洲经济史》第二卷《中世纪的贸易和工业》，钟和等译，经济科学出版社 2004 年版，第 565 页。

③ E. B. Fryde，“Italian Maritime Trade with Medieval England（c.1270–c.1530）”，in E. B. Fryde. *Studies in Medieval Trade and Finance*，London：The Hambledon Press，1983，p.296.

④ 〔元〕费著：《蜀锦谱》，载于《丛书集成新编》第 47 册，新文丰出版公司 2008 年版，第 768 页。

⑤ 〔宋〕陆游：《陆游集》卷 1《晚登子城》，中华书局 1976 年版，第 245 页。

⑥ 刘琳等点校：《宋会要辑稿》之《食货六十四》，上海古籍出版社 2014 年版，第 7745 页。

⑦ 〔宋〕欧阳修著，李逸安点校：《欧阳修全集》卷 10《送祝熙载之东阳主簿》，中华书局 2001 年版，第 162 页。

⑧ 〔宋〕强至：《祠部集》卷 33《送监征钱宗哲序》，中华书局 1985 年版，第 507 页。

相比较之下，西欧呢绒业集中在城市手工业作坊中，且织工均属于行会组织。据1130年英格兰《国库档卷》所载，当时伦敦、约克、牛津、诺丁汉、温切斯特等市均建有专业织工行会。[①]而在工业革命前夕，英格兰呢绒业出现一股家庭作坊生产的高潮，并持续了较长一段时间。意大利佛罗伦萨的呢绒业在14世纪30~40年代进入鼎盛期，据载1338年其城市总人口为11万，而织工就有约3万人，手工工场200余个，年生产能力达8万匹。[②]据此可见其织工数量之多，生产能力之强。

（三）工艺标准化、产品特色化趋势明显

中国丝织业方面，据载唐代亳州出产的轻纱，“真若烟雾”，“举之若无”[③]，宋代四川“罗纨锦绮等物甲天下”[④]，梓州“织八丈阔幅绢献宫禁，前世织工所未能为也”[⑤]。闻名后世的蜀锦（四川）、云锦（南京）、宋锦（苏州）和壮锦（广西）在宋代已初具雏形。以蜀锦为例，宋代“蜀以锦擅名天下”[⑥]，元人费著考证，北宋所织之锦，其别有四，曰“上贡锦”，曰“官告锦”，曰“臣僚袄子锦”，曰“广西锦”[⑦]，可见其标准和分类已极具特色。此外，宋元之际，杭州、湖州、婺州、越州、抚州等地均形成了一批专业化、特色化丝织品生产基地。而在西欧，英格兰1197年颁布《度量衡法令》规定，呢绒产业中印染布只能在城市或者大的自治城市生产，并规定了生产标准：所有的呢绒布应保持在90英寸宽，且中间和边缘的质量要一致。[⑧]13世纪，佛罗伦萨已成为西欧最发达的呢绒产业中心之一，其独

---

① E. Lipson, *An Introduction to the Economic History of England*, Vol. 1, London: A. and C. Black 1929, p.391.

② ［英］M. M. 波斯坦、爱德华·米勒主编：《剑桥欧洲经济史》第二卷《中世纪的贸易和工业》，钟和等译，经济科学出版社2004年版，第545-546页。

③ 〔宋〕陆游撰，李剑雄、刘德权点校：《老学庵笔记》卷6，中华书局1979年版，第80页。

④ 〔元〕脱脱等撰：《宋史》卷267《樊知古传》，中华书局1977年版，第9396页。

⑤ 〔宋〕张邦基撰，孔凡礼点校：《墨庄漫录》卷2，中华书局2002年版，第61页。

⑥⑦ 〔元〕费著：《蜀锦谱》，载于《丛书集成新编》第47册，新文丰出版公司2008年版，第768页。

⑧ ［英］M. M. 波斯坦、爱德华·米勒主编：《剑桥欧洲经济史》第二卷《中世纪的贸易和工业》，钟和等译，经济科学出版社2004年版，第526页。

特的经营方式是从英国、西班牙进口羊毛进行加工，还从英国购进本色呢绒，经羊毛公会会员染色加工，然后转销获得厚利。这一时期的佛罗伦萨，因掌握着独特的染织配方从而垄断了西欧呢绒业的高端市场。

此外，从优势商品层面考察，宋代杭州丝绸“或袍或鞶，或绅或纶，或缘或表，或缝或襕，或紫或纁。或绀或殷，严以奉祠，亵以养安，薄以却暑，厚以御寒，以锡三军，以赉四国，以供耳目之玩”①，而成都府丝织也是“连甍比室，运机弄杼，燃膏继昼，幼艾竭足，以供四方之服玩”②，更有府州级城市如金华府“城中民以织作为生，号称衣被天下”③，可见所谓“四国”“四方”或若“天下”，无不是形容丝绸商品市场广阔和行销之远。而在西欧，佛兰德斯地区的布鲁日（Bruges）、根特（Gent）等城市在 9 世纪就是毛纺织业中心；11—12 世纪，英国输入的优质羊毛加上城市里织匠们的传统技艺，使该地区生产的呢绒在香槟集市上驰名全欧；法国巴黎也是当时重要的毛纺织中心和呢绒成品服装生产基地，是服装界流行与时尚的引领者。

三、分工层次：中国丝织业和西欧呢绒业发展阶段之异同

从人类历史的长期发展来看，分工具有多层次性的特征。第一层面是社会分工。手工业从农业中独立出来，即属于生产部类或产业之间的社会分工，其分工形成了农产品和手工业产品的交换，促进了商品经济的发展。第二层面是产业内分工。在产业内出现了各行各业，如手工业部门出现了纺织业、造纸业、印刷业、造船业、建筑业等。这些行业所提供的产品用途各异，相互之间多为间接性关联。第三层面是行业内分工。一个大行业逐步分解为紧密关联的多个行业，如纺织业逐步分解为缫丝业、印染业、织造业、服装业等。第四层面是劳动分工，主要体现为生产工序的专业化，

① 〔宋〕晁補之：《鸡肋集》卷 28《七述》，文渊阁四库全书本。

② 〔宋〕吕大防：《锦官楼记》，载《全蜀艺文志》卷 34，《四库全书》第 1381 册。

③ 〔宋〕刘敞：《公是集》卷 51《先考益州府君行状》，中华书局 1985 年版，第 621 页。

通过专业化的劳动提高整个行业的生产效率。随着历史的演进，分工的四个层面开始逐一显现，然而不同地区表现形式和发展程度并不完全一致。概而观之，7—14 世纪中国丝织业和西欧呢绒业都具有分工不断细化、产品市场关联增强的特点，但是它们的发展逻辑却颇有不同。

（一）中国丝织业以行业内分工扩大为主，劳动分工表现不足

中国丝织业主要表现为行业内分工扩大，劳动分工只在官营工场有较大发展，民间丝织业表现并不充分。唐代少府监所属染织署作坊涵盖了丝织手工业从缫丝、织作、染色等各个生产程序。其中一个生产程序又会分成多个专业化生产环节，以适应生产不同品种花色的丝织品。据《唐六典》记载，其中织纴之作有十类，分别为布、绢、絁、纱、绫、罗、锦、绮、绸、褐；组受之作有五类，分别为组、绶、绦、绳、缨；细线之作有四类，分别为铀、线、弦、网；练染之作有六类，分别为青、绛、黄、白、皂、紫。[①] 而宋代成都锦院"设机百五十四，日用挽综之工百六十四，用杼之工五十四，练染之工十一，纺绎之工百一十，而后足役"[②]。由此可见，唐宋时期丝织业工序之繁多和劳动分工之细密。但是必须强调的是，如此细密的分工是在官营手工业作坊里的生产活动，是官府组织工匠为提高效率和质量而进行的专业化生产。

基于以上分析，我们可以看到中国丝织业向劳动分工的发展主要是在官方推动下实现的，这与西欧依靠市场发展而分化出来的专业化生产有实质性区别。因此，11 世纪以后的西欧城市发展的一个重要特征是：城市与城市之间因手工业逐渐发展出密切的经济联系，形成了共同的产业链经济以及一个不断扩张的区域市场和海外市场。在区域之间行业内分工不断深化的过程中，西欧城市逐渐走向了注重本地区区位的比较优势，积极利用市场发展优势手工业之路。

---

① 〔唐〕李林甫等撰，陈仲夫点校：《唐六典》之《少府军器监》卷22，中华书局1992年版，第576 页。

② 〔元〕费著：《蜀锦谱》，载于《丛书集成新编》第 47 册，新文丰出版公司 2008 年版，第768 页。

（二）西欧呢绒业靠市场连接，行业内分工与劳动分工发展充分

西欧呢绒业在向行业内分工细密化方向发展的同时，劳动分工的专业化特色也较为突出。其中，行业内分工的主要特点是依靠市场相互连接。如 13 世纪末的意大利商人不满足于仅仅充当东西方原料和成品的转运者角色，他们开始在米兰、佛罗伦萨等地投资呢绒业的相关产业链：一是染料业。他们专注于在罗马时代就有名的猩红、血红及紫红色染料，出现了专门生产染料的手工业。二是印染业。通过大量进口胭脂、巴西木和明矾等染料用品，一批专门进行布料染色的印染业应运而生。三是呢绒修剪业。佛兰德斯等地生产的毡布软而紧密，被他们拿来再加工，反复起绒修剪以提高产品的舒适程度，形成了专业化的毛纺织品修剪业和初毛呢再加工业。总的来说，他们根据市场信息，潜心专注于毛纺织工业的后半部分，大量从佛兰德斯和英格兰购进呢绒布料成品和半成品，进行染色、磨光、起绒、修剪，并且高标准地完成了这些工作，从而一跃成为西欧地区高级呢绒布料的最大市场供应者。可见，西欧手工业的行业内分工是市场发展的结果，生产的产品直接面向市场，市场的扩大又会进一步刺激行业内分工的深化。

同时，西欧呢绒业劳动分工的专业化表现也十分明显。如 11 世纪的佛兰德斯地区，“新的城镇崛起了，旧的城市得到复兴并且日益扩大，郊区到处是布业工人——织工、漂洗工、染工和其他工种的工人”①；而几乎同时期位于英国利兹（Leeds）的一个工场主曾这样进行分工，以 60 人为一个生产小组，其中 12 人筛选、清洗羊毛，30 人纺纱，12 人织呢和修剪，剩下 6 人负责随机协助。②14 世纪以后，这一趋势发展更快，据载约翰·温契康伯在 16 世纪初拥有一个大型呢绒工场，织机 200 驾，工匠千余人，按

---

① ［英］M. M. 波斯坦、爱德华·米勒主编：《剑桥欧洲经济史》第二卷《中世纪的贸易和工业》，钟和等译，经济科学出版社 2004 年版，第 525 页。

② ［苏］梅舍亮柯娃：《论 17 世纪英国资产阶级革命前夜英国工业的发展》，《历史译丛》第 1 集，1960 年，第 48 页。

照工序分为羊毛梳理工、纺纱工、织匠、剪绒匠和染匠等。[①]18 世纪中期，亚当·斯密在撰写《国富论》时，就深入论证了劳动分工的效率优势，指出“凡能采用分工制的工艺，一经采用分工制，便相应地增进劳动的生产力”[②]，可见当时人们已经逐渐意识到集约化生产能够给自己带来多于粗放化生产的利益，因而主动选择专门生产一种产品或从事某一道工序，以获得预期的利益。

四、产地竞争：中国丝织业和西欧呢绒业发展方向之比较

在先前的研究中，笔者已经提出了西欧手工业主要是靠区域外市场或海外市场推动，而中国则是“施坚雅模式”（Skinnerian Model）的中心地等级市场，由基层市场逐级向高级市场提供手工业消费品。[③] 具体到市场竞争机制上，与中国丝织业的层级竞争模式不同，西欧地区呢绒产业竞争主要围绕佛兰德斯、意大利和英格兰三地平行展开。

（一）佛兰德斯呢绒业的率先崛起

早在 11 世纪，“佛兰德斯的每个城镇都是纺织城，并靠出口贸易为生”[④]，至 13 世纪上半叶，佛兰德斯的呢绒业开始达到鼎盛，其中布鲁日城市人口约 5 万人，多数是纺织工人，这些城镇纺织中心不乏大型的手工工场。佛兰德斯的呢绒手工业也带动了周边国家和地区的发展，如布拉班特公国和法国东北部的一些主要城镇，这些地区在 13 世纪的“汉萨同盟”中

---

① Cunningham，W.，*The Growth of English Industry and Commerce in Modern Times*，Cambridge：Cambridge University Press，1927，p.315.

② ［英］亚当·斯密（Adam Smith）《国民财富的性质和原因的研究》，郭大力、王亚南译. 商务印书馆 1996 年版，第 5–20 页。

③ 见项露林、张锦鹏《技术与市场：“大分流”视域下中国与西欧城市手工业比较研究（7—14 世纪）》，《世界地理研究》2019 年第 3 期，第 58–60 页。

④ ［英］M. M. 波斯坦、爱德华·米勒主编：《剑桥欧洲经济史》第二卷《中世纪的贸易和工业》，钟和等译，经济科学出版社 2004 年版，第 525 页。

以布业“十七城镇”而闻名，它们的部分呢绒布料是通过法国东北部著名的香槟集市进行销售扩散的。13 世纪后半叶，佛兰德斯呢绒业危机开始显露，主要体现在三个方面：一是作为主要原料供给地的英格兰开始限制对佛兰德斯的羊毛出口，造成本地区的呢绒生产商羊毛供应出现时断时续情况。二是佛兰德斯的呢绒产品通往法国香槟集市的销路出现障碍。由于与法国国王关系不稳定，法王经常查封来自佛兰德斯的呢绒货物。三是佛兰德斯呢绒产业内部出现劳资关系紧张问题。特别是 1280 年织工暴动开始进入高潮，主要呢绒工业城市如布鲁日、伊普尔等均深陷其中。[①] 自此，佛兰德斯呢绒业不断衰落，后逐渐被意大利和英格兰赶上和超越。

（二）意大利凭借严格标准和高端工艺后来居上

直到 13 世纪中叶，意大利呢绒业与佛兰德斯相比一直处于低级水平。13 世纪后半叶开始，佛兰德斯呢绒业陷入困局，为意大利的崛起提供了良机。综合来看，意大利呢绒业的快速发展取决于以下三个方面：

一是严格把控优质羊毛来源。意大利自身有广袤的草场，养羊业十分发达，但本国羊毛远不足以供应庞大的毛纺织工业需求，因此意大利商人四处奔走，1278 年热那亚舰队成功直航英格兰，建立了与英格兰的羊毛贸易联系。1320 年以后，意大利主要的纺织城市如佛罗伦萨等均已大规模使用英格兰羊毛进行呢绒生产。

二是坚持使用高端的起绒和漂染工艺。12—13 世纪的佛罗伦萨拥有这一时期西欧最优秀的刷毛工、漂染工和修剪工。以漂染环节为例，部分商人利用利凡特（Levant，概指今地中海东部地区）输入的胭脂、巴西木搭配意大利的紫红、猩红和血红开设染坊，由于掌握者享有专利的独特染织配方，佛罗伦萨的呢绒工场能够漂染出最华丽而又不褪色的呢绒，因此垄断了西欧呢绒业的高端市场。

三是执行最严格的质量标准和要求。在意大利呢绒行业，行会组织负责制定技术规范，监督工匠的工作。据记载，在佛罗伦萨，唯有最贵重的

---

① ［美］詹姆斯·W. 汤普逊：《中世纪晚期欧洲经济社会史》，徐家玲译，商务印书馆 1996 年版，第 335 页。

染料才可用于印染最精细的呢绒[①]，如对于珍贵的猩红色布，若行会组织发现有一块猩红色布不是完全用胭脂漂染，该工匠将被罚款 105 英镑，否则就要被砍掉右手。[②]为了提高呢绒产品质量，行会规定不合格的印染产品都要"返工重染，剪断卖给小贩，或烧掉"[③]，这种近乎苛刻的要求使得意大利呢绒产品的精美程度超过了同时期西欧其他地区的产品。

然而，好景不长，14 世纪英国开始大力发展自身呢绒产业，减少羊毛出口量，意大利纺织业面临原料供给不足的局面。这一形势在 15—16 世纪不断持续，以佛罗伦萨为代表的意大利呢绒业逐渐陷入低谷。虽然羊毛进口量的锐减只是众多压垮意大利呢绒工业的因素之一，但这种产地竞争无疑是导致其衰变的主要原因，以至于 M. M. 波斯坦说，"至 13 世纪末 14 世纪初，人们可以说，没有英国羊毛，那些高度工业化地区的呢绒织造业便不可能存在"[④]。

（三）英格兰鼓励工匠移民和实施贸易战全面反超

相较于佛兰德斯和意大利，英格兰擅长后发制人，并在争夺西欧呢绒市场时率先使用羊毛作为武器进行贸易战，并取得胜利。相比较而言，1360 年无疑是一个特殊的时间分界点，在此之前羊毛一直是英国的主要出口货物，而此后其呢绒出口开始占据主导地位，羊毛出口不断受到限制。同时，英格兰呢绒年平均出口量在 14 世纪中叶以后开始一路飙升，从 1353—1355 年的 3040 包到 1392—1395 年达到 43072 包，并在 1450 年增至 54000 包。[⑤]这里有一位关键人物，即英格兰国王爱德华三世，其在位期间制定的一系列政策奠定了英国呢绒业腾飞的基础。具体如下：

---

① Pounds, N. J. G., *An Economic History of Medieval Europe*, London: Longman, 1974, p. 234.

② Cipalla, C. M., *Before the Industrial Revolution, European Society and Economy, 1000-1700*, New York: New Fetter Lane, 1976, p. 43.

③［英］M. M. 波斯坦、爱德华·米勒主编：《剑桥欧洲经济史》第二卷《中世纪的贸易和工业》，钟和等译，经济科学出版社 2004 年版，第 357 页。

④ M. M. Postan, *Medieval Trade and Finance*, Cambridge: Cambridge University Press, 1973, p. 343.

⑤［英］M. M. 波斯坦、爱德华·米勒主编：《剑桥欧洲经济史》第二卷《中世纪的贸易和工业》，钟和等译，经济科学出版社 2004 年版，第 565-566 页。

一是鼓励西欧各地的能工巧匠移居英格兰。其目的是通过技术移民迅速提升本国呢绒质量，以赢得出口优势。1331 年，爱德华三世为著名的织匠约翰·坎普等颁发保护状，1337 年趁佛兰德斯动乱之际，英格兰又以极具诱惑的条件吸引大批移民工匠迁入约克、温切斯特和伦敦等地。爱德华三世时期仅登记从佛兰德斯迁入约克郡的织匠就有 300 多人，这些移民极大地壮大了英格兰呢绒产业的发展力量。

二是禁止羊毛原料的出口。1376 年，英国国王下令羊毛原料必须在国内制成呢绒，否则不准输出国外。[①] 上述政策起到了积极的效果，羊毛出口日益减少，呢绒产业得到长足发展。到 15 世纪中叶，英格兰呢绒出口量达到年均 54000 匹，羊毛出口量仅为年均 8000 袋，至亨利八世（1509—1547 年在位）末期达到呢绒出口鼎盛时期，突破了 12 万匹的纪录。[②] 可见，英格兰的羊毛出口禁令确实为本国呢绒业的发展注入了强大的动力。如此，英格兰通过控制原料出口、争夺劳动力等方式，相继战胜佛兰德斯和意大利，成为西欧首屈一指的呢绒产业强国。

综合比较，中国和西欧两种市场导向形成了极具差异的竞争机制，突出表现在西欧各地呢绒业所面对的是共同的区域或海外市场，呢绒产品需要通过产地竞争决出优劣，才能占领相应市场；而中国丝织业的发展缺乏这种平行竞争机制，隋唐之际，官营丝织业代表了最高水平，而宋以后，虽然民间丝织业发展获得长足进步并形成各地特色，但由于面临基原市场—地方市场—区域市场—全国市场的层级格局（即“施坚雅模式”），丝织产品只需满足某一层级市场即可，唯有少量的专业特色产品才能走向更高级市场并形成区域性或全国性品牌。

五、结　语

7—14 世纪中国和西欧农业景观的基础性差异决定了丝织业和呢绒业

---

① E. Lipson, *An Introduction to the Economic History of England*, Vol.1, London：A. and C. Black，1929，pp.399–400.

② ［英］M. M. 波斯坦、爱德华·米勒主编：《剑桥欧洲经济史》第二卷《中世纪的贸易和工业》，钟和等译，经济科学出版社 2004 年版，第 565–566 页。

的不同产业形态，虽然双方均呈现分工不断细化、产品市场关联增强的特点，但在具体发展逻辑上却差异明显：一是在分工层次上，中国丝织业以行业内分工扩大为主，劳动分工只在官营手工工场有较大发展。而西欧行业内分工呈现出细密化发展趋势的同时，劳动分工特色也十分突出。二是在产地竞争机制上，中国受“施坚雅模式”层级市场影响，丝织产地之间缺乏竞争意识。而西欧面对共同的区域和海外市场，形成佛兰德斯、意大利和英格兰相互竞争的产业格局，英国最后胜出并迎来了工业革命的曙光。

尽管发展逻辑差异甚大，但如前文所述，在 7—14 世纪并未影响中国和西欧各自发展出具有代表性的手工业行业和深受传统市场欢迎的优势手工业商品。随着工场手工业继续发展，特别是 18 世纪 60 年代英国工业革命后，机械化的社会大生产开始在西欧呢绒业和棉纺织业得到迅速推广，在生产效率上将中国迅速抛在身后。而明清以来中国丝织业和棉纺织业依然按照自己的步伐在前进，直到近代受到西方冲击发展速度减缓并走向停滞。王国斌和罗森塔尔认为，在东西方经济史上，中国的道路是比较常规的，而欧洲的模式是个例外。从长时段历史研究视角看，传统至近代中国的工业化道路也是常规的，西欧在工业革命后出现的爆发式增长是个案。然而西方却在此后引领了世界经济的发展潮流，当前多数发展中国家仍在走发达国家已完成的工业化道路，即是明证。结合本文分析来看，分工层次和产地竞争的明显差异形成了 7—14 世纪中国和西欧优势手工业不同的路径依赖特点，为工业革命首发于西欧特别是英格兰地区预埋了伏笔，并隐喻了此后中西方经济命运的“大分流”。

清代中期长江流域粮食贸易的衰减

——以九江关的时船料银为中心的考察*

赵伟洪 **

中国社会科学院经济研究所

【摘要】 九江关是长江流域重要的流通枢纽，也是中、上游粮食输往江浙的必经关口。该关的税收在乾隆前期有三四十万两，乾隆后期达到六七十万两的最高水平；嘉道以来稳定在五六十万两，其税收虽不及乾隆后期，但仍然远高于乾隆前期的税收水平。在嘉庆九年至道光三十年共48届关期中，九江关有39个年份征收时船料银22万两以上，其中有20个年份达30万两或以上。以船料银占比估算乾隆后期的平均时船料银数接近38万两。嘉道时期九江关时船料银较乾隆后期有所削减，但仍超过了乾隆前期水平。嘉道时期，江北频繁发生灾歉，在江西、湖南收成较好时有大量粮食运往灾区，九江关所征船料银便会较为丰足。

【关键词】 九江关；清代中期；嘉庆九年；钦定盈余；时船料银；粮食流通

九江位于鄱阳湖、赣江水系与长江交汇之处，是清代最重要的米市之一，且与长沙、汉阳、芜湖几大米市相邻。九江关是长江流域重要的流通枢纽，也是中、上游粮食输往江浙的必经关口。据前人学者估计，清代前

---

* 基金项目：本文系国家社会科学基金项目“清代中期长江中游粮食流通与市场整合研究”（项目号：16CZS042）的阶段性成果。

** 作者简介：赵伟洪，中国社会科学院经济研究所副研究员，主要从事中国经济史研究。

期江浙地区每年经长江流域输入的粮食在1000万~1500万石以上，[①]粮食主要来源于江广三省和四川。这些估测主要依据雍乾时期湖广地方抚臣的奏折或者九江关档案关于过关船只的资料。许檀、徐俊嵩利用芜湖工关征收的米麦船料银数据估计了清代前期芜湖关过关米麦最多四五百万石，与以往估计有较大差异。[②]嘉道以来的粮食贸易量，论者多认为出现了严重衰减，但对这一时期长江流域粮食流通尚无具体的实证研究。前人学者对九江关的关注主要集中于榷关制度角度。[③]现有研究从税收的长期变动与商品流通两方面展开探讨，主要有两部重要成果，[④]但尚无学者专门从粮食流通的角度来考察九江关的税收特别是其船料税银征收情况。笔者从该关税收档案中整理出清代中期较为连续的时船料银数字，以此来考察清代中期经九江关的粮食流通的变化。

一、乾隆时期九江关税收的迅速增长与嘉庆九年的钦定盈余

九江关始设于明代景泰元年（1405年），由户部委官监收。明代时该关只征船税，不收货税，长江中上游与下游地区经长江干道往返的船只以

① 全汉昇：《清朝中叶苏州的米粮贸易》，《中国经济史论丛》第二册，中华书局2012年版，第679页；李伯重：《明清江南与外地经济联系的加强及其对江南经济发展的影响》，《中国经济史研究》1986年第2期；许涤新、吴承明：《中国资本主义的萌芽》，人民出版社1985年版，第273–275页；Wang Yeh-chien，“Secular Trends of Rice Prices in the Yangzi Delta，1638–1935”，in Rawski Thomas G.，Li Lillian M. eds.，*Chinese History in Economic Perspective*，Berkeley：University of California Press，1992，pp. 35–68；郭松义：《清代粮食市场和商品粮数量的估测》，《中国史研究》1994年第4期。

② 许檀、徐俊嵩：《明清时期芜湖关的税收与商品流通》，《清华大学学报（哲学社会科学版）》2017年第2期。

③ 吴建雍：《清前期榷关及其管理制度》，《中国史研究》1984年第1期；祁美琴：《清代榷关制度研究》，内蒙古大学出版社2004年版；邓亦兵：《清代前期关税制度研究》，北京燕山出版社2008年版；倪玉平：《清朝嘉道关税研究》，北京师范大学出版社2010年版；廖声丰：《清代常关与区域经济研究》，人民出版社2010年版。

④ 许檀：《清代前期的九江关及其商品流通》，《历史档案》1999年第1期；倪玉平：《清朝嘉道关税研究》，北京师范大学出版社2010年版。

及经长江干道与江西内河交通的船只，皆需在九江关缴纳船税。清代时规定“惟茶、盐、竹、木收税，其余一切船只止征船料，不收货税”。① 图 1 为雍正至道光时期（1723—1850 年）九江关实征税额变动曲线。

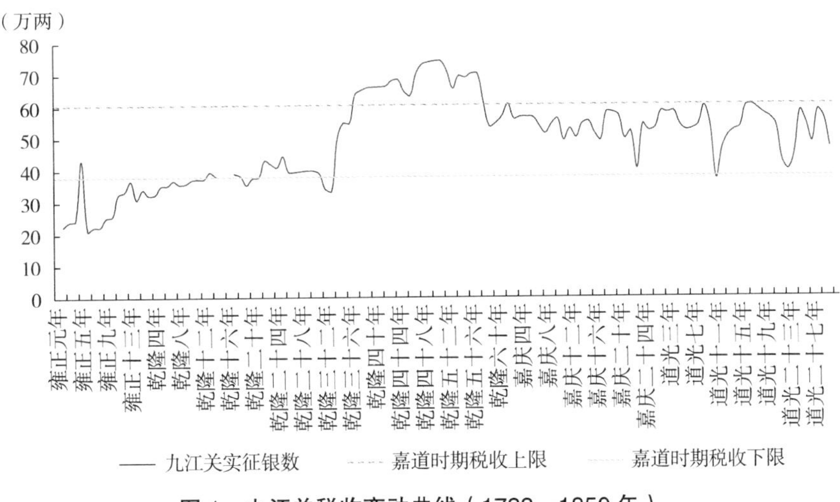

图 1　九江关税收变动曲线（1723—1850 年）

注：雍正四年、乾隆十三年、二十一年、五十四年，道光二年分别有两个税收数字，取算术平均值代表该年税收情况。

资料来源：倪玉平：《清代关税：1644—1911 年》，科学出版社 2017 年版。

经历了康熙、雍正时期的恢复整顿，乾隆时期九江关税收进入了蓬勃增长阶段，在乾隆后期达到顶峰。雍正二年（1724 年）税收为 22.49 万两，乾隆五十一年（1786 年）税收达到 74.3 万余两，税收额增长了 2.3 倍。嘉道时期以来，税收有所下降：道光十一年（1831 年）税收值最低，仅有 37.14 万两；道光十七年（1837 年）税收额最高，有 60.3 万两；其余年份税收额总体在 40 万 ~60 万两上下浮动。笔者以嘉道时期税收为基准，观察道光以前百余年来的九江关税收。雍正初年至乾隆三十六年（1724—1771 年）共 48 年间，仅个别年份九江关税收高于嘉道时期税收下限，均在 40

① 乾隆二十七年六月初二日管理九江关税务舒善奏折，中国第一历史档案馆藏，宫中档朱批奏折，档号 04-01-35-0335-021。

万两以上；乾隆三十七年至五十八年（1772—1793 年）的税收额则高于嘉道时期水平。乾隆前三十年税收均值在三四十万两，乾隆后期二十年是九江关税收额最高时期，平均税收在六七十万两；嘉庆、道光年间九江关税收额在五六十万两之间，虽不及乾隆后期二十年，但也远高于乾隆时期前三十年的税收水平。

清代九江关税定额经历了几次变动。康熙、雍正年间，九江关关税定额为 153890 两。乾隆十四年（1749 年）以后，九江关税额增至 320879 两；嘉庆四年（1799 年）钦定九江关盈余额为 347800 两，合计税额为 520081 两。嘉庆九年（1804 年），又将九江关盈余额增至 367000 两，合计税额 539281 两。此后九江关税收皆以嘉定九年钦定数字为准。①

嘉庆九年钦定九江关税收，分别厘定了船料税及盐、茶、竹、木四项货税额定过关量及税收数字，在此基础上确定了税收总额。其具体内容在嘉庆二十三年（1818 年）江西巡抚钱臻的一条奏折中做了详细说明。"嘉庆九年七月间，户部筹议关税盈余案内，奉旨，九江关盈余额数著定为三十六万七千两。钦此。连正银十七万二千二百余两，每年共应征银五十三万九千二百余两。约计过关以时船九万余号，征税三十万两；盐船一千一二百号，征税十二万两；满料六百余号，征税三万余两；簰把木料征税八万余两，鱼苗船茶叶税并船载竹木约一万两，以此约定各项盈缺难齐，牵扯合算以符定额。"②

船料银在九江关税收中所占比重最大。根据嘉庆九年钦定盈余，征税船只被分为时船、满料船、盐船三种，合计税额 45 万两，占全部额定税收的 83.5%。其中，时船额定征银 30 万两，占九江关全部税收额的 55.6%。所谓时船，乾隆二十四年（1759 年）江西巡抚阿思哈奏称，"除盐苗等船及盐茶竹木税外，其余装运米粮杂货俱为时船，时船之中又分别满贯及上中下三则征料，满贯船征银四十八两五钱；上则船征银二十七两起至四十七

---

① 雍正《大清会典》卷 52《户部·关税》；乾隆《户部则例》卷 25，关税；嘉庆《大清会典事例》卷 109《户部·关税》。

② 嘉庆二十三年四月二十七日江西巡抚钱臻奏折，中国第一历史档案馆藏，宫中朱批奏折，档号 04-01-35-0369-025。

两止；中则船征银六两起至十六两九钱止；下则船征银二钱起至五两九钱止”。[①]装运米粮杂货俱为时船，满贯船也属于时船。盐船则是下游装运盐包的大船，满料船只则是盐船卸载后回程装运上游货物的船只。嘉庆八年（1803年）阿克当阿指出：“查盐船每只应纳船料盐税自八九十两至百余两不等。盐船卸载后装回煤炭，名为满料船只，约纳税银四十八九两不等。”[②]再如乾隆二十三年（1758年）过关满贯船659只，征银32304两；乾隆二十四年（1759年）过关满贯船644只，征银31576两。[③]嘉庆九年（1804年）钦定九江关过关满料船600余号，征税3万两，与之相当。由此推知满料船可能也就是满贯船。乾隆朝统计的时船一般都包含了满料船，有时会将满料船单独列项比较。九江关监督在奏报五十九年（1794年）关务时称，“较之五十八年分[④]计少木簰五十四号，少盐船二百三十九只，少时船六千一百零一只，少满料船三只”。[⑤]嘉庆以后才将这一比较方式固定下来。

往来九江关的船只种类繁多，每年过关船只数量、船只大小皆有所不同，因此每年所收船料也有变化。正如尹继善指出，“九江关征收船料，每年税银之盈缩，实视所到船只之多寡，而所到船只中，又有大小之别，如船大则料自多，船小则料自少。历来货物，米船俱系大船，人船俱系小船。岁时丰歉，气候阴晴，即有不同过关船只”。[⑥]如乾隆二十二年（1757年）过时船49491只，“内满贯、上则等船居多”，征收料银230099两；二十三年过时船51350只，“内中则、下则等船居多”，故征收料银212783两零；二十三年虽然多过船只1859只，但少征船料银17316两，“盖船大则料重，

① 乾隆二十四年八月二十六日署理江西巡抚阿思哈奏折，中国第一历史档案馆藏，宫中朱批奏折，档号04-01-35-0331-052。

② 嘉庆八年七月二十日阿克当阿奏折，中国第一历史档案馆藏，宫中朱批奏折，档号04-01-35-0361-027。

③ 乾隆二十五年十月二十日江西巡抚阿思哈奏折，中国第一历史档案馆藏，宫中朱批奏折，档号04-01-35-0333-011。

④ 引文原文为“年分”，同今“年份”，后文同。

⑤ 乾隆六十年正月二十四日署理两江总督苏凌阿奏折，中国第一历史档案馆藏，宫中朱批奏折，档号04-01-35-0357-050。

⑥《宫中档乾隆朝奏折》第3辑，两江总督尹继善乾隆十七年五月二十日奏折，台北“国立”故宫博物院1982年版，第95页。

船数虽少料银实多；船小则料轻，船数虽多料银实少”。[①] 尽管无法直接对过关粮食流通量进行统计，然而相较于单纯比较过关船只数，考察船料银数的增减可以更大程度反映九江关过关粮食流通规模变化。九江关所征时船装载货物包含米粮和杂货[②]两大类。“船料之丰旺，全赖粮食之畅行。”[③]清代中期九江关奏报船料税银时特别重视对上下游粮价及米谷船只多少的报告，而较少单独提及杂货船只往来情况，但实际上往往都隐含了货船的信息。[④] 因为商人从事长途贸易往往是双向贸易，两地取利，才属上算。长江中上游与江浙及其他区域的贸易形式主要是米盐贸易、米布贸易以及其他杂货贸易。对湖南、江西等产米区来说，粮食为贸易之最大宗货物。农民出售粮食换钱再购买日用杂货。因此当粮食贸易不畅，其他商货的销售也会受阻。而经九江关往来杂货如江西夏布、纸张、瓷器、江浙绸布等行业从业人员也需要购买商品粮，当粮价上涨，往往导致“各货俱贵”，从而影响这些产品的行情和销售。如嘉庆八年（1803 年），“因各处粮食较昂，货物多有长价，成本既贵，商贩无利可图，是以往来船只较少”。[⑤]

一般来说，“粮食不行”主要包括三种情况：其一，上下游粮价相差不多，粮食贩运利润减少，商人贩运减少。如嘉庆十年（1805 年），“本年又因各处春收丰稔，上下游粮价相等，客商销售无利，一贩之后不复再贩。以致船只较上年短少一万二千五百余只”。[⑥] 其二，当上游歉收，输出量减

① 乾隆二十四年八月二十六日署理江西巡抚阿思哈奏折，中国第一历史档案馆藏，宫中朱批奏折，档号 04-01-35-0331-052。

② 杂货的内容，据许檀（《清代前期的九江关及其商品流通》，《历史档案》1999 年第 1 期）的研究，主要有江浙绸缎布匹、洋广杂货、江西本地所产瓷器、纸张、夏布、烟草，以及西北诸省所产药材、燃料等。

③ 嘉庆二十三年二月二十七日九江关监督任兰祐奏折，中国第一历史档案馆藏，宫中朱批奏折，档号 04-01-35-0369-019。

④ 据笔者所录九江关档案，仅乾隆五十九年、六十年，嘉庆八年、十六年、十七年，道光十二年、十四年、二十一年、二十九年等年份明确提及粮食以外的商货船只往来情况。

⑤ 嘉庆八年七月二十日阿克当阿奏折，中国第一历史档案馆藏，宫中朱批奏折，档号 04-01-35-0361-027。

⑥ 嘉庆十一年六月二十一日九江关监督广惠奏折，中国第一历史档案馆藏，宫中朱批奏折，档号 04-01-35-0363-048。

少。如嘉庆十七年（1812 年），“实因上年川楚粮价较昂，不能下运，兼之各货俱贵，商贩无利可图。是以货载米豆等船以及木植均形减少”。① 其三，上下游皆被灾歉，粮食及货物不行。如乾隆五十九年（1794 年），“湖广安徽淮徐一带因雨水稍多，低洼处所间有歉收，一切杂货滞销，商贩船只因之稀少”。② 同时还需注意的是，当上游丰收而下游灾歉过重，尽管经九江关粮食流通会大量增加，但下游民间购买力不足也会使来自中上游的竹木及杂货滞销。因此，当粮食贸易旺盛之时，货物销售易畅，船料银易收足，但货物贸易未必与粮食贸易同等增长；当粮食贸易不畅时，货物往往滞销。并且粮食体大价轻，而杂货体轻价重，故而过关船只中必然以装运米粮者占多数。对九江关税收而言，相对于粮食贸易，杂货贸易属于从属地位。因此船料银收入之变化可以反映过关粮食流通情况。

许檀先生统计了乾隆前期二十二年（1757 年）、二十三年、二十五年、二十六年、三十年、三十一年九江关过关船只、船料银数及税收额：过关船只数在 4.8 万 ~6.1 万只，船料银在 15 万 ~23 万两，平均每船征银 3.25~4.65 两，船料银占各年税收额比例为 38%~53.3%。③ 以上年份以乾隆二十二年情况最好，该年过关船只 51350 只，收船料银 23 万两，平均每船征银 4.65 两。“缘乾隆二十二年分江浙米贵，商贩由湖广运米过关完料者络绎而来……征收料银较历年为独多。”④ 乾隆二十五年（1760 年）过关船只数最多，达 6 万余只，船料银 22.5 万两，平均每船征银 3.662 两。乾隆时期的时船一般都包含满料船。按照嘉庆九年（1804 年）钦定，九江关需过关 90600 余只船（含满料船），征收税 33 万两，平均每船征银 3.64 两，平均货船载重量与乾隆二十五年水平相当。但嘉庆九年额定过关船只数已是乾隆二十五年的 1.5 倍，征收船料税银数亦是 1.5 倍。

---

① 嘉庆十七年四月二十五日九江关监督广惠奏折，中国第一历史档案馆藏，宫中朱批奏折，档号 04-01-35-0366-047。

② 乾隆五十九年十一月二十六日九江关监督福英奏折，中国第一历史档案馆藏，宫中朱批奏折，档号 04-01-35-0357-047。

③ 许檀：《清代前期的九江关及其商品流通》，《历史档案》1999 年第 1 期。

④ 乾隆二十四年八月二十六日署理江西巡抚阿思哈奏折，中国第一历史档案馆藏，宫中朱批奏折，档号 04-01-35-0331-052。

二、嘉道时期九江关时船料银数变化

前文着重探讨了嘉庆九年钦定九江关盈余，有两个重要意义：其一，在于明确了额定税收数字，为嘉庆九年以后九江关税收比较确定了划一的标准。其二，分别明确了九江关各项税目的税额，使得嘉庆九年以后历年九江关税关监督在奏报该关税收赢绌缘由时都或多或少会对九江关当年征收船料及竹木各货税情况做一交代，循此线索，笔者得以从档案中分析整理出嘉道时期各年份时船料税银数字。据税收档案统计，嘉道时期计 55 个自然年，有 56 届关期，其中除嘉庆元年至八年（1796—1803 年）无法比较船料银以外，嘉庆九年至道光三十年（1804—1850 年）共 47 个自然年、48 届关期，有较为连续且翔实的资料可以统计九江关征收船料税银。以下对嘉庆九年至道光三十年间的时船料税征收情况做具体分析。

九江关自嘉庆九年至道光末年，有 20 届关期船料银征收足额、溢额，或者接近足额，实征收税额在 50.08 万 ~60.3 万两（见表 1）。这些年份里，或明确说明船料税有溢余，可以确认时船料银征收在 30 万两以上，表 1 中将时船料银数标示为“30 ↑”；或称盈余有溢余，亦可视时船料银为足收，标示为“30”；或者实征税收仅仅短少数百或一千余两的缺额，不足之数几可忽略，标示为“近 30”；还有两个年份缺额原因在于木植或者满料船只短征，并未报船料银短缺，这两个年份当也可视为船料银足额或者基本足额征收，标示为“30”。从朝代来看：嘉庆朝有 6 届关期，道光朝有 14 届时船料银足额或基本足额。时船料银占各年份税收比重在 49.7%~60%。

表 1　嘉庆、道光年间九江关时船料银足额征收情况

年份	实征额（万两）	船料税收情况	时船料银估值（万两）
嘉庆十年	56.15	短盈余 1.76 万，因木植贩运少	30
嘉庆十三年	50.08	短盈余 7.7 万两，其中木税短 6 万余两，满料船短 330 余只	近 30
嘉庆十四年	54.44	船税有赢无绌	30 ↑
嘉庆十五年	55.22	船料有赢无绌	30 ↑
嘉庆十八年	58.25	短盈余 1518.5 两	近 30

续表

年份	实征额（万两）	船料税收情况	时船料银估值（万两）
嘉庆二十年	57.01	船料有余	30 ↑
道光二年（1）	58.46	短盈余 373.1 两	近 30
道光二年（2）	58.47	多收盈余	30
道光三年	57.94	船料有溢余	30 ↑
道光四年	58.41	多收盈余 1891.4 两	30
道光七年	52.69	该年仅奏短少簰把并盐船	近 30
道光八年	58.61	多收盈余	30
道光九年	60	多收盈余	30
道光十年	54.15	船料税照常	30
道光十四年	52.25	船料盐税有余	30 ↑
道光十六年	59.97	多收盈余	30
道光十七年	60.3	多收盈余	30
道光十八年	58.95	多收盈余	30
道光二十五年	58.3	多收盈余	30
道光二十八年	58.58	多收盈余	30

资料来源：中国第一历史档案馆所藏九江关税收档案。

在九江关监督历年奏报的税收档案中，除了当年税收的实征额、盈余额这些数字外，还会奏报溢额或者缺额、过关船只数、船料银征收情况、竹木盐茶货税征收情况，地方收成丰歉及流域往来贸易情况等，内容非常丰富。笔者根据档案中的盈余溢额、缺额数字及其奏报的税收缘由，编制出嘉道时期九江关时船料银征收表，制成图 2。为制图便利，笔者将表 1 所列举的 20 个年份时船料银通计为 30 万两，档案中有确切时船料银税银征收数字，亦直接记录。其他年份时船料银参照如下方法整理：当该年仅奏报船料银短缺时，该年时船料银 = 钦定时船料银 30 万 – 该年税收短绌额；当该年船料税收短绌并奏报竹木、盐船等其他税目缺额情况时，该年时船料银估值 = 钦定时船料银 30 万 –（该年税收短绌额 – 其他税目短缺额）；若未奏明其他税目缺额数字，则其他项目缺额视为零，由此得到该年时船税额最低估值。在此基础上再合并乾隆时期的船料银数字，绘制出清代中期九江关时船料银征收变化曲线。

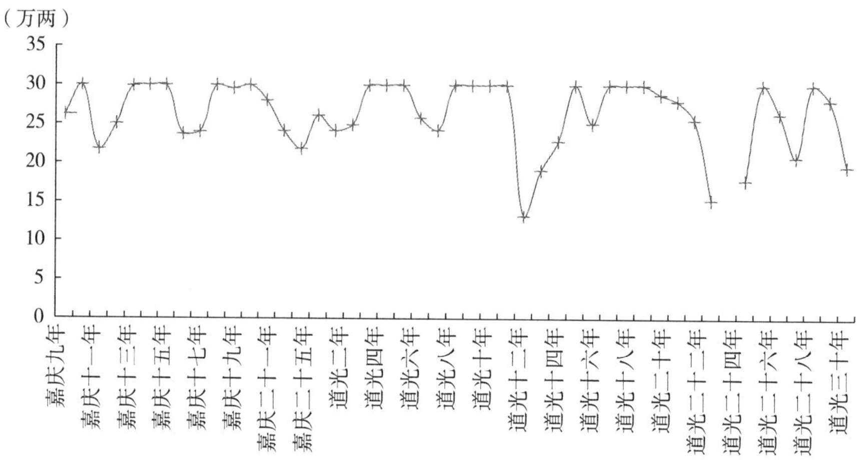

图2　清代中期九江关时船料银征收变动曲线

下文对图2以外年份的时船料银征收情况进行分析。根据九江关监督的历年奏报，嘉庆九年至道光末年，有18个年份，九江关征收税银盈余短缺在8万两以内。其中，嘉庆二十二年、二十四年、二十五年，道光五年、六年、十五年、二十六年、二十九年，计8个年份，税关监督仅奏报了时船料税短少。如嘉庆二十四年，“本年盐木茶税尚属敷额。惟时船较短一万三四千号”。① 道光五年，“本年盐木两项税银牵算尚属有余。惟船料一项，较足额之年少过船一万六千余号”。② 嘉庆九年、十二年、十六年、二十一年，道光二十一年，计5个年份，除船料银短缺外，过关木植等项也有短少。如嘉庆二十一年奏“木税较往年已亏银六万有余”，“过关大小时满船只又较少二千五百余号”。③ 道光二十一年，“商贩船只较少”，“木税

① 嘉庆二十四年二月二十一日九江关监督广惠奏折，中国第一历史档案馆藏，宫中朱批奏折，档号04-01-35-0369-051。

② 道光五年十一月二十五日九江关监督克蒙额奏折，中国第一历史档案馆藏，宫中朱批奏折，档号04-01-35-0374-023。

③ 嘉庆二十一年三月二十二日九江关监督任兰祐奏折，中国第一历史档案馆藏，宫中朱批奏折，档号04-01-35-0368-032。

又形减少”。[①]

此外，还有5个年份，九江关奏报税收盈余短缺，但未奏明缘由：嘉庆十九年短收盈余4000余两，道光元年短5万余两，道光十三年短7万余两，道光十九年短1万两，二十年短2万余两。对于上述年份，即使将短缺盈余银统统算作时船料税银项下做保守估计，以上18个年份九江关征收船料税银数也当在22万两以上。

嘉庆十一年、十七年，道光十二年、二十四年、二十七年、三十年，计有6个年份税银短收在8万~12万余两，短缺缘由为船、木两项短缺或盐、木、船三项短缺。如道光十二年奏，“船木两项均较往年短绌”。[②] 嘉庆十七年奏盐、木、船三项皆短缺，“本年过关船只较之往年短少一万二三千号”，“货载米豆等船以及木植均形减少”，“本年较短盐船二百余号，满料船一百余号”。[③] 以钦定时船料银30万减去短缺额数，有5年征收时船料银数在18万~21万余两，而嘉庆十七年时船料银当有24万两以上。此外，嘉庆二十三年短收达16万两，但据奏报当年时船征银仍达21.83万两。合计共有6个年份征收船料银数达18万~21万余两,1个年份在22万两以上。

道光十一年短收16.797万两，由于长江沿江省份皆受灾歉，各项税收均有短绌；道光二十二年税收短缺14.7万余两，主要是战争所致；道光二十三年则情况不明，故而以上三年的估计值不具参考性。

综合上述统计，嘉庆九年至道光三十年有据可查的48个税关年份中，共有39个年份征收时船料银在22万两以上，平均27.67万两；其中20个年份船料税银征收在30万两或以上，已经超过了乾隆前期有记录的船料税收情况。这些年份九江关实征银数最低者49.68万两，最高者60.3万两，平均55.38万两，也远高于乾隆前期平均37.7万两的水平。还有6个年份征收在18万~21万余两，有3个年份船料银可能在18万两以下。乾隆

---

① 道光二十一年六月初九日江西巡抚钱宝琛奏折，中国第一历史档案馆藏，宫中朱批奏折，档号04-01-35-0379-050。

② 道光十二年九月二十四日九江关监督德顺奏折，中国第一历史档案馆藏，宫中朱批奏折，档号04-01-35-0377-011。

③ 嘉庆十七年四月二十五日九江关监督广惠奏折，中国第一历史档案馆藏，宫中朱批奏折，档号04-01-35-0366-047。

后期缺少船料银数字记录。鉴于嘉庆九年额定船料税银占全部税收比重当是以乾隆后期至嘉庆初期实际税收情况所定，故此以船料税银占比来粗略估测乾隆后期时船料银数或具有一定可比性。乾隆后期税收银最高的乾隆三十七年至五十八年（1772—1793 年），税收银在六七十万两间，平均税银 68.3 万两；若以占比 55.6%（嘉庆九年钦定时船料银占比）计算，则时船料银有近 38 万两，较嘉庆额定值高近 8 万两。由此看来，嘉道时期时船料税较乾隆后期并未出现严重衰减。

三、清代中期长江流域收成、米价与粮食流通

九江关征收时船料银数的增减可视作反映粮食贸易量变动的指标。前文论证了嘉道时期九江关时船料银收入高于乾隆前期。那么，是否可以进一步推测嘉道时期粮食流通量也维持在一个相对较高的水平呢？受市场供求关系的影响，粮食贸易与长江流域粮食输出区、输入区的收成丰歉及其米价的变动息息相关，[①] 产销两地的价格差是反映这种变动的一个极好的指标。一般区域米价的变动往往与当年或者上一两年的地方收成密切相关。当灾歉导致粮食需求增加而产出总量减少的时候，米价差会有所拉开，促使商人贩运粮食增加；当收成良好，供应充足时，米价差相应会缩减，商品粮的流通也随之减少。本节取九江关税收的峰值年份和波谷年份来考察收成、米价差、粮食流通与九江关税收的关系。

乾隆二十五年（1760 年）、乾隆五十至五十一年（1785—1786 年）分别是乾隆前期、后期九江关税收的峰值年。乾隆二十五年税收银为 44.41 万两，比二十四年（1759 年）多收银 3.55 万余两，比二十六年（1761 年）多收银 5.06 万余两。二十五年苏州与长沙米价差为 1 两 / 石，高于二十四年的 0.925 两 / 石和二十六年的 0.643 两 / 石。档案称，“偶值乾隆二十四年江浙米价昂贵之后，湖广米价平减，贩运米粮船只络绎不绝。是以征收船料较多上届。二十六年当乾隆二十五年江浙各处丰收之后，本年米价平

① 人口增减、战乱这些因素对九江关税收及粮食贸易也会产生影响，如乾隆末年至嘉庆八年的白莲教起义对长江中上游各关都造成影响；1842 年鸦片战争使长江流域商船明显减少。

减，兼之是年湖广偶值偏灾，米价稍昂，商贩运米前赴江浙不能获利。是以往来贩运米粮船只甚少。较上届乾隆二十五年少船一万六千六百五十余只。遂致征收船料较上届短少正银四万八千一百九十八两有零”。[①] 乾隆五十年（1785 年）、五十一年（1786 年）两个年份税收银 74.3 万两，比乾隆四十九年（1784 年）多收 5.4 万两，比乾隆五十二年（1786 年）多收 3.3 万两。乾隆五十年苏州与长沙米价差为 0.55 两 / 石，乾隆五十一年为 1.01 两 / 石，高于乾隆四十九年的 0.54 两 / 石和五十二年的 0.52 两 / 石。其原因在于乾隆五十年，长江下游安徽及江苏南、北两地遭受大面积灾歉，春夏收皆薄。[②] 四川、湖南、江西三省丰收，粮食纷纷运往下游地区。需要注意的是，湖北亦遭遇乾隆时期严重旱情，[③] 大量川湘米贩运至湖北销售（这一部分并不需经九江关缴纳船料税），甚至江西米也大量运往湖北销售。即便如此，在下游安徽、江苏两地粮食市场缺口巨大的情况下，大量米谷源源东下。

乾隆三十三年（1768 年）是乾隆前期税收的波谷年，该年收银 33.29 万两，较三十二年（1767 年）少收 8000 两，较三十四年（1769 年）少收 16.7 万余两。该年苏州与长沙米价差为 0.57 两 / 石，较三十二年的 0.48 两 / 石略高，但较三十四年的 0.78 两 / 石则低了 3 钱有余。据三十二年九江关务舒善称，“奴才访闻上年江西湖广偶被偏灾，江浙湖广米价相等。商贩不能获利，过关船只短少，以致征收船料比较上届有亏”。[④] 显然，作为产米区的江广地区的灾歉，是造成粮食流通减少、税银征收减少的重要原因。从乾隆时期三个年份的案例可见上下游米价差的增减与九江关税收的盈缩是大体对应的。

嘉庆时期以二年（1797 年）税收最高，税收 60.7 万两，比上三届多收 3.8 万 ~7.2 万两，比嘉庆三年（1798 年）多收 4.7 万两。但嘉庆元年（1796

① 乾隆二十七年六月初二日管理九江关税务舒善奏折，中国第一历史档案馆藏，宫中朱批奏折，档号 04-01-35-0335-021。

② 《清高宗实录》卷 1231，乾隆五十年五月癸酉；卷 1236，乾隆五十年八月戊寅。

③ 《清高宗实录》卷 1233，乾隆五十年六月丙申。

④ 乾隆三十二年二月初十日管理九江关税务舒善奏折，中国第一历史档案馆藏，宫中朱批奏折，档号 04-01-35-0338-017。

年）至三年，苏州米价逐渐下降，长沙米价逐渐上升，米价差则逐年下降，苏州与长沙米价差皆为负值。从地方督抚关于收成的奏报来看，这几年江苏与湖南、江西都获得了丰收，仅嘉庆二年湖北省荆州、安陆等局部地区有旱灾。[①]也是在这几年，浒墅关监督一直在强调当地的丰收本地米价平减使得来自上游的粮食流通不足。嘉庆元年九江关也用同样的理由为其税收不足做辩解。综合看来，显然并不是苏州米价出了问题。考虑到湖北为镇压白莲教起义的主战场，需要周边产米省份提供大量的军需粮，外加当地的天灾人祸也需要大量的赈济粮，或许大大增加了湖北省对粮食的需求也未可知。此处暂且存疑。

道光时期以九年（1829 年）、十七年（1837 年）两个年份最高。道光九年，九江关税银 60 万两，较定额多收 1.27 万两，较八年多收 6.05 万两，较十年多收 5.85 万两。因道光五年至七年（1825—1827 年），江广三省及苏州南部连获丰收，米价逐年下降。然而道光八年（1828 年）夏季，江宁、淮安、扬州、徐州、海州等府属发生水旱灾害，部分地区灾情严重，其他地区则收成歉薄，粮价上涨，[②]因而粮食流通较为充足。从米价差来看，道光四年（1824 年）至七年，苏州与长沙米价差由 0.83 两 / 石缩减至 0.18 两 / 石；道光八年又开始拉开；淮安与长沙差价也从 1.89 两 / 石涨至 2.024 两 / 石，故而在道光九年粮食流通量更为充足。道光十七年（1837 年），九江关税收银 60.3 万两，较定额多收 1.58 万两，较十六年（1836 年）高出 3369 两，较十八年（1838 年）高出 1.36 万两，税收相差不明显。实际上从道光十六年起，九江关连续三年监督皆报多收盈余。但这几年江苏南部收成情况良好。苏州与长沙米价差则从道光十四年（1834 年）后便迅速缩减至一钱以内。粮食流通量增加的主要原因同样是江北地区的灾害。查淮安与长沙米价差为 1.44 两 / 石，高于十六年的 1.24 两 / 石；十八年米价差又进一步升至 1.95 两 / 石。

---

① 嘉庆二年八月十九日湖南巡抚姜晟奏折，嘉庆二年八月二十五日江西巡抚张诚基奏折，中国第一历史档案馆藏，宫中朱批奏折，档号：04-01-23-0002-006，04-01-02-0066-013。中国第一历史档案馆藏，军机处上谕档，嘉庆二年四月十九日第 2 条 盒号 765 册号 4。

② 〔清〕陶澍，陈蒲清编：《陶澍全集二・奏疏二》，岳麓书社 2017 年修订版，第 114-116 页。

嘉庆二十三年（1818 年），道光十一年（1831 年）、二十三年（1843 年）分别为嘉道时期税收的波谷年份，税收分别为 40.3 万两、37.1 万两、39.8 万两。嘉庆二十三年，九江关税收较二十二年（1817 年）少收 11.7 万两，较二十四年（1819 年）少收 13.9 万两。据奏报，嘉庆二十三年时船料银征收 21.83 万两。“上年因江安川广等省年谷一律丰熟，一切米豆杂粮上下游价值相等，客商无利可图，贩运甚少，以致过关船只较短二万四千余号，计短船料银七万余两。”[①] 再查嘉庆二十一年至二十五年（1816—1820 年），九江关皆称因上下游丰粮价相等而致粮食贸易减少，造成各年税收差距的原因似乎主要是盐船与木税银。从米价来看，自嘉庆二十年（1815 年）以来，长沙、汉阳、九江、安庆、苏州、杭州各地米市都在持续下降，米价差也在缩减。道光十一年（1831 年），九江关税收 37.1 万两，为嘉道时期最低值。主要是因为道光十一年沿江各省皆受水灾，江苏通省受灾尤重。江北一直持续至道光十四年（1834 年），连年被灾，元气大伤，淮扬地区灾民纷纷往江南等地谋食。安徽省安庆等滨江产米地区也迭受水旱灾害。[②] 道光十一年七月至十二年闰九月，浒墅关免征米麦税银，期间浒墅关过关米麦豆共 2216268 石，计免税银 88650.72 两。[③] 受水灾影响，湖北、江西收成仅中稔。[④] 这年苏州与长沙、汉阳、九江米价差为 0.49 两 / 石、0.27 两 / 石、–0.15 两 / 石，九江米价超过了苏州。长江中游米粮输出量明显减少，与之相伴的杂货贸易、木簰均明显减少。此后随着中上游收成好转，税收逐年增加，至十四年船料税银征收已经“尚属有余”[⑤]。道光二十三年（1843

---

① 嘉庆二十三年四月二十七日江西巡抚钱臻奏折，中国第一历史档案馆藏，宫中朱批奏折，档号 04-01-35-0369-025。

② 道光十一年十月初九日，道光十一年九月十七日，［道光十一年六月初八日］两江总督陶澍奏折，中国第一历史档案馆藏，宫中朱批奏折，档号 04-01-01-0723-064、04-01-01-0723-048、04-01-01-0727-003。

③ 道光十二年二月十六日苏州织造倭楞额奏折，中国第一历史档案馆藏，宫中朱批奏折，档号 04-01-35-0376-067。

④ 道光十一年九月二十八日湖北巡抚杨怿曾奏折，［道光十二年正月初十日］护理江西巡抚岳良奏折，中国第一历史档案馆藏，宫中朱批奏折，档号 04-01-24-0127-116、04-01-35-1207-013。

⑤ 道光十四年八月二十七日九江关监督德顺奏折，中国第一历史档案馆藏，宫中朱批奏折，档号 04-01-35-0377-061。

年）的米价主要是受到鸦片战争的影响，对此本文不做更细讨论。

综合上述探讨可见，嘉道时期与乾隆时期一样，除去战争等特殊原因以外，长江中下游米价差的盈缩与九江关的税收银大体是对应的，船料银又在九江关税收中占据绝对比重，因此笔者认为考察九江关时船料银数的变化可以间接反映长江流域的粮食流通量的变化。在影响粮食流通的各种因素中，嘉道时期江苏北部地区频繁的灾害带来的高昂米价及相关社会问题是粮食流通量得以维持在一个相对较高水平的重要原因。此外，湖北省在乾隆后期以来也时常发生灾歉。然而，当湖南、江西获得丰收时，九江关仍然能够获得较为丰足的时船料银。

四、结　语

长江流域联系着清代全国最重要的粮食输出区和最发达的经济区，在清代中期粮食流通占全国粮食贸易比重最大。九江关居长江中下游之交，该关征税以船料银为重，米船又在过关船只中占绝对比重。时船料银数是反映过关粮食与杂货贸易的重要指标，而杂货贸易相对于粮食贸易居从属地位。乾隆时期九江关税银迅速上升；嘉道以来有所下降，但仍然远高于乾隆三十年以前水平。嘉庆九年钦定九江关税收盈余，明确了时船料银、竹木等各项税目额定征银数，此后历届关期九江关监督奏报该关税收赢绌情况时，大都会对时船料银等各项税收情况加以说明，笔者据此整理出嘉庆道光时期较为连续的九江关时船料银数。嘉道时期，九江关 48 届关期中有 39 届关期征收时船料银数在 22 万两以上，其中有 20 届在 30 万两或以上。嘉道时期，时船料银数较乾隆后期确实有所削减，但仍明显高于乾隆前期水平。嘉道时期，由于江苏北部和安徽省频繁出现水旱灾害，特别是江北米价上涨至前所未有的 4 两 / 石的高价，使得粮食流通仍然得以维持在一个相对较高的水平。当湖南、江西收成正常的时候，即便湖北省出现灾歉，九江关亦能获得较为丰足的船料税银。从清代中期九江关时船料银征收情况来看，嘉道时期长江流域的粮食贸易量出现严重衰减的观点需要再推敲。

清代粮价单中价贵、价中、价平的界定

——以云南为中心的讨论*

彭　建**

玉溪师范学院马克思主义学院

【摘要】清代云南粮价单中记载的“价贵、价中、价平”的信息是以府为单位、以粮价区间中的高价为基础形成的。通过分乾隆三年至二十九年、乾隆三十年至嘉庆朝、道光朝及以后三个时段来分析，可知乾隆十三年前后，云南米价因仓粮采买有所上升，但并未达到全省米贵的程度；乾隆三十年发生的清缅战争使得全省粮价不同程度上涨，且战后粮价也未恢复到战前水平，为适应这一情况，粮价单中“价贵、价中、价平”的界定标准有所上调，调整之后反映出的是再无价贵之区，而实际上粮价已较前上涨许多；而道光朝以后的粮价数据质量下降，所记的“价贵、价中、价平”的信息似乎也失去了衡量一地粮价贵贱的意义。

【关键词】粮价单；价格界定；云南；空间分布

清制，自乾隆元年（1736年）始，至清朝灭亡，各直省需按月向皇帝奏报本省各府及直隶厅/州的主要粮食价格，这些粮价奏报的原件被称为

* 基金项目：国家社会科学基金项目“元代至民国时期中国西南边防演变与国家安全研究”（2018VJX105），云南大学“边疆治理与地缘政治”学科特区研究生项目。

** 作者简介：彭建，玉溪师范学院马克思主义学院讲师，历史学博士，主要从事清代经济史、西南边疆史地的研究。

"粮价单 / 粮价清单"。以此形成的系统粮价数据是研究清代经济与社会的重要资料，历来受到学者的高度重视，成果丰硕。[①]但以往的学者似乎在挖掘粮价数据的整理与使用、粮价奏报制度的梳理和利用粮价资料进行区域社会经济研究时都忽略了粮价单中关于各省府 / 厅 / 州粮食价格价贵、价中、价平（价贱）的界定。乾隆元年五月，上谕"各省督抚具折奏事时，可将该省米粮时价开单就便奏闻，其奏报单内或系中价，或系贵价，或系贱价，俱逐一注明，其下月奏报之价与上月或相同或不相同之处一并注明等因，钦此"。[②]在上谕中，乾隆帝除要求将"米粮时价"奏报外，还明确指出要将米价"是贵、是中、是贱"及与上月的对比情况一一注明。因此粮价单中保留的长时段、多区域的"粮价贵贱界定信息"是同粮价数据一样难得的古代统计数据，是了解清代粮价变动与区域乃至全国米粮市场的另一重要资料，理应有更好的梳理和应用。但清代粮价奏报涉及全国，范围广、数量大，数量如此庞大，实难一时做全面的研究，故本文以云南为对象，分乾隆三年至二十九年（1738—1764 年）、乾隆三十年至嘉庆朝（1765—1820 年）、道光朝及以后（1821—1911 年）探讨云南地区粮价"价贵、价中、价平"界定的标准、影响其变化的因素以及粮价价贵、价中、价平的空间分布等。在资料方面，关于粮价单中价贵、价中、价平信息，本文主要利用中国第一历史档案馆藏的粮价单和《清代道光至宣统间粮价表》（云南），涉及分析的粮价数据则来自王业键先生主编的"清代粮价

① 相关研究成果可参见罗畅：《清代粮价研究刍议》，《理论探讨》2011 年第 26 期；周建树：《清代粮食经济研究述评》，《湖南农业大学学报（社会科学版）》2013 年第 3 期；朱琳：《回顾与思考：清代粮价问题研究综述》，《农业考古》2013 年第 4 期；潘彩虹、穆崟臣：《21 世纪以来清代区域粮价研究新进展》，《古今农业》2017 年第 3 期。

② 《广东巡抚杨永斌呈广东省乾隆元年九月份各属米价清单》，乾隆元年十一月初九日，中国第一历史档案馆藏，档号：04-01-39-0121-030。在乾隆元年各省的粮价奏报中纷纷将这条谕旨放于奏报中，表示对此谕旨的遵行。

资料库”。[①]

一、难于划一：价贵、价中、价平的界定

秦晖先生指出，“明清两代，云南的粮价一般都较内地为高，‘谷贱伤农’的情形极少发生，相反，稍有灾荒，‘米价腾踊’的记载即不绝于书”。那清代云南粮价“何谓贵，何谓贱”，是如何确定的呢？

乾隆十七年（1753 年）云南布政使彭家屏在奏报中指出：

> “云南向来月报八九钱至二两具开为价中，不见价平者，似未便，漫无区别。今臣请商于督抚臣，将八九钱至一两二钱以内定为价平，一两二钱以外至一两八钱为价中，一两八钱外为价贵。各府大概相同，惟东川、昭通二府银厂、铜厂俱在其境内，而开矿与运铜人夫聚集甚为繁众。又昭通及鹤庆所属之中甸、维西二处俱为新辟夷疆，产米较少。故东川则一两七八钱至二两二三钱，昭通、鹤庆米价则一两五六钱至三两我率，微与别府有异。今东川府请以一两八钱以内为价平，一两八钱至二两二钱为价中，二两二钱外为价贵。昭通、鹤庆二府请以一两五钱至二两为价平，二两外至二两五钱为价中，二两五钱外为价贵。”[②]

彭家屏对粮价贵贱的界定对了解当时云南的粮价水平意义非凡，但其只能代表一时的粮价情况，缺乏长时段的考察。而粮价单中有按月对粮价“价贵、价中、价平”的界定，若将两者结合探讨，似更能清晰地了解当时云南的粮价水平。

清代云南粮价单中包括的粮种有白米、红米、小麦、荞、豆 5 种，在

---

① 王业键先生主编的“清代粮价资料库”已经将粮价单中的粮价数据化处理，未包含粮价“价贵、价中、价平”的信息。

② 《云南布政使彭家屏奏报秋成米价折》，国立故宫博物院编辑委员会编：《宫中档乾隆朝奏折》第 4 辑，1982 年，第 570–571 页。

奏报格式中，首先要注明粮价的价贵、价中、价平，并描述各粮种与上月或增、或减、或同。如乾隆八年（1743 年）十月份“云南府属：价贵，查与九月分米、荞稍减，豆、麦稍增”。[①] 之后形式虽有一定的变化，但包含的内容未变。如乾隆二十九年（1764 年）十二月起，每一粮种后分别注明“价贵、价中、价平”，即：

> “云南府属：查米荞价与上月相同，麦豆价稍减。
> 白米每仓石价银一两三钱九分至二两七钱七分，价贵；
> 红米每仓石价银一两三钱一分至二两七钱二分，价贵；
> 小麦每仓石价银一两之三两一钱，价贵；
> 荞每仓石价银五钱六分至一两六钱六分，价贵；
> 豆麦仓石价银九钱二分至二两一钱七分，价贵。”[②]

这一奏报形式于乾隆三十一年（1766 年）三月结束，从四月开始又恢复之前的奏报格式。[③]

乾隆五十九年（1794 年）九月十七日，上谕“办理军机处为知会事，照得各省每月奏报粮价清单未能明晰，现经检查各省所报粮价单内奉天省所开清单较为明晰，奏请照录行知各省一体仿照办理。奉旨知道了，钦此。为此知会并将奉天省粮价单抄寄，嗣后各省每月粮价即照此一律缮写具奏

---

① 《云南总督张允随呈云南省城乾隆八年十一月份通省各属十月份粮价单》，乾隆八年，中国第一历史档案馆藏，档号：04-01-24-0028-017。

② 《云南巡抚常钧呈滇省各属乾隆三十年三月份粮价单》，乾隆三十年四月二十六日，中国第一历史档案馆藏，档号：04-01-39-0095-015。

③ 这一奏报形式其实只出现在云南巡抚常钧任上，其在甘肃、湖北任上也如此奏报。但这一形式并无实际上的意义，只是简单地将“价贵、价中、价平”移于每一粮种之后，并不能实际反映每一粮种的价格变化情况。如乾隆三十年三月大理府属豆价为 35/100（表示每仓石最低价银三钱五分，最高价银一两，这种表示方式借鉴于“清代粮价资料库”，更为直观，下同），注明价中；而四月豆价为 35/94，明明豆价降低，却注为价贵。参见《云南巡抚常钧呈滇省各属乾隆三十年三月份粮价单》，乾隆三十年四月二十六日，中国第一历史档案馆藏，档号：04-01-39-0095-015。《云南巡抚常钧呈滇省各属乾隆三十年四月份粮价单》，乾隆三十年五月初七日，中国第一历史档案馆藏，档号：04-01-39-0095-014。

可也，特此知照”。奉天省的粮价奏报中将与上月相比“增/减/同”的具体变化注于每一粮种之后，使其能更直观地了解粮价的变化幅度。即“奉天府属：价中。稻米每仓石价银一两五分至二两二钱，较上月贱一钱；粟米每仓石价银八钱二分至一两三钱六分，较上月贱九分”。[①] 这一改变是自乾隆三年（1738年）钦定德沛所奏为全国模板后，对粮价奏报格式一次较大的调整，使得粮价单所含内容更为明晰。而云南自该年十月开始也遵照这一格式奏报。[②]

那么清代云南粮价单中“价贵、价中、价平”的界定依据和包括的范围是怎样的呢?

清代云南粮价单中“价贵、价中、价平”的界定是以“高价”[③] 的变化为基准的。如乾隆四十三年（1778年）四月，永昌府红米171/206，五月红米186/206，虽低价上涨，但高价未变，注明“红米与上月相同”。[④] 从目前抄自一档馆中的粮价单来看，这种情况并不是孤立的，而是普遍存在的。而《清代道光至宣统间粮价表》（云南）在说明中也指出，“差价计算方法：道光元年正月至咸丰七年四月均以最高价计算与上月差价。光绪五年四月后增减均无具体数值，仅表‘+’‘–’符号，差价计算方法主要以最高价计算与上月差价，另有部分例外”。因此粮价单中关于粮价增减的描述反映的只是高价的变化，故“价贵、价中、价平”的界定也是基于高价的变化而

① 《盛京工部侍郎雅德奏报奉天府属乾隆三十四年十月份粮价情形事》，乾隆三十四年十一月二十日，中国第一历史档案馆藏，档号：04-01-39-0183-028。

② 参见《暂护云南巡抚费淳奏呈云南省五十九年十月粮价清单》，乾隆五十九年十一月二十八日，中国第一历史档案馆藏，档号：03-0961-045。

③ 余开亮通过将粮价细册（县级粮价数据）中的粮价数据与粮价清单中的粮价数据作对比，厘清了府县两个层级粮价数据之间的关系，即府、直隶州/厅的粮价存在一个区间，而高价、低价的来源是取本府、直隶州/厅粮价最高的州/县的价格为其高价，粮价最低州/县为其低价。参见余开亮：《粮价细册制度与清代粮价研究》，《清史研究》2014年第4期。

④ 《云南巡抚裴宗锡呈云南省乾隆四十三年四月份粮价清单》《云南裴宗锡呈云南省乾隆四十三年五月份粮价清单》，乾隆四十三年，中国第一历史档案馆藏，档号：04-01-39-0100-024、04-01-39-0100-023。

变化的。[①]

清代云南粮价单中“价贵、价中、价平”的界定是以府、直隶厅 / 州为单位的，并未形成全省性的界定标准。“滇省各属不通舟楫，粮价贵贱历来不能划一。”[②] 笔者对比了各府、直隶厅 / 州同一时间注明价贵、价中、价平的具体粮价数据，发现清代云南并未有全省统一的粮价贵贱的标准，如乾隆十四年（1749 年）四月，临安府属白米 107/204、红米 104/194，价贵；昭通府属白米 120/265、红米 190/260，价中；东川白米 218、红米 210，价中。[③] 明显昭通和东川的白米、红米价格是远远高于临安的，但临安却注为价贵，昭通和东川注为价中，因此可知粮价单中价贵、价中、价平的界定是以府、直隶厅 / 州为单位的，并未形成全省统一的界定标准。[④]

由上可知，清代云南粮价单中“价贵、价中、价平”的界定虽只由高价的变化决定，区域上也只以府 / 厅 / 州为范围，从现代统计学的角度来说也存在许多问题。但不可否认的是，这一粮价价格界定信息是中国古代少有的范围广、连续性强的对某地粮价贵贱的长时段评判，对其的整理与利用，能进一步深化清代粮价与区域社会经济的研究。

二、乾隆三年至二十九年粮价价贵、价中、价平的界定

在对清代云南粮价价贵、价中、价平进行界定时，由于界定是以府为单位，而每一府因经济发展水平等因素各不相同，因此贵中平的标准也差

---

① 从目前掌握的资料来看，虽尚未完全理清全国粮价单中“价贵、价中、价平”界定的情况，但可以肯定的是这不是云南一省之况，应是全国的普遍之情。

② 《云贵总督硕色奏报查议滇省仓谷粜价事》，乾隆十五年十一月初四日，中国第一历史档案馆藏，档号：04-01-35-1150-011。

③ 《云南巡抚图尔炳阿呈乾隆十四年省城五月份及通省四月份粮价单》，乾隆十四年五月二十八日，中国第一历史档案馆藏，档号：04-01-39-0092-016。

④ 依笔者所见，其他省份价贵、价中、价平的界定似也是以府、直隶厅/州为单位的，这应与粮价单以府、直隶厅 / 州为单位奏报有关。

异明显。且价贵、价中、价平的界定并不严谨，存在模糊性和主观性。[①]而贵中平的界定有时反映的似乎又仅是粮价增减的情况，而不考虑增减的幅度，[②]因此在众多数据中，根据粮价单中已有的贵中平界定的信息和其对应的粮价数据，重定全省性的贵中平的标准是必要的，也是可行的。

在考虑乾隆三年[③]至二十九年（1738—1764年）云南粮价贵中平的界定时，本文选择此间每一年至少一个月以上粮价单对贵中平界定的信息，分价贵、价中、价平三组，分别抽取每组中最低的价格作为贵中平的界定标准，[④]再辅以部分月份贵中平连续变化的情况作为检验。[⑤]如此得出这一时期的粮价界定标准：200及以上为价贵，130~199（含130）为价中，130以下为价平。[⑥]

---

① 如乾隆三十年普洱五六七月各色粮价俱相同，却将六月注为价中，其他两月注为价平。《云南巡抚常钧呈滇省各属乾隆三十年五月份粮价单》《云南巡抚常钧呈滇省各属乾隆三十年六月份粮价单》《云南巡抚常钧呈滇省各属乾隆三十年七月粮价单》，乾隆三十年六月初七日、七月初九日、八月初二日，中国第一历史档案馆藏，档号：04-01-39-0095-013、04-01-39-0095-013、04-01-39-0095-011。

② 如“乾隆四十三年三四月，临安白米由208降到207，红米由200降到197，仅仅3分的幅度竟由价中变成价平”。《云南巡抚裴宗锡呈云南省乾隆四十三年三月份粮价清单》《云南巡抚裴宗锡呈云南省乾隆四十三年四月份粮价清单》，乾隆四十三年，中国第一历史档案馆藏，档号：04-01-39-0100-025、04-01-39-0100-025。

③ 虽然乾隆元年（1736年）就已要求按月奏报粮价，但因为统一奏报格式，各省奏报包含的内容仍是天差地别，难以统一分析。“清代粮价资料库”中的数据是从乾隆三年开始。

④ 这并不是一概而论的，如东川、昭通的米价其实是全省最高的，但因其历来是云南的价贵之区，即使是2两以上，仍被注为价中；而部分州县有时仅仅是一两一钱左右也会注为价中。因此在选取时采用的是能反映最普遍的情况的数据，而不是这种特殊情况的数据。

⑤ 通过对贵中平连续变化的月份进行分析，可得出粮价变化幅度对贵中平界定的影响，虽然也存在很小的变化就影响贵中平界定的情况，但大部分反映出其存在一个增减的幅度问题。

⑥ 需要注意的是，乾隆二年至二十九年间云南粮价的完整性是相当差的，根据对这一时期粮价库中粮价数据遗漏率的统计，大理府、东川府、广南府、广西直隶州4府州的遗漏率高达60%以上，而其余府厅州遗漏率也在40%以上。虽然数据遗漏率较高，但一地粮价的界定并不会在短期内发生较大变化，因此根据已有的界定信息和数据，分析这一时期粮价价格的空间分布是可行的。遗漏率统计方法详见王业键：《清代粮价资料之可靠性检定》，《清代经济史论文集》（二），稻香出版社2003年版，第289-316页。

这样一来就可以来探讨云南价贵、价中、价平的区域分布。[①] 在分析这一问题时，需要考虑取值的因素，即若分别取高价和均价来进行分析，对粮价贵中平的区域分布的影响有多大？故需分别分析以高价、均价为基础的粮价空间的分布。

通过分析可知：取值均价，这一时期价贵之区只有昭通和东川[②]，价中之区为云南、曲靖、澂江、临安、大理、丽江、镇沅 7 府州，[③] 价平之区有楚雄、广西、景东、开化、蒙化、普洱、顺宁、武定、永北、永昌、元江、姚安、广南 13 府州。[④] 按高价取值，虽然价贵之区仍只有昭通和东川，但价中之区增加到了 10 个，原来属于价平之区的楚雄、广西、武定变成了价中之区。这样看来，似乎取高价和均值对粮价贵中平的空间分布并没有很大的影响。但需要明晰的一点是，某一地的粮价并不会一直处于价贵、价中或者价平一种情况之中，即其有的年份属于价贵，有的年份属于价中，笔者在判断 1738—1764 年的长时段内某地是属于价贵、价中还是价平时，是根据这一时段内其价贵、价中、价平所占的年数来划分的，如在取高值的分析中，云南府 1738—1764 年内有 10 年粮价在 200 以上，17 年在 130~190，笔者将其定为价中。因此分别分析取均值和高价对某地某时期内价贵、价中、价平所占比例的变化，似可以更清晰地看出取均值和高价对

---

① 本文主要探讨的是白米和红米的价格，因“滇省民间，食用以红米为主，白米次之”。(《云贵总督杨应琚奏为滇省米价昂贵遵旨通盘筹划滇省粮价并滇省七月份粮价开单恭呈事》，乾隆三十一年八月二十一日，中国第一历史档案馆藏，档号：04-01-25-0123-035。) 而且从粮价单中可看出，价贵、价中、价平的界定也主要是以米价的变化为准，又因价贵、价中、价平的界定是以高价为基准的，而其实高价反映的只是某一州 / 县的粮价，并不能代表整个府厅州的情况。为了更好地反映整个府 / 厅 / 州和全省的粮价情况，采取学界常用的取高价、低价平均值来代表一府 / 厅 / 州粮价的方法，具体是将各府厅州白米、红米的高价、低价取月度平均值，为米价，再取年度平均值作为这一年的米价，然后再与重定的贵中平的标准相比较，看其情况如何。

② 东川府盛产铜矿，矿工云集，需米浩繁；而昭通为新僻夷疆，驻兵众多且山多田少，产米无多，因此粮食供需紧张，米价一直居高不下。

③ 注意这一时期鹤庆府也是价中之区，鹤庆府于乾隆三十五年（1770 年）降为州，属丽江府，故文中未单独列出。省城昆明亦是价中之区，与云南府相同，不再单独注明（鹤庆府沿革见光绪《鹤庆州志》卷 9《沿革》）。

④ 其中广南府 1738—1752 年为价中，之后为价平，有一个前中后平的发展趋势。

粮价价贵、价中、价平界定的影响（见表1）。

表1　1738—1764年取均值或高价对粮价价格界定的影响[①]

单位：个

地区	均值			高价		
	价贵	价中	价平	价贵	价中	价平
东川	20	6	0	20	6	0
昭通	23	4	0	27	0	0
云南	0	25	2	10	17	0
临安	0	16	11	4	21	2
大理	2	12	12	3	20	3
澂江	0	20	6	1	23	2
丽江	0	20	7	2	18	7
曲靖	0	14	13	3	22	2
镇沅	0	16	11	0	22	5
楚雄	1	7	18	1	16	9
广西	0	10	16	1	23	2
广南	0	12	14	0	12	14
普洱	0	4	23	0	7	20
顺宁	0	7	20	2	10	15
武定	0	7	20	0	14	13
景东	0	5	22	0	5	22
开化	0	4	23	0	4	23
蒙化	0	2	25	0	2	25
永北	0	3	24	0	4	23
永昌	0	3	24	0	5	22
元江	0	1	26	0	6	21
姚安	0	2	25	0	6	21

① 具体方法：依靠“清代粮价资料库”，取各府/厅/州白米和红米的均值作为米价，由月度平均数得出年度平均数，再以每年的米价与以划分的价贵、价中、价平的界定标准相比较，由此得出这一时期内价贵、价中、价平分别所占的比例。

由表 1 可知，一是在取高价的统计中，部分府 / 厅 / 州价贵所占的年份明显增加，如云南府在取均值的统计中，27 年内无一年为价贵，而在取高价的统计中，价贵所占的年份增加到了 10 年。二是几乎所有的府 / 厅 / 州价中所占的年份都有不同程度的增加，虽然大部分并未达到使府 / 厅 / 州由价平变为价中的地步。但这些情况已经足以说明，粮价单中以高价为基础来判断一府 / 厅 / 州是价贵、价中还是价平的处理方法，已经人为地抬高了对各地粮价水平的界定，从而影响统治者对各地粮价高低的判断，进一步左右朝廷粮政的制定。如乾隆十三年（1748 年）全国米贵的问题就是乾隆帝看到各地奏报的粮价单中价贵出现的次数频繁而提出的。

三、战争与粮价：清缅战争对价贵、价中、价平界定的影响

乾隆三十年至三十四年（1765—1769 年），在云南边境地区发生清缅战争，长时间的军粮采办使得云南粮价急剧上涨，这一变化不仅是战争前线普洱、永昌地区的殊情，而是全省性的上涨。①

依目前所见资料，可以肯定的是，清缅战争期间的军粮采办是云南一省独立承担的，正如杨煜达所言“云南山多田少，粮食素无积蓄，特别是在前线的腾越、龙陵一线，素是粮食不足的地区，因此军粮之调拨，遍及全省”。

首先，笔者对永昌（战区）、大理（军粮主要供应地）以及全省的米价

① 目前对清缅战争中军粮供应问题做出研究的学者主要有：赖福顺的《乾隆朝重要战争之军需研究》（台北故宫博物院 1984 年版，第 230-237 页）以宫中档、清高宗实录等材料为基础，对清缅战争中军粮购办情形、运输经过和军粮办理不善之原因做出了探讨，但只述其大概，尚不详细。李中清在《中国西南边疆的社会经济：1250-1850》（林文勋、秦树才译，人民出版社 2012 年版，第 226 页）中谈到了这次战争对云南仓储量的耗尽，并指出这部分损耗在战争结束后并未得到补足，但其只是略提及，并未展开研究。杨煜达的《乾隆朝中缅冲突与西南边疆》（社会科学文献出版社 2014 年版，第 149-151 页）谈到了军粮运输对云南当地人民是一个非常沉重的负担，但并未展开研究。而从军粮采办与粮价波动视角来考察清缅战争的进行与其对云南地方社会影响的研究尚未见，本文试探之。

波动做出分析（见图1）。[①]

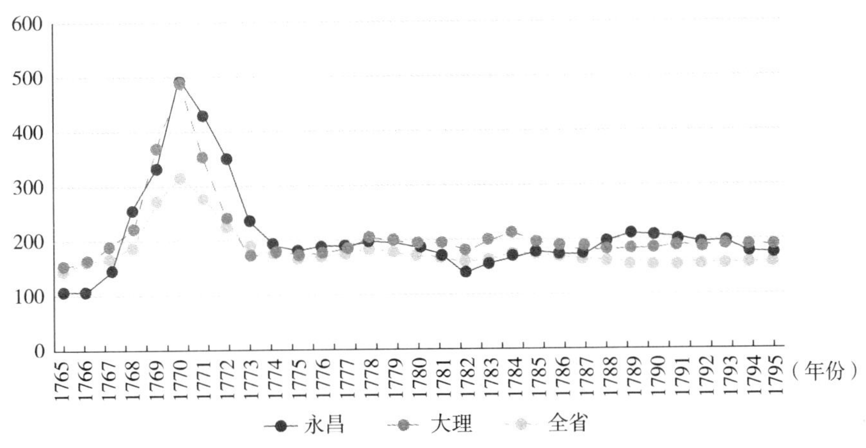

图1　1765—1795年永昌、大理及全省米价趋势

注：1765—1795年的米价数据完整性较其他时段为佳。

资料来源：王业键主编：清代粮价资料库，http：//mhdb.mh.sinica.edu.tw/foodprice/about.php。

由图1可知，清缅战争期间云南米价飞涨，[②]如在乾隆三十五年（1770年）五月的粮价单中，除广南、开化为价中外，其余各府厅州均为价贵之区，[③]大理府白米最高时曾达六两九钱。

其次，随着战争的结束，粮价逐渐回落，而粮价贵中平的界定在战后有所调整。从粮价单中已有的信息可以看出，从乾隆四十年（1775年）前后开始，在全省的价格界定中，没有再出现价贵之区。分析粮价数据后可知，粮价贵中平的界定标准有所变化，大体以2两为界，以上为价中，以

① 数据采集的方法如上，时段包括乾隆三十年至嘉庆朝（1765—1820年）。

② 除米价外，战争期间麦、荞、豆价格也大幅度上涨。

③ 清缅战争期间的粮价价贵、价中、价平沿用的仍是之前的界定标准，而且因为战争持续时间较长，军粮采买以永昌为中心由近及远，因此各府/厅/州价中、价贵的变化也是先后发生的，在战争的后期，各府厅州几乎均上涨为价贵之区。参见《署理云南巡抚明德呈滇省各属乾隆三十五年五月份粮价单》，乾隆三十五年闰五月十九日，中国第一历史档案馆藏，档号：04-01-39-0097-016。

下为价平。[①]

在这样的标准下，在取均值的统计中，除了昭通和镇沅属于价中之区外，其他地区都属于价平之区。[②] 按取高值来计算，则价中之区就增加为7个：丽江、大理、楚雄、普洱、永昌、昭通、镇沅。若再统计取均值或高值对各地价中、价平年份的影响，具体的变化则更为明晰（见表2）。

表2 1765—1820年取均值或高价对粮价价格界定的影响

单位：个

地区	均值		高价	
	价中	价平	价中	价平
云南	2	44	16	30
临安	4	42	21	25
丽江	19	27	42	4
大理	10	36	45	1
楚雄	10	35	23	22
澂江	5	41	16	30
普洱	15	31	29	17
曲靖	7	39	22	24
顺宁	0	46	6	40
武定	0	45	4	41
永昌	8	38	31	15
元江	3	42	6	39
昭通	29	17	46	0
镇沅	26	19	28	17
开化	1	45	1	45

① 也有个别例外，如大理府在乾隆五十年（1785年）以后，仍将2两以上的价格注为价平，这主要是因为大理作为清缅战争期间军粮采买的主要地区，战后也承担着一定的驻防边境军队的兵食任务，故粮价恢复周期明显要长于其他府/厅/州。

② 这些价平之区也不能一概而论，如东川在1775—1787年属于价中；1803年以后丽江、景东、大理、楚雄、蒙化、普洱、永北、永昌等府厅也基本属于价中之区。

续表

地区	均值		高价	
	价中	价平	价中	价平
景东	13	32	13	32
广西	0	45	0	45
广南	4	42	4	42
东川	13	33	13	33
蒙化	10	35	10	35
永北	13	32	13	32

由表 2 可知，取高价统计仍对这一时期粮价有明显的抬升作用。同时也需注意的是，自从调整了价贵、价中、价平界定的标准以后，再未出现价贵的记载，虽然这在某种程度上符合清缅战争后各地粮价上涨的实际情况，[①] 但以昭通一地来说，即使在 1765—1820 年粮价均达到了 270 以上，却仍定为价中，似有所脱离实际，这是否与当地官员报喜不报忧的心态有关尚需进一步探讨。

总的来说，虽然这一时期没有价贵之区，价中之区的数量也仅有 2 个，全省似乎粮价平减。但这种情况是粮价价贵、价中、价平界定标准的调整造成的，实际上粮价较清缅战争之前已经有了较大幅度的上涨，也就是说，战后的粮价一直未恢复到战前的水平。[②]

① 在战后采买兵米、仓粮的奏报中经常会出现每石三两已为价贱的记载，如“查永昌府所属米粮每石以三两为率，顺宁府所属米粮每石以二两为率，俱近年平贱之价，未能再减”。参见《云南巡抚李湖为题请核估保山等府厅州县添建修补仓厫等项工程需用工料银两事》，乾隆三十七年四月初三日，中国第一历史档案馆藏，档号：02-01-008-001729-0008。

② 似乎是为了适应这种上涨的情况，奏报者在粮价单中上调了贵中平的界定标准，因为若再按之前的标准，虽然价贵之区依然无几，但价平之区将全部变为价中之区，这样既不符合实际的情况，也不会得到皇帝的肯定。至于清缅战争后为什么粮价场之间内仍未恢复到战前水平，似乎是一个值得继续思考的问题。

四、粮价波动与粮价价贵、价中、价平的界定

粮价波动达到什么程度会影响粮价价贵、价中、价平的界定，是本节着重讨论的问题。首先笔者对1738—1911年云南粮价的变化情况进行了分析（见图2）。

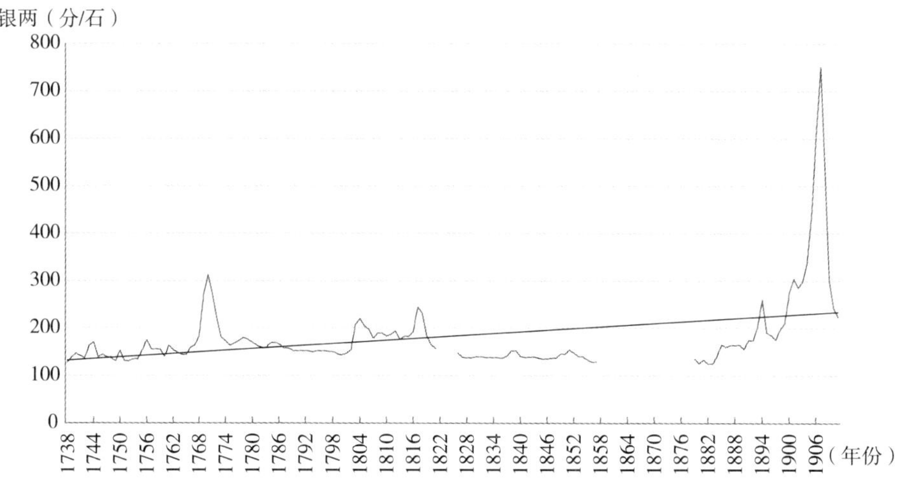

图2 1738—1911年云南省粮价趋势图

注：粮价为白米与红米价格的平均值。

资料来源：王业键主编：清代粮价资料库，http ：//mhdb.mh.sinica.edu.tw/foodprice/about.php。

由图2可知，1738—1911年云南粮价似乎存在一个5年一涨的周期，在乾隆三十年以前，米价的波动并未超过2两，这一时期的米价波动也未达到影响粮价“价贵、价中、价平”界定标准的程度。即使是在乾隆十三年全国米贵的背景下，也未影响价格的界定。① 另外，在嘉庆二十年至二十二年（1815—1817年）全省大部分府/厅/州米价均有不同程度的

① 乾隆十二年（1747年）十二月十二日，乾隆帝在上谕中以自问自答的方式提出了可能造成米贵的五个原因：一是外运过多；二是屯户居奇；三是户口繁滋；四是水旱偏灾；五是仓储采买过多。并让各省督抚引论米价腾贵的原因，详见《清高宗实录》卷304，乾隆十二年十二月戊辰，中华书局1985年影印本，第12册，第977-978页。云南米价的上涨并未出现在乾隆十三年，而是在八、九两年，这一次上涨是仓粮采买引起的。

上涨，[①] 变化也在 2 两以上，但因这一次粮价的变化是在清缅战争后粮价价贵、价中、价平界定标准调整后发生的，因此也未达到影响价格标准界定的程度。而道光朝及以后的粮价单中价贵、价中、价平的界定，似乎已经失去了原来的意义。价平是这一时期的常态，而价中反映的仅仅是粮价的增减情况，即不论粮价基数是多少、增长的幅度如何，只要上涨，就会由价平变为价中，而一旦粮价停止增长，就又会变成价平。如道光二十九年（1849 年）曲靖府闰四月、五月、六月粮价连续上涨，由价平变为价中，但至七月粮价未再上涨和六月持平时，却由价中变为了价平。[②] 特别是光绪朝以后，即使粮价达到有清一代的最高峰，但却连这种反映增减情况的模式都未在坚持，价贵、价中、价平的界定已经失去了衡量一地粮价贵贱的意义。[③]

总的来说，终清一代，云南粮价价贵、价中、价平界定的标准只在清缅战争后调整过一次，而道光以后粮价单的奏报逐渐流于形式，可靠性大不如前，即使米价达到 7 两甚至以上，都未再引起粮价价格界定标准的调整。

余　论

“洪范八政，食为政首”，清代形成的粮价单是皇帝为更仔细地了解各省民食而创立的，粮价单与雨泽、收成奏报相协作，源源不断地为朝廷提供各地粮食信息，皇帝也因此来调整、颁布相关政策。而粮价单中关于粮价“价贵、价中、价平”界定的信息是衡量清代粮价贵贱的重要一手指标，虽然其在统计中存各种各样的问题，但其对判断一地粮价水平，进而研究

① 这次粮价上涨与1815年印度尼西亚的坦博拉火山的喷发所造成的气候异常有关，详见杨煜达：《清代云南季风季候与天气灾害研究》第六章《1815—1817 年云南大饥荒与坦博拉火山喷发》，复旦大学出版社 2006 年版，第 119–131 页。

② 虽然之前的界定中也存在这种情况，但不像此时期的如此普遍。参见《清代道光至宣统间粮价表》（云南），广西师范大学出版社 2009 年版，第 26 页。

③ 这种变化应与咸丰以后粮价数值质量下降有关，参见王玉茹、罗畅：《清代粮价数据质量研究——以长江流域为中心》，《清史研究》2013 年第 1 期。

区域经济发展的重要性是毫无疑问的。清代云南一直都是“山多田少，产米无多；舟楫不通，挽运维艰”的形象，粮食问题紧紧与边疆安全联系在一起，如何保证边疆粮食供需的平衡，一直是清廷需要首先解决的问题。而解决问题的前提是了解问题，因此粮价单在边疆治理中的重要性不言而喻。

本文的目的就是回答清代云南粮价“何谓贵、何谓贱”的问题，通过分析可得乾隆三十年（1765 年）以前，大概以 200 及以上为价贵，130~200（含 130）为价中，130 以下为价平。后因清缅战争大量采买军粮，使得战后的粮价一直未恢复到战前水平，因此从乾隆四十年至嘉庆朝期间，粮价又以 2 两以上为价中，以下为价平，且再未出现价贵的记载。而道光朝及以后的价贵、价中、价平的界定，因这一时期粮价奏报制度逐渐流于形式化，粮价数据质量下降，似乎已经失去了衡量某地粮价贵贱的意义。

全国的历史当然不是区域历史的单纯整合，但区域的演进研究是必要的。就以清代云南粮价单中记载的“价贵、价中、价平”的信息来看，以高价为基准的信息采集方法，在某种程度上抬高了某一地的粮价水平，从而影响人们对粮价的判断，会轻易得出此地价格为贵的定论。粮食关乎国计民生，统治者希望看到的是粮价平减，而不是高涨，因此在粮价信息采集的制度中关注的也更多是粮价上涨的部分，虽然这能更快地让统治者做出反应，但无形中也脱离了实际。因此在清代的粮价研究中，先根据粮价单中价贵、价中、价平的信息，重新制定全省性的贵中平标准；再以已有的粮价数据，采用学界较常用的“取平均值”的方法，取高价和低价的平均值作为此地的粮价。两者相较，才能更接近地反映当时的粮价情况。如此一来，原来高价反映出的价贵实际上可能仅是价中而已。用此思路再来反思一些问题，就可以看出一些不同，如乾隆十三年的米贵问题到底存不存在，即使存在，程度又真的像乾隆君臣所认为的那样严重吗？[①]这些都是值得进一步思考的问题。

---

① 正如陈春声指出的“‘乾隆三十年米贵问题’这一‘经济现象’之所以引人注目，在很大程度上是清代行政体制运作的结果。单纯从数量统计的角度考察，是年的米价变动实在很难说有多少异常之处”。参见陈春声：《“经济”不是 ECONOMY——乾隆十三年米贵问题》，《东方文化》1996 年第 4 期。

中国近代农村小额信用贷款研究

——基于上海商业储蓄银行的案例探析

缪德刚*

中国社会科学院经济研究所

【摘要】资金缺乏在很多发展中国家的农村地区广泛存在，为了解决这一问题，一些发展中国家尝试过很多策略，但大都收效甚微。20世纪80年代，孟加拉国格莱珉银行小额贷款的成功实践引起了经济学界的关注，并在随后的讨论中将其归结为团体贷款模式。20世纪20年代末期，资金短缺使得中国农村陷入严重的经济危机。上海商业储蓄银行以组建信用合作社的方式从事农贷业务，具有典型的团体贷款特征。本文在对上海商业储蓄银行从事农村贷款的历史背景进行简要介绍的基础上，从该行的档案材料中梳理出了信用合作社的团体贷款监督机制，并对其进行了理论解释。本文不单为团体贷款模式的讨论提供了来自中国的案例，而且从史料中发现，当团体内部的监督机制不能发挥时，团体贷款的有效性就会受到制约。

【关键词】团体贷款；农村金融；资金缺乏

一、引　言

20世纪80年代后，孟加拉国格莱珉银行在农村小额贷款的成功实践受到理论界的关注。格莱珉银行的贷款对象为农村贫困家庭的妇女，在申请贷款时，贷款人需组成负有连带责任的团体，贷款后通过团体内部监督

---

* 作者简介：缪德刚，中国社会科学院经济研究所副研究员。

和中心会议制度对资金的使用进行核实，这种模式使得格莱珉银行的农村贷款达到了 98% 的返还率。一些学者认为，格莱珉银行的农村小额贷款能够成功，是因为采用了团体贷款模式（Besley & Coate，1995）。团体贷款不单可以通过团体内部连带担保的方式制约道德风险的产生，而且相较于个人贷款，团体贷款有效降低了资金出借方的交易成本（Richard & Joseph，1991；Adams & Ladman，1979）。在学界热衷于讨论格莱珉银行的团体贷款模式时，Guinnane（1999）等在分析相关史料的基础上指出，19 世纪中期德国、爱尔兰等西欧地区的农民通过组成信用合作社向银行贷款的方式同样是团体贷款。

除了格莱珉银行农村小额贷款和西欧的信用合作社贷款作为团体贷款模式的分析案例之外，目前鲜有研究来自中国的案例。实际上，以信用合作社为代表的团体贷款模式在民国时期就有实践。20 世纪初，在合作主义的影响下，部分学者开始介绍合作制度，并倡导通过建立合作社来缓解中国农业、生产、消费等领域存在的资金缺乏问题（徐志摩，1920；李安，1921）。在一些公益团体、金融机构、政府组织的推动下，农村信用合作社逐步建立，并成为 20 世纪三四十年代配置农村资金的重要载体（许永峰，2012）。

从已有成果来看，很多学者对民国时期的农村信用合作社做过研究。从研究内容来看，主要分为以下三类：第一类是涉及合作运动影响下的信用合作社发展研究，如高纯淑的《华洋义赈会与民初合作运动》、陈秀卿的《华北农村信用合作运动（1919—1937）》、陈岩松的《中华合作事业发展史》等；第二类是信用合作社资金来源的研究，如王先明和刘翠莉的《二三十年代农村合作社借贷资金的构成及其来源——20 世纪前期中国乡村社会变迁研究》、韩丽娟的《银行资助与农村内生金融的形成——20 世纪 20—30 年代对培育中国农村信用社的探讨》；第三类是对信用合作社的借贷活动及其在借贷环节作用的论述，如李金铮和邓红的《二三十年代华北乡村合作社的借贷活动》、李金铮的《民国乡村借贷关系研究——以长江中下游地区为例》、杜恂诚的《20 世纪 20—30 年代的中国农村新式金融》

等。[①] 目前关于民国时期信用合作社的学术成果较为丰富，但以团体贷款为研究视角的著述仍未得见。所幸在上海档案馆馆藏的上海商业储蓄银行史料中，笔者发现了与该行有业务往来的农村信用合作社的档案材料，这些档案记录了上海商业储蓄银行通过农村信用合作社贷款的动机、该行对农村信用合作社的制度设计、农村贷款业务运营及发展等方面的内容。在这些档案材料基础上，结合团体贷款相关理论，笔者对上海商业储蓄银行的农村团体贷款模式进行了初步探讨，以期丰富已有研究。

二、历史背景与监督机制

（一）上海商业储蓄银行开展农村贷款业务的历史背景

自 20 世纪 70 年代开始，肖（Shaw，1988）和麦金农（Mckinnon ，1988）等在其对发展中国家金融市场的著述中论及了农村资金缺乏问题，引起了经济学界对这一问题的重视。为了解决农村资金缺乏问题，在学界的呼吁下，部分发展中国家尝试了设立农村贷款专项资金、税收减免、提供贷款保障等方式，但大多收效甚微（Dale & Jerry，1979）。

与上述发展中国家"被动"地从事农村贷款不同，20 世纪 30 年代，中国银行界在农村贷款方面显得相对"主动"。作为最早进行农村贷款的银行之一，上海商业储蓄银行也较为积极，概括起来这是由当时的宏观经济环境和该行经营状况两方面的因素导致的。20 世纪 20 年代末，世界经济

---

① 高纯淑：《华洋义赈会与民初合作运动》，"国立"政治大学硕士学位论文，1982 年；陈秀卿：《华北农村信用合作运动（1919—1937）》，"国立"台湾师范大学硕士学位论文，1986 年；陈岩松：《中华合作事业发展史》，台北商务印书馆 1983 年版；王先明、张翠莉：《二三十年代农村合作社借贷资金的构成及其来源——20 世纪前期中国乡村社会变迁研究》，《天津师范大学学报（社会科学版）》2002 年第 4 期，第 7-11 页；韩丽娟：《银行资助与农村内生金融的形成——20 世纪 20—30 年代对培育中国农村信用社的探讨》，《贵州社会科学》2012 年第 2 期，第 133-144 页；李金铮、邓红：《二三十年代华北乡村合作社的借贷活动》，《史学月刊》2000 年第 2 期，第 98-102 页；李金铮：《民国乡村借贷关系研究——以长江中下游地区为例》，人民出版社 2003 年版；杜恂诚：《20 世纪 20—30 年代的中国农村新式金融》，《社会科学》2010 年第 6 期，第 133-144 页。

危机、自然灾害、农村社会秩序的动荡使得内地农村地区的资金大量流入上海，却极少回流到农村（城山智子，2010）。与之形成鲜明对比的是，资金过度集中于上海、天津等少数大城市的银行业。如何将聚集在上海、天津等城市的资金通过合适的渠道发放到内地农村成为当时社会各界热议的话题。上海商业储蓄银行的史料显示，在从事农村贷款之前，该行对农村资金缺乏问题有过多次讨论。时任上海商业储蓄银行总经理陈光甫认为，沿海大城市与内地农村资金分配不均衡是由内地安全性差、农业生产周期、银行避险惜贷三个原因造成的。至 1933 年，上海商业储蓄银行总行及天津分行资金过剩超过了 4000 万元，为了降低经营成本，陈光甫责令该行取消期限超过两年的存款业务。[①] 可见，从事农村贷款也是上海商业储蓄银行减少资金积压的方式。

1931 年春，上海商业储蓄银行开始试办农业贷款，1932 年设立农业合作贷款部，1934 年将农业合作贷款部改组为农业部，并在南京、郑州、蚌埠、济南、西安、长沙等地的分行设立农业科办理农村贷款业务。[②] 从可以查找到的档案材料来看，1935 年 1 月 21 日至 1938 年 2 月 19 日，上海商业储蓄银行的农村贷款每周贷出的资金均在 1000000 元以上（见图 1）。

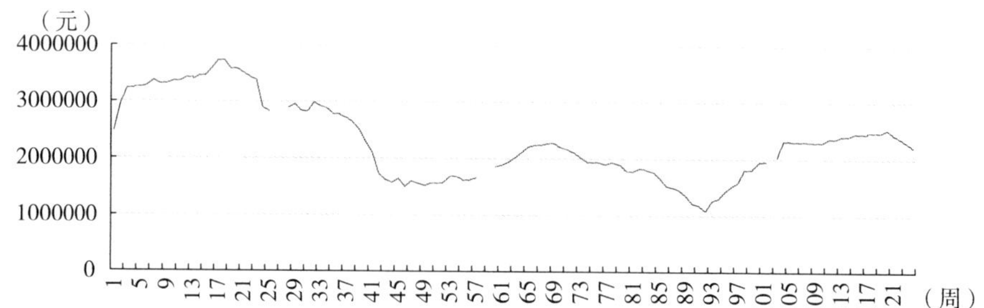

图 1　上海商业储蓄银行每周农村贷款统计（1935 年 1 月 21 日至 1938 年 2 月 19 日）

资料来源：《上海商业储蓄银行行务会议记录·农业部报告》，上海档案馆藏上海商业储蓄银行卷宗：Q275-1-223。

① 中国人民银行上海市分行金融研究所：《上海商业储蓄银行史料》，上海人民出版社 1990 年版，第 410-413 页。

② 《上海商业储蓄银行行务会议记录（1937）》，上海档案馆藏上海商业储蓄银行卷宗：Q275-1-227。

上海商业储蓄银行是最早通过信用合作社向农村地区贷款的银行，在该行贷出的资金中，信用合作社贷款占有较大比重。如图 2 所示，1934 年上海商业储蓄银行在江苏省农业贷款中，仅从合作社的数量上来看，信用合作社是最多的。1934 年 7 月 1 日至 1935 年 6 月 30 日，上海商业储蓄银行在上海、江苏、浙江、安徽、湖北、山东、广东、陕西七省一市的 352 个信用合作社总计贷出 780314.33 元。①

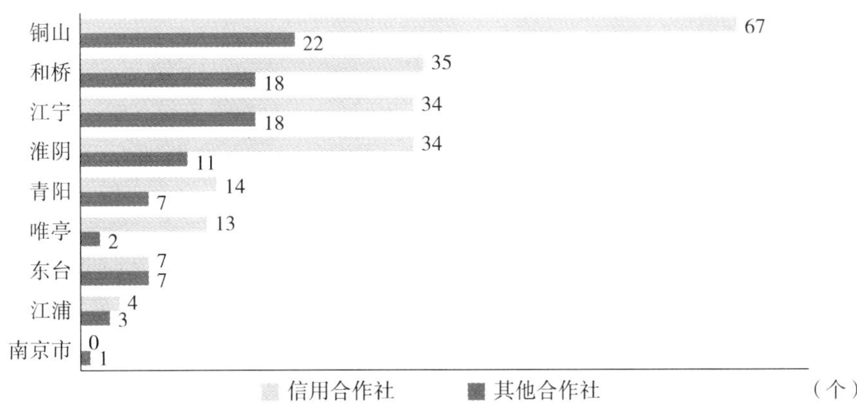

图 2　1934 年上海商业储蓄银行在江苏省农业贷款放出机构统计

资料来源：《上海商业储蓄银行农业贷款报告（1933—1935）》，上海档案馆藏上海商业储蓄银行卷宗：Q275-1-553-23。

（二）信用合作社内部的监督机制

斯蒂格利茨（Stiglitz）在其 1982 年的研究中指出，格莱珉银行农村贷款取得积极效果的关键是贷款团体内部的“同行监督”（Peer Monitoring）机制。在对德国信用合作社这种团体贷款模式研究的基础上，Guinnane（1994）等认为，信用合作社社员有动机去监督其他社员至少有两个前提：第一，贷款时信用合作社的其他社员需承担全部或部分连带责任；第二，违约发生时，其他社员要有相应的损失。

上海商业储蓄银行制定的《农村信用合作社模范章程》规定，由全体

① 《上海商业储蓄银行农业贷款报告（1933—1935）》，上海档案馆藏上海商业储蓄银行卷宗：Q275-1-553-23。

社员组成的社员大会拥有最高职权。其具体职权包括选举理事会理事、监事会监事；制定、删改社内办事规则；吸收、开除社员；以全体社员的信用对外借款；管理社股；审查理事会报告与决算；处理社员对理事会、监事会不满或两者不能解决的事项。

信用合作社社员之间负有连带无限责任，社员入社需要从品行、才能、储蓄、财产等方面进行考察（见图 3）。信用合作社成立后，请求加入者需要有 2 名社员介绍，并经过社员大会 3/4 以上成员表决通过。新社员与旧社员对社内已有债务承担同等责任。对不履行合作社章程规定义务的社员、对合作社名誉及信用造成损失的社员、本身丧失信用的社员、无故不出席会议 3 次以上的社员，经社员大会 3/4 以上成员表决通过后，予以除名。另外，同一社员不能加入其他信用合作社。

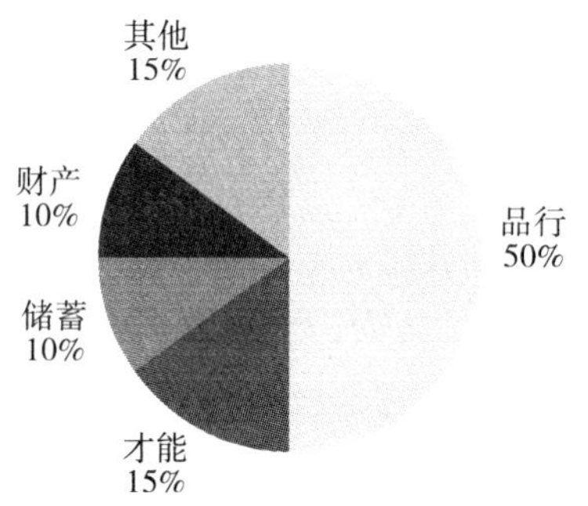

图 3　农村信用合作社入社社员信用度评价标准

注：品行含信实（20%）、无不良嗜好（10%）、勤俭（10%）、谨慎（5%）、义气（5%）；才能含生产能力（10%）、特殊技能（5%）；储蓄存款含常年存储（5%）、不常支取（5%）。

资料来源：《上海商业储蓄银行关于农贷各项章则・省、县、区农村信用合作社社员信用度评规程（1933 年 2 月）》，上海档案馆藏上海商业储蓄银行卷宗：Q275-1-193。

在贷款担保方面，除了个人信用及 2 位社员担保之外，还有不动产、动产、农产品或副产品等多种方式。贷款前，社员需在请求书中说明借款用途。理事会有权对贷款申请进行否决。贷款后，如果用途不实或者转借他人，合作社有权强制贷款者一个月内交还本息，并收取贷款额的 1/10 作为罚金。以合作社全体社员信用从上海商业储蓄银行借来的资金，只能用

于合作社全体生产用途或社员个人生产用途。[①] 在 19 世纪 50 年代德国的信用社中，申请贷款时，借款人需要向信用合作社管理委员会说明其数额、还款时间、用途、担保等。同时，对不遵守合作社规章制度的社员，可以对某些借款进行否决（Ghatak & Guinnane，1999）。虽然上海商业储蓄银行设计的信用合作社制度与当时西欧国家流行的合作社制度类似，但在某些条款上进行了更为严格的规定。如德国信用合作社社员借款时，担保人来自社内、社外均可，但向上海商业储蓄银行贷款的借款人与担保人必须来自同一个合作社。所以，上海商业储蓄银行并没有盲从当时西方的合作制度，而是在其基础上进行了改进。

从团体贷款模式的实质上来说，上海商业储蓄银行指导下成立的信用合作社与 19 世纪中期德国信用合作社是一致的，即都是利用社员之间彼此熟悉的信息优势来约束贷款人违约行为的发生。按照一般的贷款程序，借款人向银行贷款时，银行需要核实借款人材料的真实性、能否合理使用以及能否如其偿还贷款等问题。当借款人不能偿还贷款时，银行需要寻找有效的方法迫使借款人还款。借款人通过信用合作社贷款后，原本应由银行所做的工作在合作社内部得到了有效解决。由于信息和执行机制都是低成本的，这使得银行不愿意直接贷款的借款者通过信用合作社取得了资金。

（三）上海商业储蓄银行对信用合作社的监督机制

对于只需要小额贷款的农村借款者来说，银行对其单独贷款的交易成本是相对较高的。所以，银行通常不在农村地区提供贷款服务，或只对少数符合贷款资质、能如期还款的借款人贷款。上海商业储蓄银行通过信用合作社贷款降低了相较于直接对个人贷款形成的单笔交易成本。

在上海商业储蓄银行制定的《农村信用合作社模范章程》中规定，信用合作社的章程需由该行核准后执行。除了对其贷款的农村信用合作社制定规章制度之外，也有该行对信用合作社的监督机制。只有将社股的全部公积金及其他储蓄存放到上海商业储蓄银行的信用合作社才能被认定为合

---

① 《上海商业储蓄银行关于农贷业务各项章则 · 上海商业储蓄银行农村信用合作社模范章程》，上海档案馆藏上海商业储蓄银行卷宗：Q275-1-193。

作机构。从图1与图4来看，上海商业储蓄银行经营信用合作社存贷款起止时间是一致的，来自信用合作社的存款基本都在每周50000元以上。认定为合作机构后，信用合作社要向银行提供资产负债报告单、财产目录、信用评定委员会署名的信用报告书、借款用途说明书、已进行或计划中的事业说明书、全体社员名单及负责人详细履历、登记证。如果社员单独通过信用合作社贷款，还需提交该社员的贷款申请书、个人信用评定单、理事会讨论意见、担保人或抵押品说明单。待上海商业储蓄银行总行农业合作贷款部审核完毕后，持贷款核准通知书、合作社负责人签名的借据到当地所在分支行贷款。①

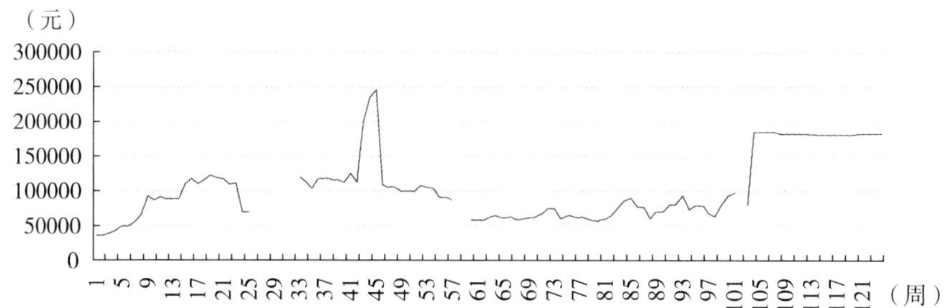

图4　信用合作社存款每周统计（1935年1月21日至1938年2月19日）

资料来源：《上海商业储蓄银行行务会议记录·农业部报告》，上海档案馆藏上海商业储蓄银行卷宗：Q275-1-223。

信用合作社从上海商业储蓄银行借得的资金只能用于购买种子或肥料、牲畜及农具、运销农具等。对于违规使用资金、不按规定偿还资金的合作社，上海商业储蓄银行索还本息并取消对该社的承认书。②

作为谋求经济利益最大化的金融机构，上海商业储蓄银行为了实现农村贷款业务所制定的监督机制，可以实现三个效果：第一，对于银行本身而言，明确了农村贷款流程，防止从业人员的舞弊和低效；第二，银行对信用合作社贷款资格认证和监督能维护农村贷款的金融市场秩序；第三，

①② 《上海商业储蓄银行关于农贷业务各项章则·上海商业储蓄银行农业合作贷款部放款程序》，上海档案馆藏上海商业储蓄银行卷宗：Q275-1-193。

信用合作社社员之间的监督避免了道德风险的产生。虽然，第二、第三种效果是银行直接向农民贷款不能实现的情况下衍生出来的，但却是降低交易成本、实现银行向农村贷款的关键。

三、理论解释与绩效评价

（一）上海商业储蓄银行通过农村信用合作社贷款理论解释

上海商业储蓄银行通过信用合作社贷款的重要动机在于，相对于银行对每个社员的了解，社员彼此之间所了解的信息更为详细。为了能够得到贷款，避免因连带责任受到上海商业储蓄银行的惩罚，农民会选择他们认为信用较好者组成信用合作社。在改进已有研究的基础上，结合上海商业储蓄银行的相关史料，笔者运用模型来揭示该行通过信用合作社贷款的内在机理。

按照生产能力，将需要资金的农民分为两种类型：一种生产能力良好，另一种生产能力较差。假设某项农业生产初始的投入为 1，对于生产能力强的农民来说，如果进行该农业生产会生产出 V，很显然 $V>1$。对于生产能力较差的农民来说，投入是 1，产出是 0。

为了保证贷款能够偿还，上海商业储蓄银行需要对农民的生产类型进行辨别，由此付出的成本是 K。K 为必要的支出，否则银行与合作社之间的贷款合约将不会发生。如果 $K>V-1$，那么上海商业储蓄银行从事该笔农村贷款是没有收益的。在这种情况下，银行不会向合作社贷款。

假定上海商业储蓄银行计划向信用合作社贷款，这个信用合作社由 n 个农民组成。贷款之前，银行对合作社的一个社员进行生产能力调查，如果该社员的生产能力是好的，那么整个信用合作社就得到上海商业储蓄银行承认，所有社员具有了从银行贷款的资格。如果所调查的社员生产能力是差的，那么该合作社不会被上海商业储蓄银行承认有借款资格，所有的社员均不能从银行借款。

按照上述逻辑，合作社的社员就会意识到只有当所有的社员都是生产能力好的，他们才能从银行取得生产贷款。在这种情况下，这项农业生产项目进行的可能性为 1。因为 $n(V-1)\geqslant K$，所以对于银行来说是获利的。

现在假设有一个生产能力差的农民加入了合作社，他为了得到借款必须用 1/n 的成本来贿赂其他社员。如果该生产能力差的社员在银行调查中发现其生产能力较差，那么该合作社的其他人得到的贷款就是 0。由于此时合作社的人数为 n+1，所以这种情况发生的可能性为 1/（n+1）。如果银行调查选到的是生产能力好的社员，那么在生产能力差的社员存在的情况下，其他成员得到的经济利益是 V–1+1/n。V–1 是社员的生产投入收益，1/n 是贿赂的所得。如果所有的社员拒绝生产能力差的农民加入合作社，那么合作社的每个社员的收益还是 V–1。

由上可知，对于其他社员来说，拒绝一个生产能力差的农民加入合作社带来的好处超过此人可以加入合作社的条件为

$$0/(n+1)+n/(n+1)[V-1+1/n]\leqslant V-1 \tag{1}$$

当 V⩾2 时，即使存在贿赂的情况下，其他社员会拒绝生产能力差的农民加入信用合作社。或者说，银行为了激励生产能力一致的农民组成信用合作社，在放款前需要确定每个社员从该项农业生产中取得经济利益不小于 2。

从上海商业储蓄银行制定的《信用合作社章程》中可以看出，社员通过合作社向银行贷款不是同时进行的，而是有先后顺序的。一个社员借款之前必须得到其他社员的担保，由于彼此之间承担连带责任，其他社员也会对贷款者资金的使用情况进行监督。

将上述特征加入模型之后，按照借款的顺序，对于每个社员来说，生产能力差的社员有 1/2 的概率在其他欲借款的社员之前得到这笔借款。如果是这样的话，对于其他社员来说就只得到了 1/n 的贿赂。如果银行没有查出生产能力差的社员，或者生产能力差的社员在其他的社员之后借款，那么其他社员得到的经济利益是 V–1+1/n。于是这个问题变成：

$$0/(n+1)+n/(n+1)[(1/2)*(1/n)+(1/2)*(V-1+1/n)]\leqslant V-1 \tag{2}$$

式（2）可以简化为：

$$2/(n+2)\leqslant V-1 \tag{3}$$

式（3）中，左边一般小于 1。因此，在合作社社员有先后顺序从银行贷款时，部分社员的农业生产项目会得到借款。同时，随着 n 的增大，这个农业生产项目的收益就会趋近于 1，这说明随着合作社社员的增多，上

海商业储蓄银行对其贷款的可能性增大，农民从该行得到资金的难度也降低。

上述模型说明了两个问题：第一，生产能力差的社员的存在可能会影响到其他社员从银行贷款，因此上海商业储蓄银行选择将农民组成信用合作社贷款比对个人贷款风险低。第二，农民组成信用合作社之后，相对于对单个农民贷款时生产能力的要求，通过信用合作社放款对每个社员生产能力的要求都有所降低。因此，通过信用合作社这种团体贷款模式，增加了上海商业储蓄银行在农村贷款的可执行性。

（二）上海商业储蓄银行农村团体贷款的绩效评价

已有研究认为，农村金融市场状况是极其复杂的，小规模的农业生产决定了农民通常只需要小额贷款。对于金融机构来说，重复交易和监管造成的成本很容易超过利润，所以农民的借贷资金通常来自当地的非正规金融，外来金融机构很难进入农村金融市场。农村当地的非正规金融对借款的农民较为了解，并且可以对其进行监督。农村地区的非正规金融的这一优势，是潜在的外部竞争者所不具备的（Varian，1990）。

20 世纪 30 年代，农村金融环境更为复杂，但上海商业储蓄银行通过信用合作社在农村的贷款却取得了成功。从上海商业储蓄银行的内部讨论来看，该行通过合作社所贷出的资金主要产生了以下三方面的影响：第一，对于农民而言，贷款“为数虽微，然以农民之立场而论，得益匪浅”，尤其是建立信用合作社后，农民以较低的利率取得了贷款。第二，提高了农业生产技术，“我国之农事，因农民之经济窘迫，组织散漫，故不易改进。自有合作社后，一方予以经济之辅助，一方利用团体之力量，各种农事，得以逐步改良”。第三，消减了一些金融机构在农村贷款的顾虑，促进了农村公共事业的建设。对于上海商业储蓄银行来说，原本担忧的放款资金回收问题在通过信用合作社贷款中得到了解决，“各处放款，节能按期如数归还，并有提前交归者。由此可知，农村之放款，如能慎重办理，并无危险”。[①]

---

① 《上海商业储蓄银行农村贷款报告（1933—1935）》，上海档案馆藏上海商业储蓄银行卷宗：Q275-1-553-23。

遗憾的是，上海商业储蓄银行农村贷款业务并未能持续下去。从上海商业储蓄银行会议讨论记录来看主要原因有以下三点：一是受美国购买白银政策的影响，原本在20世纪30年代初期上海集聚的白银逐渐减少，物价跌落导致行业不景气，银行贷款难以收回，导致该行坏账增多。二是国民政府加强了对金融机构的统制。“以前金融组织，松懈散漫，几无组织可言。……是年来政府对于银行、已呈不干涉状态，进而为统制主义，去年有国外汇兑机构之取缔，储蓄银行法之实行，今年有中中交（中国银行、中央银行、交通银行）三行之增资改组，中央银行法制公布，最近中国银行开办储蓄、中央银行设立信托局，可见以前中央银行所放弃支发行统一、规定利率及票据交换各种，其势必将收回，往昔各行庄所恃以为武器者，其势必将缴械。”三是竞争加剧导致农村金融市场混乱。负责农业贷款的邹秉文指出，“在过去两年之前，各界对农村放款均不注意，东分西散，今放弃单独区域，人事开支，亦可节省。……本行最初别无他念，不过以服务社会之旨，研究如何可为农村服务，故所做生意均为农产，当此农商没落之秋，与其求商人之改良，不如提倡农村之改进。故两年前，为我行单独办理，现在不然，凑热闹者有之，联合同业热心办理者亦有之”。①

尽管上海商业储蓄银行从事农村贷款的持续时间并不长，但在近些年的研究中得到了积极的评价。薛念文（2003）指出，上海商业储蓄银行通过合作社向农民提供贷款，体现了该行在贷款方面的灵活性。日本学者弁纳才一（1995）认为，在上海商业储蓄银行进行了农贷业务尝试之后，陈光甫根据该行的农业贷款还款率说服其他商业银行对农村进行贷款，从而促进了农业的发展。王专、吕晓玲（2008）认为，上海商业储蓄银行的农村贷款不仅提高了其资金的盈利性、安全性，扩大了该行的影响，对贷款区域的农村经济改善也起到了一定的促进作用。基于本文的研究，笔者认为，如果从践行农村团体贷款的角度来看，上海商业储蓄银行所取得的成就更为瞩目。

---

① 《上海商业储蓄银行第二次全行行务会议记录：“总经理演讲辞”（1935）》，上海档案馆藏上海商业储蓄银行卷宗：Q275-1-201。

四、结　语

长期以来，农村资金短缺是困扰很多发展中国家经济增长的难题，孟加拉国格莱珉银行小额贷款的成功实践为破解这一难题提供了可资借鉴的路径。20 世纪 80 年代后，随着信息经济学和交易成本理论的发展，经济学界从理论上解释了孟加拉国格莱珉银行小额贷款取得成功的原因，并将其归结为团体贷款模式。在梳理 19 世纪中期德国农村信用合作社史料的基础上，Guinnane 为团体贷款模式提供了新的研究案例。本文通过对上海商业储蓄银行档案材料的整理为团体贷款模式提供了来自中国的分析个案。值得注意的是，Guinnane（1994）在后来对爱尔兰农村信用合作社的研究中指出，虽然团体贷款模式在解决农村资金不足过程中产生了积极作用，但当团体内部的监督机制不能发挥时，团体贷款的有效性就会受到制约，在上海商业储蓄银行 20 世纪 30 年代中期后的农村贷款档案材料中也表明了这一点。

商科教育与江浙财团的兴起

——以浙江省立甲种商业学校为中心 *

邵钢锋 **

南京大学历史学院

【摘要】商科教育作为晚清改革的重要成果，张之洞曾将商科作为“技艺之学”创造性与经学等科并列为“八科之学”。肇始于清末民初的浙江省立甲种商业学校是浙省商业教育之先驱，也是我国最早创办的商业专门学校之一。学校地处“商旅遍天下”的浙江，为立宪时期地方绅商团体杭州商学公会所创办，先天性与江浙新式商业金融资本家关系万千重。江浙财团基于共同的地缘、业缘、学缘等诸种错综复杂的社会关系网络，抱团意识历来强烈。商科教育与江浙财团间互为表征，且具正向效应。晚清地方绅商势力的逐渐形成和壮大给予金融资本为核心的江浙财团提供了历史环境和经济基础；商科教育的创立又为后起的江浙财团造就了人才，新式商科教育培养了一批创设和经营浙江实业银行、交通银行等有作为的银行家。

【关键词】杭州商学公会；商业学堂；实业教育；江浙财团

一、引　言

“国家当富强，始基端在商。”江浙地区不仅是“四方百货”之地，更

---

* 基金项目：本文为国家社会科学基金重点项目“近代中国社会环境历史变迁研究”（16AZS013）和教育部人文社会科学重点研究基地重大招标项目“中国抗战经济研究（1931—1945）”（17JJD770009）的阶段性成果之一。

** 作者简介：邵钢锋，南京大学历史学院博士研究生。

是“江商海贾”之所。宋元以降，江浙地区人烟繁盛，人文荟萃，区域间市镇经济发达。浙江杭州地处江河交通要道，加之清季沪杭甬铁路接轨，大凡赣皖苏闽各省出产都需辗转杭州。浙江又多善于经商的人群，如宁波，有“无宁不成市”之谚。除了本省的港口之外，中国最大的上海港，就在浙江的大门口。近代的浙商群体更是以浙江为基地，以上海为中心，展开了活动，与江苏帮被合称为“江浙资产阶级”（或称为“江浙财团”）。从某种意义上来讲，江浙地区的地缘优势，不过是传统社会血缘的投影延伸，两者不分离。正如费孝通先生所言，“生于斯，死于斯”把人和地的因缘固定了。[①] 所以，有学者认为江浙财阀是以“宁波帮为中心的团结意识，而结合成的地缘集团”，这是公认的中国“具有代表性的财阀”，是南京国民政府的基础。[②]

有学者指出，自清末求富运动之后，新式工商企业的兴办，有凝结地方势力的作用，并使地方绅商阶层在地方政治中的影响力越来越大，“清末扩大升高的绅权，既然是以地方为背景而兴起的势力，所以这一势力在形成之后，便自然而然以地方的利害为前提。当地方官的施政不符合地方利益时，他们便攻讦地方官吏之政策，‘以合众之力’，力逼政府非有所变更不可”。[③] 由于受外面世界刺激，清廷方知一国非商业无以富强，非实业教育无以富国，遂开始钦定商律，内设商部，外设商会，商学等特设专科。浙江省立甲种商业学校（清末始称杭州中等商业学堂）就是这一时代的产物，学校系由清末地方绅商团体杭州商学公会所创立，“上副朝廷预备立宪之期，下树地方自治团体之基础”。[④] 作为地方绅商预备立宪与实业救国之表征，自创始之初就以“研究商学、交换智识”[⑤] 为宗旨，“期于开通商智，扩张贸易或则于此，朝廷振兴实业之意不无裨益”。[⑥] 正是由于地处“商旅

① 费孝通：《乡土中国》，人民出版社 2017 年版，第 72 页。

② ［日］山上金男：《浙江财阀》，陶水木、张屹、刘琛琛译，国家图书馆出版社2014年版，第4页。

③ 胡春惠：《民初的地方主义与联省自治》，中国社会科学出版社 2001 年版，第 6–7 页。

④ 会务报告：《发起杭州商学公会第一次禀稿》，《杭州商业杂志》1909 年第 1 期，第 821 页。

⑤ 商学公会开会祝词：《杭州商学公会第一次开会劝业道董季友观察祝词》，《杭州商业杂志》1909 年第 1 期，第 2 页。

⑥ 会务报告：《发起杭州商学公会第一次禀稿》，《杭州商业杂志》1909 年第 1 期，第 820–821 页。

遍天下”的江浙地区，从最初商科教育创办以及后来商科教育的发展都与清季以来地方绅商势力响应中央的实业教育、学制改革、预备立宪密切相关，而且与后来的江浙财团存在千丝万缕的关联。

在商科教育方面，严洪昌认为，到了近代，正是由于科举制度废除，学徒制度不能适应新形势的需要，新式商科学校教育兴起。[①]他对近代商业学校教育进行了客观的评价，但具体就江浙地区相对发达的商科教育方面的研究所涉甚少，还有待深入和细化。高超群认为，甲午战争之后，近代中国人的观念世界发生了巨大变化，“实业”观念出现并被广泛接受。[②]人们在强调“实业”的同时，势必更为关注与之匹配的实业教育。关于江浙财团的研究历来是近代经济史研究的热门领域，近年来比较少见。我们知道，所谓江浙财阀是以金融资本为主，包括了钱庄、银行等工商业机关。有代表性的诸如早年姚会元认为，江浙财团是以上海为基地，以江浙籍金融资本为主体的大资本集团的总称。它包括所有以上海为其资本活动基地的资本家集团，既有钱庄银行资本，又有近代工商业资本，它包括江浙为主的买办、工商企业资本家、钱庄和银行资本家，掌握着上海及江浙地区的国民经济，凭恃宏大的经济力量，江浙财团在政治方面也发生着越来越重要的影响力。[③]我们可以认为，江浙财团其实是一种混合经济的区域性财团，其中有新式教育出身的商人群体，也有传统学徒出身的旧式商人；有家族企业钱庄资本集团，也有新式的银行、保险、证券等新式金融机构。近代传统工商业极为密切，商业中积累的大量经验，较多的用于工业企业的管理。不论是商业中积累的资金还是知识，都成为近代工业产生的条件，商业与工业除在社会化意义相互依存外，还在同一企业内部有机地结合在一起。[④]过往对于江浙财阀的研究，主要是基于江浙财团的经济基础与政

---

① 严洪昌：《近代商业学校教育初探》，《华中师范大学学报（人文社会科学版）》2000 年第 39 卷第 6 期，第 122 页。

② 高超群：《从“商”到“实业”：中国近代企业制度变迁的观念史考察》，《中国社会经济史研究》2017 年第 3 期，第 22 页。

③ 姚会元：《“江浙财团”形成的经济基础与社会基础》，《中国社会经济史研究》1995 年第 3 期，第 74 页。

④ 马俊亚：《中国传统商业与近代工业关系辨析》，《史学月刊》1997 年第 3 期，第 33 页。

商关系所做的深入研究。陶水木做了一系列的江浙财团与浙商群体的研究。他认为，在当前关于江浙财团的不少问题，还没有很好地开展研究，诸如江浙财团与文化教育，江浙财团与慈善公益事业等。①

晚清以来，地方绅商势力的逐渐形成和壮大给以金融资本为核心的江浙财团的出现与生成提供了历史环境和经济基础。近代商科教育的发展又为后来的江浙财团造就了人才，新式教育培养了创设和经营浙江兴业银行、浙江实业银行、中国银行、交通银行、四明银行等一批有作为的金融家、银行家。这种情形是令人惊异的：以往的世代，仿佛只是为了后来世代的缘故而在进行着他们那艰辛的事业，以便为后者准备好这样的一个阶段。②商科教育作为实业教育的有机组成部分，有研究表明，1949 年全国各地区解放时接管的高等学校共 223 所（其中东北区及一些老解放区按 1949 年 9 月当地实有学校计入），其中大学 66 所（国立的 39 所、私立的 27 所），内设有商学院、法商学院、财经学院或商科学系的共 32 所；独立学院 86 所（国立的 24 所、省市立的 21 所、私立的 41 所），内有商学院、法商学院或设有商学系的共 21 所；专科学校 71 所（国立的 22 所、省市立的 24 所、私立的 25 所），内设有商业专科和会计专科学校或设有商业学科的共 9 所。上列三类设有商科的院校合计 62 所，其中公立的（包括国立的和省市立的）19 所、私立的 43 所。③中华人民共和国成立以后，“计划经济体制下的企业是政企不分的，企业不可能有独立的商务活动，带有强烈计划经济特色的“财经”教育便取代了‘商科’，除保留了‘会计学’等个别商科专业外，其余商科专业已不复存在。直到改革开放后，由于企业经营管理活动的重要性日益突出，久违的商科教育才被人们所重新认识”。④我是否应

① 陶水木：《江浙财团研究八十年》，《浙江社会科学》2007 年第 6 期，第 192 页。

② 康德：《世界公民观点之下的普遍历史观念》，《历史理性批判文集》，商务印书馆 2017 年版，第 6 页。

③ 钱章录：《中国 1949 年全国解放时的高等商科教育简况》，国内贸易部国际高等商科比较研究课题组、中国商业高等教育学会：《国际高等商科教育比较研究》，中国财政经济出版社 1998 年版，第 598 页。

④ 王晓东：《关于我国高等商科教育发展的思考》，《商业经济与管理》2002 年 12 月，第 57 页。

当说，只有现象对于认识者来说才是真实地被给予的。[①] 作为“笔舌已无能为战，能战惟商”的时代产物，尽管关于晚清以来商科教育和江浙财团研究的成果很多，但具体针对近代商科教育与江浙财团间的互动及其影响的研究较为薄弱。深入研究近代以来地方商科教育与江浙财团之间的关联互动，对于我们深入理解近代史上的商学关系以及江浙财团兴起的内在理路，不无助益。

二、重商思潮的兴起与商科教育的创立

（一）从杭州商学公会到杭州中等商业学堂

甲午战争后，清廷受外界之激，开始锐意变法，知非重商无以图强、商富即是国富，遂设专部，定公司商律、破产律。各省饬令设立商务局、商务会、商务分会，凡以振兴商业，维持利权，意良美法。[②]1901 年，盛宣怀被任命为商务大臣。1902 年，由盛宣怀提议清廷设立商部，又于北京、天津、武昌等地设立商品陈列所。这一时期，郑观应、康有为、张謇都主张成立商会，这些意见也为许多地方绅商与官员所赞同。到 1908 年，有 15 所商务性质的中等学堂在商部备案，其中绝大多数是由江苏的地方商会创办的。1909 年，杭州绅商联合发起，并经浙江巡抚转咨商部、学部立案，成立了杭州商学公会。杭州商学公会以“研究商学、交换知识，以冀商业之发达”。由高培卿任会长，胡藻清、金润泉、周湘龄、周湘泉任副会长，下设庶务科、文书科、教育科、交通科等机构，分别由 4 个副会长兼领负责。公会另设议董 15 人，书记、会计、理事各 2 人。具体开展研究商学商法、调查贸易情形、编辑商务杂志、延聘讲习人员、联络各处商会。“俟经费宽裕，当设立成立商业学校，以便商界子弟肄业专科。”[③] 可见，一方面，

① ［德］胡塞尔：《时间意识的构造》，《现象学的观念》，商务印书馆 2018 年版，第 80 页。

② 商学公会开会祝词：《杭州商学公会第一次开会劝业道董季友观察祝词》，《杭州商业杂志》1909 年第 1 期，第 1–2 页。

③ 会务报告：《杭州商学公会改正章程（未完）》，《杭州商业杂志》1909 年第 1 期，第 231 页。

杭州商学公会的成立最初来源于中央与地方的合力，尤其是得到商部、学部的首肯；另一方面，杭州商学公会的主要目的还是希望研究商学实务，进而繁荣商贸流通。

杭州商学公会的成立明显增强了江浙地区地方势力在社会生活中的地位和影响力。有些地方绅商头面人物，正式通过杭州商学公会和广泛的社会活动赢得了很高的社会声誉。另外，由于杭州商学公会会长与副会长之间各有所虑，一直面临资金短缺问题，从而导致创立商业学堂未能一步到位。杭州商学公会成立后，业经由劝业道详情抚院咨部注册立案。所有商业杂志首期，业经呈送各宪鉴核。惟会中经费阙如。由于正会长高培卿又以事戎不克兼顾，所以副会长金润泉、周湘龄遂准备垫款开办商业学堂。两人拟各筹经费一千二百元，约计常年费需万金左右。系仿照上海已成之局。规定布置下月朔日常会提议，以待公同取决云。[①] 1904 年 12 月，杭州商学公会创办《杭州商业杂志》月刊，由周庆云担任主编。周庆云是较为典型的地方绅商代表，兼有绅商学界等多种角色。周氏家族为浙江湖州南浔蚕丝业大富商。1905 年，周氏投资兴建苏杭铁路，反对向英商借款，出卖路权。他还曾先后参与创办浙江铁路公司、浙江兴业银行等活动。《杭州商业杂志》主要编辑和撰稿人有千里、韬堂、知白、史谦孙、魏春燮等，其中还包括一些日本学者或是留日学生，如日本的法学博士田尻稻次郎、日本的商学士根岸佶、留日东京高等商业学校三年级学生周锡经等。当时刊物的主要栏目有会务报告、社说、杂报、商业要闻、杂录、丛谈、调查录等。主要刊载与本地商务有关文告与新闻，并曾刊载杭州商务总会及所属各分会和分支机构的名称与人员名单等内容。

1909 年 12 月大清银行浙江分行正式开业，杭州商学公会副会长金润泉被任命为经理。出于对新式银行人才的迫切需求，杭州商学公会关于成立商业学堂的事宜被进一步加快议程。事实上，杭州商学公会系为注重教育而设，与商会划清界限，不相侵越。当时商会已经开编辑商务杂志，于印成后按期呈部，以备查核。所以商会所开设商业学校，应即从速办理，

---

① 商业报告：《本省商业：（杭州）开办商业学堂之先声》，《商业杂志（绍兴）》1910 年第 2 卷第 4 期，第 52 页。

以便养成专门人才，除据咨立案外，相应咨覆查照行知可也，须至咨者。①又，敝会拟创立商业中校，系为开拓实业，讲求学识起见，只以时局艰难，筹款太少，重烦尽筹饬将官立高等小学升作中等商业学堂。一转移一普通科为专科，改官立为公立，具征贵司提倡商校，通筹全局之盛意。敝会筹款已有成数，而校内各务仍公推该堂堂长郑绅在常组织。且郑绅办学有年，规划井然，士论咸服，委以中校监督之职，必能胜任愉快。敝会同人众议，佥同咨祈俯准，据情照会，杭州高等小学堂堂长郑绅为中等商业学堂监督，俾便组织之处，惟希监察等由过司，准此自应照办，相应据情照会为此照会。② 从中可以窥见，作为清廷来说，一方面由于筹款经费的限制，须仰赖地方士绅资金方面的加持，尤其是与商业学堂关联的商界人士的鼎力相助；另一方面，作为地方士绅如大清银行浙江分行经理金润泉以及周庆云等对于银行人才的迫切需求，觉得投资工业不如进行银行投机业更为有利，遂向清廷建议将杭州高等小学堂申请升格作为中等商业学堂，并委任郑绅为第一任学堂监督。这样一来，正可谓“上副朝廷预备立宪之期，下树地方自治团体之基础”③，促成了杭州商业中等学堂的应运而生。从当时各地情况来看，这一时期全国各地陆续兴办各类商业学堂，如表 1 所示。

表 1　清末民初商业专门学校开办一览表

校名	认可或立案、备案年月	备注
武昌国立商业专门学校	民国四年（1915）三月准照办	民国五年（1916）九月开办，十三年（1924）五月改设商科大学
山东公立商业专门学校		民国十五年（1926）秋并入山东大学
山西公立商业专门学校		自民国六年（1917）八月始毕业生核准
福建公立商业专门学校		民国元年（1912）开办，四年部令办至毕业止；五年五月请举行毕业，经部核准，以后无卷

① 文牍：《咨复浙抚核准杭州商学公会章程应将商务杂志呈部并速设商业学堂文》，《学部官报》1910 年第 119 期卷，第 11 页。

② 文牍一：《本署司袁照会郑绅在常充任杭州中等商业学堂监督并将该堂组织成立文》，《浙江教育官报》1910 年第 34 期，第 258 页。

③ 会务报告：《发起杭州商学公会第一次禀稿》，《杭州商业杂志》1909 年第 1 期，第 821 页。

续表

校名	认可或立案、备案年月	备注
福建公立商业专门学校		此校另是一校，并非前列之校。民国十四年（1925）九月由中等商业学校改办，十五年八月新生备案
四川公立商业专门学校		民国七年（1918）准第一班考毕业后，经停办，十年（1921）请恢复，部批应呈省署核办，十五年汇报一、二、三、四班毕业生核准
湖南公立商业专门学校		民国元年开办，三年（1914）停办，六年一月请恢复，经部核准，七年预科毕业生核准，八年（1919）送报告未核。九年（1920）后无卷
直隶商业专门学校		由前清高等商业学堂改名，民国三年毕业生核准，四年并入公立专校
北京私立新华商业专门学校		有甲、乙、丙、丁四班，毕业生经部核准。民国十三年八月部令撤销备案
北京私立通才商业专门学校		民国十三年后毕业生核准，十六年（1927）十二月呈请停办，十七年（1928）三月呈请将三年级办至署假止。照准

资料来源:《第一次中国教育年鉴》，丙编“教育概况”，开明书店 1934 年版，第 151 页。转引自：潘懋元、刘海峰:《中国近代教育史资料汇编 · 高等教育》，上海教育出版社 1993 年版，第 601 页。

（二）学制改革与商科学校状况

1904 年 1 月 13 日，张百熙、张之洞等拟定《奏定学堂章程》。这个章程对学校系统、课程设置、学校管理等都做了具体规定。这是一个比较完整的、经法令正式公布并在全国实行的学校体系，称“癸卯学制”。“设中等商业学堂，令已有高等小学之毕业学生入焉；以授商业所必需之知识艺能，使将来实能从事商业为宗旨；以各地方人民至外县外省贸易者日多为成效。每星期三十点钟，预科二年毕业，本科三年毕业。”[①] 至此，实业教育

① 朱有瓛主编:《中国近代学制史料》(第二辑下册),《奏定学堂章程 · 中等农工商实业学堂章程》，华东师范大学出版社 1989 年版，第 69 页。

正式被纳入学校系统，浙江省开始陆续兴办农业、工业、商业实业学堂。

事实上，清末民初社会人士往往选择攻读法政类、师范类或者涌向日本留学，选择进入商科学校攻读的人数还是寥寥，商科学校总数在全国并不很多。中华民国成立以后，教育部即以开临时教育会于北京，同时议决各教育方案。鉴于社会人士当时注重师范教育、普通教育，而实业教育仍如凤毛麟角。以全国计算商业学校已设立者仅四川、山东、山西、湖北四所，论其地点皆在黄河以北、长江以西。①1914 年 5 月 19 日，教育部令各省筹设商业学校："我国商业幼稚，欲求战争于国际贸易，非储备人才不可；欲得应用人才，非速设商务学校不可。"②根据民国初年《浙江省立甲种商业学校校友会杂志》记载，"前校长郑岱生先生，于前清宣统三年创办本校。其时本校尚未归省立，经费支绌，郑公悉心筹垫，具费苦心"。③可见，作为一项新事物的商科教育在草创阶段仍然面临诸多棘手问题。

不同于普通教育，商科教育的课程设置除了日常的文化知识科目外，特别重视商业上新式知识的设置。早在清末甲种商业学校仅设置商业、银行等科；民国以后，甲种商业学校开始增加会计、统计、簿记等科。④学校几经发展，形成自己的办学特点。如规定教学应逐渐"授以商业上必需之知识技能，使将来实能从事商业为宗旨"；课程设置除按照教育部规定，还从"体察地方商业人才之情况"出发，"于教授普通商事知识技能外，特注重银行交易等课程，使其毕业后就职，具有优裕应用之能力"。以 1920 年为例，当时浙江省立甲种商业学校预科课程为修身、国文、数学、英文、地理、历史、理科、商业通论、图画、体操。本科课程为修身、国文、数学、英文、商业地理、商业历史、理科、法制、经济、簿记、商品、商事要项、商业实践、统计、体操。⑤1922 年，根据"壬戌学制"的规定，职

---

① 校闻：《浙江省立甲种商业学校改设商业专门学校建议案》，《浙江省立甲种商业学校校友会杂志》1922 年第 6 期，第 26 页。

② 《教育部令行各省筹设商业学校》，《教育杂志》1914 年第 6 卷第 4 号，7 月 15 日。

③ 《浙江省立甲种商业学校校友会杂志》第2期，民国六年浙江省立甲种商业学校校友会铅印本，浙江图书馆藏。

④ 余起声主编：《浙江省教育志》，浙江大学出版社 2004 年版，第 412 页。

⑤ 杭州市教育委员会编纂：《杭州教育志》，浙江教育出版社 1994 年版，第 477 页。

业学校课程分成职业学科、职业基本学科与非职业学科 3 类。职业学科职业基本学科除国文、算术需共同开设外，农科另加生物、化学，工科另加数学、物理，商科另加算学；非职业学科系普通文化知识科，至少应设公民、体育、音乐、艺术这几门课程。课程的设置留有伸缩余地，各地可根据实际情况决定。[①]

此外，实验和实习在商科学校的教学中占有重要位置。1912 年，教育部公布的《实业学校规程》规定，各实业学校在安排课程时，实验与实习时间应占总授课时数的 2/5 以上。“农工商业学校专门学校及甲乙种实业学校，重在实用，与普通学校不同。学生毕业，应即出应社会职务。”[②] 据此，浙江各实业学校均较注重实验与实习场地的建设。据 1921 年章伯寅在《调查浙江省职业与教育报告书》中记载，浙江省立甲种商业学校的银行实践室分别开辟了“浙江商业银行”及其“宁波分行”“苏州分行”“上海实业银行”“杭州兴业银行”5 个模拟柜台，学生实习操作的兑汇等手续均与银行实际操作相同。[③] 要求教师根据实际调查结果编写讲义内容，“以适合实用为主”；教学方法主张采用启发式，尤其注意学生实际能力的培养，学习期间学生需经银行业务、交易所业务、簿记、打字、识银、珠算、商算、中外文商业文件、统计图表、交通地图、商标广告、商情调查与样品采集等实习锻炼。学校设置了银行实习室、交易所实习室，供学生用。[④] 这套理论结合模拟现场商业作业的办学方法，对提高商科教学质量，培养新式商业诸如银行、保险、证券等新兴商业机构需要的人才起到了很好的示范作用。

1921 年 10 月，全国教育会联合会在广州举行第七届会议，讨论学制改革事宜。11 月 30 日，江浙教育协进会在杭州平海路浙江省教育会开会，由江浙两省教育会的代表报告讨论新学制的计划。次年 1 月 7 日，杭州中等以上学校校长在第一师范开会，讨论新学制系统案即教育独立案。同

---

①③　余起声主编：《浙江省教育志》，浙江大学出版社 2004 年版，第 415 页。

②　法令：《教育部公布各实业学校暑假期内应令学生轮流实习或实地调查训令（八年二月十一日训令五十五号）》，《教育杂志》1919 年第 11 卷第 3 号法令，第 9 页。

④　杭州商学院校史编辑委员会：《杭州商学院校史》（内部）2001 年版，第 2 页。

年9月，教育部召开学制会议，将全国教育会联合会通过的《学制系统草案》稍加修正。同年11月，用大总统的命令正式公布《学校系统改革案》，这就是中华人民共和国成立前一直沿用的“壬戌学制”，也称新学制。这次学制改革有如下特点：它适应了当时社会经济发展的需要，从小学开始职业准备，中学加强职业教育，兼顾了升学与就业；中学可设立农科、工科、商科、师范科、普通科等。学生如欲谋生，可入职业科，学习相当职业技能；如欲升学，可入普通科，作预备升学的功夫。[①] 以浙江省立甲种商业学校为例，学校开办十年间，学生毕业七届，其中就职银行者十之七八。余亦在商业上占适当位置。[②] 当时浙江中等商业学堂在黄醋园巷，校舍租赁民屋。学级分本科一年级一班，预科二年级一班。一年级一班学生一百三十二名。[③] 总之，作为三三制的新学制是适应个性发展、顺应时代潮流的，明显表现出实用主义教育思想的影响，作为实业教育有机组成的商科教育也深受其益，它是适应我国民族资本主义工商业发展需要的“应时而兴的制度”。

三、江浙财团与商科教育的发展

（一）部分商科教师“下海”

一个有意思的现象颇值得关注：浙江省立甲种商业学校不少教师与后来的江浙财团有紧密关联。有的甚至选择离开商业学校，成为江浙财团集团的佼佼者。例如，商算商簿、商业实践教师陈选珍，字朵如，浙江萧山人，上海浙江地方实业银行任职。陈朵如在旧浙江银行任事不久，于1913

---

① 璩鑫圭、唐良炎编：《中国近代教育史资料汇编·学制演变》，上海教育出版社1991年版，第974页。

② 校闻：《浙江省立甲种商业学校改设商业专门学校建议案》，《浙江省立甲种商业学校校友会杂志》1922年第6期，第25页。

③ 朱有瓛主编：《中国近代学制史料》（第二辑下册），《奏定学堂章程·中等农工商实业学堂章程》，华东师范大学出版社1989年版，第203页。

年受聘于浙江省立甲种商业学校为教师，后任浙江实业银行总经理。[①]商法、商文教师胡祖同，字孟嘉，浙江鄞县人，英国伯明翰大学硕士，后专任中央银行国库局局长兼中国实业银行总经理，被认为是江浙财团的头面人物，胡孟嘉于1925年接任上海交通银行补任行长，不久就任董事。商簿经济、商事要项教师居益鋐，字逸鸿，浙江海宁人，北京中国银行总管理处工作，后任中国银行上海分行副行长。陈朵如、居逸鸿、胡孟嘉等都是留日、留欧归来的青年教师，深受浙江省立甲种商业学校学生所钦仰。浙江省立甲种商业学校毕业的学生每年就业于各地银行的为数不少，在中国银行、交通银行、浙江实业银行、浙江兴业银行等新式金融机构任职的尤其之多。

校长周锡经与江浙财团尤其是江浙沪银行业的关系错综复杂。早在杭州商学公会时期，他就已与杭州地方绅商诸如周庆云、金润泉有往来，也是《杭州商业杂志》的撰稿人。他于清末留学日本东京高等商业学校，毕业授商科举人，任邮传部主事。1911年当选浙江省议员。曾任杭县农工银行行长，1912年任浙江省立甲种商业学校校长。[②]所以当时不少毕业学生通过其推荐进入银行系统工作。他本人亦与江浙财团上层人士交往较多，1916年，浙江省长公署指令周季纶担任浙江实业银行董事。[③]1936年，周季纶出任《杭州市银行业同业公会季刊》主编，该刊论述金融业与工商业、保险事业的关系，颁布中央及财政部有关金融的法令、条例、章则，介绍浙江省财政、金融概况，附有公债基金收入预计表、逐年还本付息表、岁入岁出概算总表、浙江省负债一览表等。此刊物还刊有杭州银行、钱庄一览表，当时在江浙沪银行业中有一定的影响力。

另外，识银教师张元昭，字承谟，浙江萧山人，任职兰溪浙江地方实业银行；书记教师吴兴礼，字君复，浙江杭县人，任职于哈尔滨浙江兴业银行；银行簿记商业簿记英文、银行实践室主任史久衡，字谦孙，浙江鄞

---

① 中国人民政治协商会议浙江省委员会文史资料研究委员会编：《浙江籍资本家的兴起》(《浙江文史资料选辑》第三十二辑)，浙江人民出版社1986年版，第173页。

② 省令：《浙江行政公署指令第一萬零二百十九号（中华民国二年七月）：令浙江省立甲种商业学校校长周锡经：知准予移拨校舍由》，《浙江公报》1913年第513期，第17页。

③ 吕公望：《浙江省长公署饬政字第九十九号（中华民国五年八月）：饬委袁忠瑞、周锡经两员为浙江实业银行董事由》，《浙江公报》1916年第1585期，第5页。

县人，任职于北京大陆银行；银行实践室主任沈剥复，字仲豪，浙江吴兴人，任职于上海交易银行。商史、商地教师曾镛，字子开，福建闽侯人，任职于北京中日汇业银行，后专任上海特别市财政局秘书。[①]民法教师沈锡庆，字庆生，浙江绍兴人，先在永嘉审判厅兼职，后担任上海地方法院院长。近代社会对于“商”观念的历史嬗变体现了近代中国历史发展的深层次结构变动，这种来自社会和经济的演变决定了近代中国的整体动向。[②]类似商科教师“下海”现象不胜枚举，虽然个中“下海”原因不尽一致，但足见社会风气之已然转移，兹择要列表如表 2 所示。

表 2　部分浙江省立甲种商业学校“下海”教师一览表

任教科目 / 职务	姓名	籍贯	去向
银行经济	周锡经	平阳	浙江实业银行董事
银行实践室主任英文簿记	陈霄鹏	鄞县	上海商业银行
商史、商地，教师	曾牅	福建闽侯	北京中日汇业银行
民法教师	沈锡庆	绍兴	吴县地方审判厅
商史、商地、商业簿记教师	盛在响	鄞县	上海商务印书馆编辑部
监学、英文教师	蔡继会	德清	嘉兴裕嘉缫丝厂
商簿经济 商事要项	居益鋐	海宁	上海中国银行副行长
商算、商簿、商业实践教师	陈朵如	萧山	上海浙江实业银行经理
识银教师	张元昭	萧山	兰溪浙江地方银行
监学、民法教师	陆鼎铭	萧山	天津高等审判厅
商文、商法教师	胡孟嘉	鄞县	上海交通银行副行长
校医，生理卫生教师	李鎏	绍兴	上海维大公司
银簿、商簿、英文教师 银行实践室主任	史久衡	鄞县	北京大陆银行浙支行经理
银行实践室主任	沈剥复	吴兴	杭州上海实业银行
银行簿记教师 银行实践室主任	劳学洵	余姚	杭州中国银行

资料来源:《浙江省立甲种商业学校校友会杂志 · 同学录（中华民国九年调查）》，1924 年第 7 期，第 1–10 页。

① 委任令第九九号:《委任曾镛为本特别市财政局秘书此令》,《上海特别市市政府市政公报》1928 年第 7 期，第 3 页。

② 高俊:《近代中国历史上的“商”》,《史林》2005 年第 1 期，第 50 页。

（二）商科教育背景与江浙财团人士

市场作为一种组织形式，并不是（或并非完全是）农民或手艺人的产物，而是商人和后来金融家的产物。[①]据说，“大抵上海钱庄之滥觞，实始于旅沪绍人所设之煤炭肆，兼营小规模之存放业务，积之稍久，各方称便，业务日渐发达，相继开设者日众，渐次形成钱庄之一专业。”[②]鸦片战争之后，随着洋货的进口，江浙地区传统商业生态受到外商影响而发生变化。江浙人士由于紧邻上海，自开埠前后，陆续在上海各界都有江浙人士的影子。此时，浙江人在上海商界中主要是以宁绍两府属的人为最多。宁绍地域，按照斯波义信的观点，这些行政区的边界与中型城市的商业腹地范围从来没有完全吻合过。[③]从政区地理角度看，宁绍虽属二府，但从经济地理角度分析，宁绍地域（尤其是曹娥江流域以东地带）自近代以来早已交叉融合，成为外向型港口城市的重要腹地之一。所以在沪上先后相继形成镇海方家、镇海李家、慈溪董家、宁波秦家、绍兴陈家等多个宁绍地域出身的钱业资本家族。正如马克思所说的，“人们自己创造自己的历史，但是他们并不是随心所欲地创造，并不是在他们自己选定的条件下创造，而是在直接碰到的、既定的、从过去承继下来的条件下创造”。[④]作为江浙财团核心的金融业多依靠过往传统浙江系金融者的提携，作为浙江系的旁支银行而归属于其庞大的势力之中。由于江浙财团中出身浙江，居住上海，从事各种实业的人非常之多，就此形成牢固的实力，有此类众多的同乡出身者作为顾客即巨大的支持。例如，浙江系银行背后存在无数过往实力雄厚的宁绍钱庄作为巨大的支持。早期本国银行的业务尚未开展，工商业资金的供应多靠钱庄。如聚生、祥生钱庄在辛亥革命以后曾放给无锡的工业资本家荣宗敬等以大量信用放款；恒隆钱庄在1920年时对振昌泰等四家丝厂放款总数近百万元；1932年“一二八”事变以前，庆成、庆大两钱庄贷给申

---

① ［英］约翰·希克斯：《经济史理论》，商务印书馆2017年版，第105页。

② 中国人民银行上海市分行编：《上海钱庄史料》，上海人民出版社1960年版，第6页。

③ ［日］斯波义信：《宁波及其腹地》，［美］施坚雅主编：《中华帝国晚期的城市》，叶光庭等译，陈桥驿校，中华书局2000年版，第471页。

④ ［德］马克思：《路易·波拿巴的雾月十八日》，中共中央马克思恩格斯列宁斯大林著作编译局编译：《马克思恩格斯选集》，人民出版社2018年版，第669页。

新七厂的款额最高时达到百余万元；福源钱庄在1933年时放给鸿章纱厂一家的款项就有230余万元。① 上海拥有4家钱庄以上的集团中有9个钱业资本家族集团都是江苏和浙江籍；以较小的资本同他们一起合伙的投资人也差不多都是江、浙籍人。其中，为他们经营管理担任经理人的则又以浙江宁波、绍兴和江苏镇江等地的人占绝大多数。由于“一战”影响，这一时期国内民族主义工商业有了进一步发展，钱庄和本国银行也获得了发展（见表3）。我们注意到，银行信用制度的集中作用使社会货币资本的集中达到了新的高度。这一时期，社会货币陆续由“旧式钱庄”到“新式银行”流动，钱庄作为外国银行代理人和在本国金融业中的优势地位，也逐渐由华商银行所替代。

表3 第一次世界大战时期华商银行业的发展

年份	新设（家）	停业（家）	改组（家）	实存（家）	实收资本（万元）
1912	24	2	—	37	2712.2
1913	11	6	—	42	2898.0
1914	7	3	1	46	3858.4
1915	9	4	1	51	4494.7
1916	10	4	—	57	5154.6
1917	11	3	1	65	5492.0
1918—1920	61	29	—	97	8782.9*
合计	133	51	3	—	—

注：* 表示1920年数据。

资料来源：上海社会科学院经济所1983年整理的资料。

江浙财团初步形成于“一战”期间，发展于20世纪二三十年代，其庞大的资金实力成为足以左右时局的一股地方势力。据统计，辛亥革命之前全国仅有15家银行，除中国、交通等官办、官商合办银行外，私营者屈指可数。由表3可知，1912年骤开24家华商银行，到了1920年，共开设

① 中国人民银行上海市分行编：《上海钱庄史料》，上海人民出版社1960年版，第15页。

133家，大都属于私营。据当时上海《银行周报》调查，1920年41家重要银行的存款额为41674万余元，约为这些银行实收资本的6.3倍。当时“一战”爆发，外商银行多有停业、停兑者，其信用也大坏。这一时期，私营银行业得以持续发展。“自光绪三十年倡议试办银行，至今二十年（1897—1921），银行设立增加之趋势，及营业进展之情形，以吾国统计不完，并无真确统计可以征信，并逐年以来，银行营业与时俱进，民国以还，更见发达，则甚显著者也。”[①] 当时所谓的“北四行”“南三行”等银行集团也在这时期出现。“南三行”特指浙江兴业、浙江银行、上海商业储蓄银行，三家银行都是在第一次世界大战期间抓住有利时机，打下了基础。三家银行注意推行新式簿记和使用其他现代化设备，致力于银行营业设备现代化。这三家银行都十分注意人才的培养和使用，尤其注意吸纳新式商科教育学子赴国外考察和实习。最后，这三家银行之间看似各自独立，其实又相互关联，互利互助，联营发展，其内部人事关系有同学、同乡、师友等多种关联。正如山上金男所认为的“上至经理为首的重要职员，下至学徒杂役，全部从业人员之中，十之八九出身于浙江省，其中宁波、绍兴最为集中”。[②] 当时浙江银行系1909年由官钱局改组，1915年改名浙江地方实业银行，由李铭担任上海分行经理，陈朵如担任浙江地方实业银行总管理处总书记，兼任上海分行副经理。陈朵如本人系浙江省立甲种商业学校教师，浙江萧山人士，与李同为日本留学生，又兼有绍兴同乡之谊，据日本“满铁”上海事务所职员志村悦郎调研认为两位都是江浙财团的主要人物。当时李馥荪任浙江实业银行董事长，陈朵如被推任为总经理，指挥全部。他以一贯稳重着实的作风，扩展业务，开创了这家银行的全盛时期。[③] 陈朵如曾于1913年至1915年受聘于浙江省立甲种商业学校，担任银行学、银行簿记、银行实践及商业算术等课程。当时浙江省立甲种商业学校学制为预科两年、本科三年，是浙江省培养经济人才的专门学校。校长周季纶，教师居逸鸿、胡孟

① 上海银行周报社编纂：《上海金融市场论》，银行周报社1923年版，第12–13页。

② ［日］山上金男：《浙江财阀》，陶水木、张屹、刘琛琛译，国家图书馆出版社2014年版，第7页。

③ 李铭、陈选珍：《浙江兴业银行创设四十周年纪念词》，《兴业邮乘》1946年第120期，第19页。

嘉等都是留日、留欧归来的，深为全体学生所钦仰，这三位教师后来都陆续进入江浙财团的核心圈层。浙江省立甲种商业学校毕业的学生，就业于江浙地区各地金融银行系统的为数不少，其中以中国银行、交通银行、浙江实业银行、浙江兴业等银行尤多。[①] 江浙财团的产业基础可以认为是金融业，但也包括工业、航运业和商业。进入银行业是当时很多人士梦寐以求的工作，这时基于同乡、同学、同事、校友的关系网络就显得非常重要。而这也是江浙财团赖以存在的社会基础，其中尤以江浙财团中的宁波帮人士最为明显。

江浙财团中的头面人物胡孟嘉是具有新式商科教育背景，又与地方势力有密切关联的代表性人物。1902 年，胡孟嘉随叔父至上海，就读于南洋公学，1906 年毕业。1908 年赴英国伯明翰大学留学，获经济学硕士学位。1912 年回国后曾在杭州法政专科学校、浙江省立甲种商业学校执教，同一时期任教的还有陈朵如、居鸿逸等。1919 年上海兴业银行董事长叶揆初主动邀请，并与陈叔通、张菊生商请，正式聘任胡孟嘉担任浙江兴业银行上海分行副经理。旋即胡孟嘉又被交通银行上海分行（以下简称交行沪行）经理钱新之委任为交通银行国外业务部主任、交行沪行第一副经理、经理等职。1928 年，胡孟嘉任交行常务董事兼总经理。[②]1925 年，上海交通银行行长盛竹书去世，出于多方考虑，胡孟嘉被补任行长，并兼任上海特别市商人整理委员会等要职。胡孟嘉当时作为中央银行国库局局长兼中国实业银行总经理，被认为是江浙财团浙江系的头面人物。[③]1931 年，胡孟嘉聘任同乡钱业界秦润卿任交行沪行经理，试图融银行与钱业为一家，增强交行实力。此外，胡孟嘉兼任中国银行董事、招商局监理、四明公所董事等要职。1932 年 1 月 28 日，淞沪战争爆发。胡孟嘉、虞洽卿、袁履登、徐新六、钱新之等浙江同乡组织地方维持会，以民间形式向前方输饷支援前线，解救难民，并担任该会会长。这些职务一方面是基于江浙地缘的乡

① 中国人民政治协商会议浙江省委员会文史资料研究委员会编：《浙江籍资本家的兴起》（《浙江文史资料选辑》第三十二辑），浙江人民出版社 1986 年版，第 173 页。

② 金普森、孙善根主编：《宁波帮大辞典》，宁波大学出版社 2001 年版，第 187 页。

③ 总会近讯：《本会监事胡孟嘉先生逝世志哀》，《中国红十字会月刊》1936 年第 13 期，第 123–126 页。

里乡亲的地域基础，另一方面也是商业抱团合作的现实需要。据其女胡若谷回忆，1912 年胡孟嘉学成归国。时值清朝刚被推翻，民国初创，军阀各据一方，国事纷纭，当局者为巩固一己统治，多延揽人才，聘胡孟嘉为浙海关监督。当时官场混乱，贿赂公行，胡孟嘉深疾之，且以用非所学，实非初衷，拂袖竟去。胡孟嘉愿淑身惠人，投身教育界，在杭州法政专科学校、浙江省立甲种商业学校执教，章乃器、潘仲麟等诸先生均为当时从读弟子。他在杭垣任教达 7 年，著有《经济学讲议》《国际商法晰义》等书。[①]其女胡若谷在《先父胡孟嘉先生事略》一文中特别提及“甲商”学生，“七君子章乃器是父亲在杭执教时之学生，章乃器追求民主，言行为当局所忌，无法离沪，乃深夜至我家，父亲赠以银圆 200 元，驱车亲送至北火车站，章得以出境”。[②]正是由于胡孟嘉有早年从教经历，与章乃器等有师生之谊，才会一如既往地支持章乃器的事业。胡孟嘉的人品学问深受当时江浙财团同仁所敬仰，但由于长期负荷工作，劳心劳力，不久便患贫血病，不幸英年早逝。[③]概言之，胡孟嘉作为江浙财团头面人物，作为早期的海归硕士与商科教师，才识宏富，热心公益，一生为经济金融事业呕心沥血，对于江浙财团人士的提携可见一斑。而这些后起的财团人士均受到了良好的商科教育，具体学习情况见表 4。

表 4　部分商科教育出身的江浙财团人士一览表

姓名	籍贯	任职机构	学历	专业
张公权	江苏宝山	中国银行	日本应应大学肄业	货币银行及政治经济
郑铁如	广东潮阳	香港中国银行	美国俄亥俄州立大学	银行货币
钱新之	浙江吴兴	交通银行	美国宾夕法尼亚大学 日本神户高等商业学校	会计、国际汇兑

① 浙江省政协文史资料委员会编：《史海钩沉》（《浙江文史资料选辑》第六十四辑），浙江人民出版社 1999 年版，第 269 页。

② 中国人民政治协商会议上海市委员会文史资料委员会编：《文史集粹》（《上海文史资料选辑》第八十辑），上海人民出版社 1996 年版，第 65 页。

③ 问天：《胡孟嘉先生作古》，《实业季报》1938 年第 4 卷第 3 期，第 46 页。

续表

姓名	籍贯	任职机构	学历	专业
徐新六	浙江余杭	浙江兴业银行	英国伯明翰大学 维多利亚大学商学士 法国巴黎政治学院	冶金 经济学 国家财政
项叔翔	浙江杭州	浙江兴业银行	北京清华大学毕业 美国某大学	银行学 国际汇兑
李铭	浙江绍兴	浙江兴业银行	日本山口高等商业学校	银行学
陈朵如	浙江萧山	浙江兴业银行	日本早稻田大学	经济学 银行学
胡孟嘉	浙江宁波	交通银行	南洋公学毕业 英国伯明翰大学硕士	经济学
陈光甫	江苏镇江	上海商业储蓄银行	美国宾夕法尼亚大学商学士	商业经济
资耀华	湖南耒阳	天津上海银行	日本京都帝大 美国本雪佛尼亚大学	金融
周苍柏	湖北武汉	汉口上海银行	美国纽约大学商学士	银行系
王志莘	上海	新华信托储蓄银行	上海商科大学毕业 美国哥伦比亚大学硕士	银行系
孙瑞璜	江苏崇明	新华信托储蓄银行	美国纽约大学 美国哥伦比亚大学硕士	银行学
谈荔孙	江苏无锡	大陆银行	日本东京高等商业学校	银行经济
吴鼎昌	浙江吴兴	盐业银行	日本东京高等商业学校毕业	银行系
康心如	四川绵阳	美丰银行	日本早稻田大学	政治经济

资料来源：章开沅、马敏、朱英：《辛亥革命先后的官绅商学》，华中师范大学出版社 2011 年版，第 524 页。

与传统的学徒制不同，江浙财团等银行界人士重视从熟人社会里面引进具有现代经营管理知识的新式商科学子。当时的浙江省立甲种商业学校有预科两组，本科一、二、三年各一级，共有学生 244 人。三年级重商业实践及打字、识银等科。银行实践室分浙江商业银行、上海实业银行、杭州兴业银行、浙江商业银行苏州分行、浙江商业银行宁波分行五柜，模拟兑汇等手续，实习时可与在银行无异。毕业生在银行者七十人，在公司厂

号者五十人，在公署局所者十七人，成绩已见一斑。① 例如：毕业生陆允升，号乐山，1904 年生，浙江余姚人。② 曾任上海商业储蓄银行、国华银行新闸路分行经理，上海市银行商业同业公会理事，上海市新成区副保长，上海市银钱联合准备会咨询会员，浙绍医院、煤业银行董事，中贸银行董事会总经理。开贸丝厂董事长，鼎泰面粉公司常务董事。1941 年秋，陆允升与江浙财团核心人物虞洽卿等发起成立中贸银行，经营普通商业银行业务，兼营储蓄信托业务。该行当时位于上海市广东路 93 号，董事长为虞顺懋（虞洽卿之子，时任三北轮埠股份有限公司经理），常务董事韦志远、赵彝卿、江一平、伍德邻，董事有陆允升、李济生、汪少鹤、张景吕、徐士浩、朱协卿，总经理陆允升，经理朱协卿，全行员工 52 人。③ 陆氏学养有素，治事敏果。掌理金融，尤所擅长，且热心社会，致力公益事业。④ 不难看出，江浙财团的形成主要是基于传统社会的地缘、业缘，还有学缘关联。关于学缘这一点，尤其是在近代银行、保险等新式金融机构更为明显。学缘、业缘之间的相互（内在）关联可见图 1、图 2。

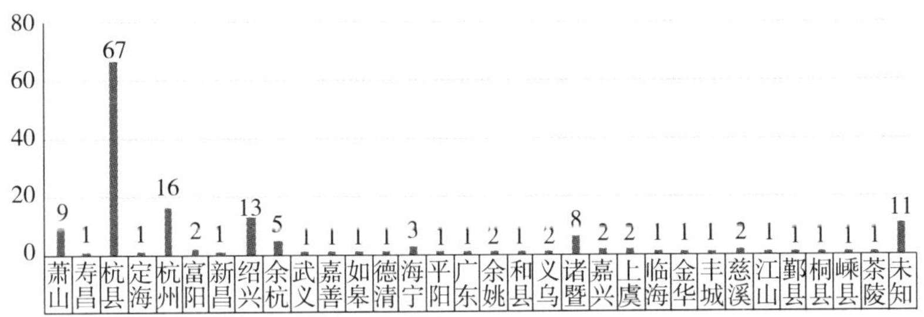

图 1　浙江省立甲种商业学校同学籍贯

---

① 朱有瓛主编：《中国近代学制史料》（第三辑下册），华东师范大学出版社 1992 年版，第 406 页。

② 陆允升：*Golden Saymgs*，《浙江省立甲种商业学校校友会杂志》1924 年第 7 期，第 16–17 页。

③ 金普森、孙善根主编：《宁波帮大辞典》，宁波大学出版社 2001 年版，第 31 页。

④ 宁波帮博物馆编：《近代上海甬籍名人实录》，宁波出版社 2014 年版，第 180–181 页。

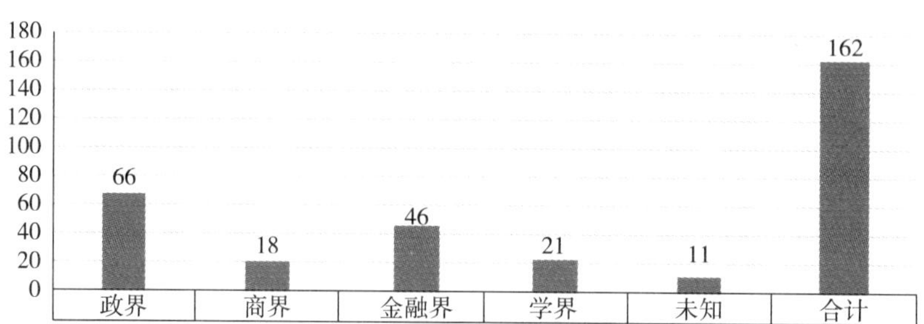

图 2　浙江省立甲种商业学校校友分布行业

注：杭州浙商同学会，系以浙江省甲种商业学校教员与历届毕业生组成；同学录当时暂以杭州本市以及居杭州为限，居外埠但参加当时浙商同学成立大会亦收入。

资料来源：名单原始数据采自民国时期刊物《浙商》创刊号，《浙商》1935 年 8 月 1 日出版，由杭州浙商同学会编印。

根据 1921 年 10 月调查所得毕业生去向：银行八十五人，公署局所二十九人，公司厂号五十一人，教育界服务者二十八人，升学十二人，留学东西各国四人。1934 年中华职业教育社调查浙江职业学校的报告中称：毕业生约 40%继续升学，其余的大多就业，且多数在银行等实业单位工作。那些毕业之后即行就业的同学也都由校方保送，受各方优先录用。① 20 世纪 20 年代以后，各家银行间的金融网不断扩大，包括新银行的增设和原有银行分支机构的扩张。根据 1935 年《浙商》同学录，可以窥见当时商科教育毕业生来源主要以浙江省为主，其中以杭州、绍兴等地为主（见图 1）。商科教育的毕业生去向主要以从事银行业为主，其他新式金融机构如信托业、保险业为辅。其中银行分别分布在浙江储蓄银行、浙江建业银行、杭州中国银行、浙江大陆银行、浙江实业银行、杭州盐业银行、浙江兴业银行、杭州中国农工银行、浙江地方银行、浙江储丰银行、杭州交通银行等。

① 徐纪云：《忆“联高”的学习与生活》，载丽水市政协文史资料委员会编：《丽水文史资料》第七辑（《教育史料专辑》），1990 年版，第 109 页。

四、结 语

从长时段来观察可以认为，商科教育与晚清以来重商思潮的兴起、新式工商业的发展、地方绅商阶层势力的抬头，以及后来江浙财团的形成等社会整体动向的结构性变迁，其实是前后连续、互为表里、并行不悖的。越是在商品经济异常发达的江浙地区，越像一个有组织、有生命力的大网，越强调地缘、业缘与学缘各个节点上的互动关联。不论是旧式钱庄还是新式银行，这些企业投资的动向内部其实往往是你中有我、我中有你，混合发展，相互为用的。经过不断发展与融合，这些新式金融资本家群体逐渐形成以一部分“江浙籍著名银行家”为核心，以学会、会馆、公所、商会为据点，以小共同体为依托的基于“学缘、地缘、业缘”等习俗经济为关联的江浙财团。尽管笔者考察以区域性的商科教育为主，又结合了同期全国商科教育的发展状况加以比较，经过长时段的观察可以清晰地看出，商科教育与地方权势转移在不同阶段、不同层面的互相影响。在商品经济异常发达的江浙地区，商科教育促成了晚清以来地方绅商阶层的新陈代谢，顺应了从地方绅商到江浙财团组织变化发展的内在机理。马克思的一段话说得十分精辟：“人们不能自由地选择自己的生产力——这是他们的全部历史的基础，因为任何生产力都是一种既得的力量，是以往的活动的产物。所以生产力是人们的实践的结果，但是这种能力本身决定于人们所处的条件，决定于先前已经获得的生产力，决定于在他们以前已经存在、不是由他们创立而是由前一代人创立的社会形式。单是由于后来的每一代人所得到的生产力都是前一代人已经取得而被他们当作原料来为新生产服务这一事实，就形成人们的历史中的联系，就形成人类的历史。”[①] 正是由于清末科举制废除，学徒制不能满足新式行业诸如商业金融等机构需要，而江浙地区民族资本主义工商业迅猛发展，迫切需要与之相匹配的新式教育尤其是商科教育。商科教育的创立提高了新式金融从业人员的专业素养，为后

① ［德］马克思：《致安年科夫（1848年12月28日）》，中共中央马克思恩格斯列宁斯大林著作编译局编译：《马克思恩格斯全集》第27卷，第477页。

来的江浙财团的生成与发展提供了历史环境与教育基础。张公权、金润泉、叶揆初、吴鼎昌、钱新之、胡孟嘉、李馥荪、陈朵如、周季纶、谈荔孙、徐新六、居逸鸿等江浙财团人物与商科教育密切相关，可以说是中国民族资产阶级自我转型的一个时代缩影。

中国传统民间管理灌溉系统的长期存续、成功与失败

——以九个系统为例[*]

樊　果[**]

中国社会科学院经济研究所

【摘要】本文运用社会生态系统（Social-ecological System，SES）框架分析中国历史上以民间管理为主的九个灌溉系统。各系统在治理体系、行动者及互动方面存在相似之处，而差异主要在于灌溉规模、官府参与、水户异质性和民间力量四个变量。研究发现，不同变量组合的系统在灌溉规模大小、官府参与多少、民间力量强弱不相关等方面各具特点；灌溉规模、水户异质性与官府参与并无简单的线性关系；综合考虑水利争讼原因、冲突的严重性、相似讼案重复发生的情况，以此为依据将九个系统分为更加成功和相对失败两类，每个变量独自都不是系统更加成功的必要条件，水户异质性强是系统相对失败的必要条件。

【关键词】灌溉系统；民间管理；社会生态系统（SES）框架；定性比较分析

在中国历史上，民众在地方水利工程的建造、维修和管理中发挥重要作用的现象并不少见。如钱塘江上游大规模水利工程通常由官府出面，地

* 基金项目：本文为国家社科基金重大项目 10ZD&074 阶段性成果。

** 作者简介：樊果，中国社会科学院经济研究所副研究员。

方官组织或指令地方绅士主持募集民工兴建，小规模水利建设多由民间兴建和管理，水利经费多来自以灌溉田亩数量平均摊派所得；[①]明清时期广东各地农田水利工程采取官修、官民协修、民修等形式，以民修为主。民间集资最普遍和最基本的形式是按亩起科或按户出夫，由业户和佃户承担水利工程经费和劳动力。乡绅和富户捐资也是民间修建水利工程的一种重要形式，另有以族田、公田租形式修建，和乡民集体出资或合股出资修建等形式[②]。

已有众多学者研究中国历史上的水利问题，成果斐然。一手史料和历史学著作是后续研究的根基，在此基础上的成果总体而言以社会学、人类学、法学视角为主，如水资源与人口和环境[③]、水利与乡土社会[④]、水文化[⑤]、水权[⑥]、用水纠纷与解决方式[⑦]。本文主题与这些已有研究有所不同，尝试运用社会生态系统（Social-Ecological System，SES）框架[⑧]侧重经济学视角

---

① 陈雄：《钱塘江历史水利研究》，光明日报出版社 2013 年版，第 155-156 页。

② 鲍彦邦：《明清侨乡农田水利研究——基于广东考察》，广西师范大学出版社 2012 年版，第 41-50 页。

③ 行龙：《明清以来晋水流域的环境与灾害——以"峪水为灾"为中心的田野考察与研究》，《史林》2016 年第 2 期。

④ 赵世瑜：《分水之争：公共资源与乡土社会的权力和象征——以明清山西汾水流域的若干案例为中心》，《中国社会科学》2005 年第 2 期；周亚：《明清以来晋南山麓平原地带的水利与社会——基于龙祠周边的考察》，《中国历史地理论丛》2011 年第 3 期。

⑤ 行龙：《晋水流域 36 村水利祭祀系统个案研究》，《史林》2005 年第 4 期；张俊峰：《油锅捞钱与三七分水：明清时期汾河流域的水冲突与水文化》，《中国社会经济史研究》2009 年第 4 期。

⑥ 韩茂莉：《近代山陕地区地理环境与水权保障系统》，《近代史研究》2006 年第 1 期；张小军：《复合产权：一个实质论和资本体系的视角——山西介休洪山泉的历史水权个案研究》，《社会学研究》2007 年第 4 期；张俊峰：《前近代华北乡村社会水权的表达与实践——山西"滦池"的历史水权个案研究》，《清华大学学报（哲学社会科学版）》2008 年第 4 期；周亚：《明清以来晋南龙祠泉域的水权变革》，《史学月刊》2016 年第 9 期。

⑦ 张俊峰：《率由旧章：前近代汾河流域若干泉域水权争端中的行事原则》，《史林》2008 年第 2 期；李麒：《观念、制度与技术：从水案透视清代地方司法——以山西河东水利碑刻为中心的讨论》，《政法论坛》2011 年第 5 期。

⑧ 框架不同于理论或模型，框架提供基本的概念和术语可用来构成一个理论所需的各种因果关系解释。理论提出核心变量间特定因果关系。模型可视为一个概括性理论解释的更细致的表现——特定条件下重要的自变量和因变量之间的函数关系。Elinor Ostrom，*Understanding institutional diversity*，Princeton：Princeton University Press，2005，pp. 27-29，57-62.

进行分析，主要从资源系统、治理体系、行动者及结果入手比较多个灌溉系统，总结这些系统的特点和成功失败的前因条件组合。

所用资料来自其他学者的研究成果。他们运用渠册（水册）、碑刻等与灌溉系统直接相关的原始资料，结合大量地方志、文人笔记等史料进行细致的考证、梳理和分析，勾勒出这些系统长期运作的背景和机制。已有成果为考察历史上的共用资源[①]治理提供了大量案例资料和诸多深刻见解。本文分为六部分：一是简介 SES 框架；二是描述案例概况；三是分析相关变量，对系统间存在显著差异的变量进行赋值；四是总结九个长期存在的灌溉系统的分类和特点；五是分析更加成功和相对失败的案例的前因条件组合；六是结论。

一、SES 框架简介

1968 年哈丁提出公地悲剧问题，随后 20 年不少学者追随他的思路，提出解决共用资源过度使用的途径是实行国家控制或建立私人产权，也有学者认为，在一定条件下资源使用者自身有能力避免公地悲剧。以制度分析与发展（Institutional Analysis and Development，IAD）框架作为编码基础，通过对大量案例进行系统分析，1990 年奥斯特罗姆提出 8 项设计原则（Design Principles）[②]以体现那些长期存在的自主组织的共用资源系统有别于失败系统的制度规律特征，进而在 2007 年提出社会生态系统框架。国外一

---

① 1954年萨缪尔森将物品分为公共品和纯私人品两类；1965年布坎南增加第三类，即俱乐部品；1977 年奥斯特罗姆夫妇对分类进行修改，依使用减损性和排他性困难程度的不同，划分为 Common-pool Resources、公共品、私人品和收费品。有学者将“Common-pool Resources”译为公共池塘资源。从分类维度来看，此处“pool”的用法可能类似于牛津词典中“a pool car”（共用车），故本文称为共用资源。Elinor Ostrom，“Beyond Markets and States：Polycentric Governance of Complex Economic Systems”，*American Economic Review*, Vol. 100，No. 3，2010，pp. 641–672.

② 或称最佳惯例（Best Practices）。Elinor Ostrom，“Beyond Markets and States：Polycentric Governance of Complex Economic Systems”，*American Economic Review*, Vol. 100，No. 3，2010，pp. 641–672.

些学者将SES框架应用于灌溉系统分析，考察积累知识和建立信任①、农民参与管理②、灌溉者互动③、嵌套式治理④、外部干预和扰动⑤、对集体行动、合作水平、灌溉系统可持续性和稳健性的影响。中国学者王亚华运用SES框架从宏观层面考察中国古代灌溉的自主治理⑥。

---

① Elinor Ostrom, "Reflections on 'Some Unsettled Problems of Irrigation'", *American Economic Review*, Vol. 101, No. 1, 2011, pp. 36–48.

② Gül Özerol, "Institutions of Farmer Participation and Environmental Sustainability：A multi-level Analysis from Irrigation Management in Harran Plain, Turkey", *International Journal of the Commons*, Vol. 7, No. 1, 2013, pp. 73–91.

③ Oguzhan Cifdaloz, et al., "Robustness, Vulnerability, and Adaptive Capacity in Small-scale Social-ecological Systems：The Pumpa Irrigation System in Nepal", *Ecology and Society*, Vol. 15, No. 3, 2010, P. 39 .

④ Michael Cox, "Applying a Social-Ecological System Framework to the Study of the Taos Valley Irrigation System", *Human Ecology*, Vol.42, No.1, 2014, pp. 311–324；Lam. W. F., and Chiu C. Y., "Institutional Nesting and Robustness of Self-governance：The Adaptation of Irrigation Systems in Taiwan", *International Journal of the Commons*, Vol.10, No.2, 2016, pp.953–981.

⑤ Jaime Hoogesteger, "Normative Structures, Collaboration and Conflict in Irrigation：A Case Study of the Píllaro North Canal Irrigation System", *International Journal of the Commons*, Vol.9, No.1, 2015, pp. 398–415；Pérez I. et al., "Resource Intruders and Robustness of Social-ecological Systems：An Irrigation System of Southeast Spain, a Case Study", *International Journal of the Commons*, Vol.5, No.2, 2011, pp.410–432.

⑥ 王亚华等也使用CPR理论分析了当代中国农村灌区集体行动的影响因素、中央政府水资源管理制度下Ostrom设计原则的适用性和特定背景下自主治理机构的独特特征。还有学者基于CPR理论考察了当代中国农村灌区用水效益的影响因素、水资源治理中的管辖权协调问题、地方灌溉系统中的社会资本与制度变迁。Wang Yahua, et al., "The Effects of Migration on Collective Action in the Commons：Evidence from Rural China", *World Development*, No. 88, 2016, pp.79–93；Wang Yahua, et al., "How Does Context Affect Self-governance? Examining Ostrom's Design Principles in China", *International Journal of the Commons*, Vol. 13, No.1, 2019, pp. 660–704；Zhang Lei, et al., "Water Users Associations and Irrigation Water Productivity in Northern China", *Ecological Economics*, No. 95, 2013, pp.128–136；Wang Jinxia, et al., "Incentives to Managers or Participation of Farmers in China's Irrigation Systems：Which Matters Most for Water Savings, Farmer Income, and Poverty?", *Agricultural Economics*, No. 34, 2006, pp. 315–330；Wang R. Y., et al., "Unpacking Water Conflicts：A Reinterpretation of Coordination Problems in China's Water-governance System", *International Journal of Water Resources Development*, Vol. 33, No. 4, 2017, pp. 553–569.

SES 框架起源于对共用资源治理的分析（亦可用于公共品和服务）。奥斯特罗姆及合作者提出一个分析社会生态系统稳健性的框架①，2007 年提出的 SES 框架进一步阐述了由印第安纳大学学者提出的 IAD 框架②和稳健性框架，并列出自八个第一层变量各自分解出的第二层变量③。2014 年他们进一步使 SES 框架明晰地呈现可能出现资源系统、治理体系、资源单位、行动者和行动情境多重存在的情况④，更直观地体现出各部分间的逻辑关系和

---

① 该模型重点分析社会生态系统的稳健性，也称稳健性框架，是SES框架的前身。该框架包含资源、公共基础设施、资源使用者、公共基础设施提供者四个组成部分，四个组成部分相互联系，并受到外部扰动和内部扰动的影响。Anderies J. M., et al.，"A Framework to Analyze the Robustness of Social-ecological Systems from an Institutional Perspective"，*Ecology and Society*，Vol. 9, No. 1，2004，p.18.

② 1982 年奥斯特罗姆与合作者首次提出 IAD 框架，IAD 框架包含一套嵌入的组成部分：外部变量（生物物理状况、社区属性、所用规则）、行动情境、互动、结果和评估标准。外部变量影响行动情境，生成互动模式和结果，行动情境中的参与者对互动和结果的评估反馈到外部变量和行动情境。IAD 框架用于处理政策分析中的固有复杂性。SES 框架将 IAD 及其微观层面的互动和结果，与实际中观察到的更广泛变量联系起来。Elinor Ostrom，"Beyond markets and states：Polycentric Governance of Complex Economic Systems"，*American Economic Review*，Vol. 100，No. 2，2010，pp. 641 – 672.

③ 有研究者考察奥斯特罗姆等三部较有影响力的综合性著作后，合并汇总出有助于实现共用资源成功管理的 24 个条件，指出这些著作对资源特征、外部社会、制度和物理环境等环境因素考虑不足，结合研究共用资源治理问题的其他学者的实证研究，将有助于实现共用资源可持续治理的条件增至 30 多个，由奥斯特罗姆吸收进 SES 框架。2009 年奥斯特罗姆对第二层变量做出部分调整。Agrawal A.，"Common Property Institutions and Sustainable Governance of Resources"，*World Development*，Vol. 29, No. 10，2001，pp.1649–1672；Elinor Ostrom，"A Diagnostic Approach for Going Beyond Panaceas"，*Proceedings of the National Academy of Sciences*，Vol. 104，No. 39，2007，pp.15181–15187；Elinor Ostrom，"A General Framework for Analyzing the Sustainability of Social-Ecological Systems"，*Science*，325（5939），2009，pp.419 – 422.

④ 这是对框架的重大修改，另外把"使用者"更一般化为"行动者"，将"行动情境"置于框架中，这些由麦克金尼斯提出。奥斯特罗姆和考克斯在灌溉系统案例中讨论了行动情境的多重存在。McGinnis M.，"Building a Program for Institutional Analysis of Social-ecological Systems：A Review of Revisions to the SES Framework"，*Indiana University Working Paper*，2010；Ostrom E.，Cox M.，"Moving Beyond Panaceas：A Multitiered Diagnostic Approach for Social-ecological Analysis"，*Environmental Conservation*，Vol. 37, No. 4，2010，pp.451–463；McGinnis M. D.，Ostrom E.，"Social-ecological System Framework：Initial Changes and Continuing Challenges"，*Ecology and Society*，Vol. 19，No. 2，2014，p.30.

SES 框架同 IAD 框架的联系，并对之前列出的第二层变量进行较多的调整（也提供了治理体系第二层变量的备选列表）。随后一些学者相继对 SES 框架在内容上进行补充①、在应用方法上进行精练②和在应用能力上进行增强③。

SES 框架包含社会、经济和政治环境（S），相关生态系统（ECO），资源系统（RS），资源单位（RU），治理体系（GS），行动者（A），互动（I），结果（O）八个相互联系的组成部分（见图 1）。第二层变量（见图 2）

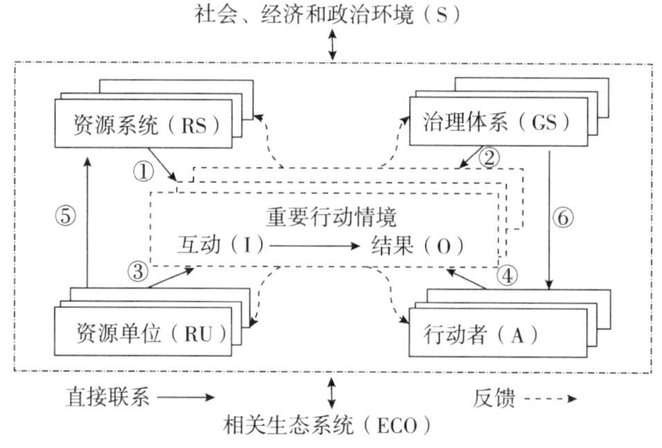

图 1　SES 框架

注：①②资源系统（RS）和治理体系（GS）确定了重要行动情境（行动者在其中互动，共同影响结果）所处的背景；③资源单位（RU）是重要行动情境的投入物；④行动者（A）参与重要行动情境；⑤资源单位是资源系统的组成部分；⑥治理体系界定行动者特征、可供选择的事物，制定规则。

资料来源：McGinnis M. D.，Ostrom E.，"Social-Ecological System Framework：Initial Changes and Continuing Challenges"，*Ecology and Society*，Vol. 19，No. 2，2014，P. 30.

---

① Epstein G.，et al.，"Missing Ecology：Integrating Ecological Perspectives with the Social-ecological System Framework"，*International Journal of the Commons*，Vol. 7, No. 2，2013，pp. 432-453；Vogt. J. M.，et al.，"Putting the 'E' in SES：Unpacking the Ecology in the Ostrom Social-ecological System Framework"，*Ecology and Society*，Vol. 20, No. 1，2015，p. 55.

② Schlüter M.，et al.，"Application of the SES Framework for Model-based Analysis of the Dynamics of Social-Ecological Systems"，*Ecology and Society*，Vol. 19, No. 1，2014，p. 36；Hinkel J.，et al.，"Enhancing the Ostrom Social-ecological System Framework Through Formalization"，*Ecology and Society*，Vol. 19，No. 3，2014，p. 51.

③ Hinkel J.，et al.，"A diagnostic Procedure for Applying the Social-ecological Systems Framework in Diverse Cases"，*Ecology and Society*，Vol. 20，No.1，2015，p. 32.

是经大量实证研究发现影响各种互动和结果的变量，并非每项研究需对其逐项检验，可依所分析的问题选取一些变量并视研究需要对第二层变量向下一层（或更下层）继续分解。

社会、经济和政治环境（S）
S1：经济发展；S2：人口趋势；S3：政治稳定性；S4：其他治理体系；
S5：市场；S6：传媒组织；S7：技术

资源系统（RS）
RS1：领域
RS2：系统边界清晰性
RS3：资源系统规模
RS4：人造设施
RS5：系统生产能力
RS6：平衡性
RS7：系统动态可预测性
RS8：存储特征
RS9：位置

资源单位 (RU)
RU1：资源单位流动性
RU2：增长率或替代率
RU3：资源单位间相互影响
RU4：经济价值
RU5：资源单位数量
RU6：独特性
RU7：时空分布

互动（I）
I1：资源获取
I2：共用信息
I3：协商流程
I4：冲突
I5：各种投入
I6：游说活动
I7：自组织活动
I8：网络化活动
I9：监督活动
I10：评估活动

结果（O）
O1：社会绩效估量如效率、公平、负责性、可持续性
O2：生态绩效估量如过度获取、弹性、生物多样性、可持续性
O3：对其他SESs的外部性

治理体系(GS)
GS1：政府机构
GS2：非政府组织
GS3：网络结构
GS4：产权制度
GS5：操作规则
GS6：集体选择规则
GS7：章程选择规则
GS8：监督和处罚规则

行动者（A）
A1：相关行动者数量
A2：社会经济特征
A3：历史或以往经历
A4：位置
A5：领导力/实干精神
A6：规范（信任-互惠）/社会资本
A7：SES知识/思维、观念表现
A8：资源重要性（依赖性)
A9：可用技术

相关生态系统（ECO）
ECO1：气候；ECO2：污染；ECO3：重要社会生态系统的流动

图 2　社会生态系统第二层变量

资料来源：McGinnis M. D.，Ostrom E.，“Social-Ecological System Framework：Initial Changes and Continuing Challenges”，*Ecology and Society*，Vol. 19，No. 2，2014，p. 30.

本文运用 SES 框架通过这些案例资料考察中国历史上的灌溉系统，是基于相关学者研究工作而进行的尝试性分析。SES 框架来自奥斯特罗姆团队多年研究共用资源治理的积淀，就其本质而言，包含对经济体系的复杂性和人类互动情境多样性的探讨，对标准理论的拓展，对统合分析、设计实验和实地调查等不同研究方法的综合运用，以跨学科视角在社会生态系统中更广泛的情境下研究集体行动问题；就其形式而言，便于分析者较为系统和全面地对共用资源进行诊断性、描述性或规范性研究。第二层变量

的选取以 2014 年所列变量为基础，参考其他学者的灌溉系统变量列表①、奥斯特罗姆及合作者在灌溉②、森林③、渔业④和湖泊⑤领域对 SES 框架的应用。对第一层变量和第二层变量的具体分析是在深入理解 SES 框架所蕴含的共用资源理论及变量内涵的基础上、结合中国历史上灌溉系统的特点做出的。总体来看，SES 框架作为一种工具，所提供的共同语言（系统的、相互关联的变量）足以涵盖本文所关注的九个灌溉系统的各个方面⑥，与此同时，鉴于研究对象的特定历史背景及资料的局限性，文中对一些变量的解读在延续其基本含义的情况下采取适当变通，与 SES 框架的"标准运用"（比如运用于当前或外国共用资源分析时，变量以各种常见指标体现）有所不同。

二、灌溉系统概况

本文研究龙祠水利、霍泉渠道、通利渠、河西洪灌渠道、山河堰、五门堰、杨填堰、金洋堰、吕堨九个灌溉系统，分别位于山西省、陕西省和安徽省。

第一例是龙祠水利，以泉灌为主，也有洪灌。龙子祠泉发源于平山与

---

① Meinzen-Dick R.,"Beyond Panaceas in Water Institutions", *Proceedings of the National Academy of Sciences*, Vol. 104, No. 39, 2007, pp. 15200–15205.

② Ostrom E., Cox M.,"Moving Beyond Panaceas: A Multitiered Diagnostic Approach for Social-Ecological Analysis", *Environmental Conservation*, Vol. 37, No. 4, 2010, pp. 451–463.

③ Fleischman F. D., et al.,"Disturbance, Response, and Persistence in Self-Organized Forested Communities: Analysis of Robustness and Resilience in Five Communities in Southern Indiana", *Ecology and Society*, Vol. 15, No. 4, 2010, p. 9.

④ 该论文结合渔业案例在文末附录中列出第一层和第二层变量的参考性定义。Basurto X., et al., "The Social-ecological System Framework as a Knowledge Classificatory System for Benthic Small-scale Fisheries", *Global Environmental Change*, Vol. 23, No. 6, 2013, pp. 1366–1380.

⑤ Nagendra H., Ostrom E.,"Applying the Social-ecological System Framework to the Diagnosis of Urban Lake Commons in Bangalore, India", *Ecology and Society*, Vol. 19, No.2, 2014, p. 67.

⑥ 确切地说，是涵盖了案例资料中灌溉系统的各个方面。不同学者的学科领域不同、研究侧重点不同，故自其文献中搜集到的相关案例资料与学者本人掌握的一手史料不尽相同，况且史料也在不断发掘中。

临汾盆地交接处的坡积层中，位于临汾东北部，边山地带洪流与泉水相连。第二例是霍泉渠道，霍泉位于晋南霍山广胜寺下，水源在赵县境内，唐贞元十六年（1800 年）洪洞人通过官府裁决正式获得引用霍泉水以灌溉的资格。第三例是通利渠，临汾盆地河滩地带是开渠的理想地段，历史上在此开口引水的渠道先后有 12 道，通利渠规模较大，形成于宋金之际。第四例是河西洪灌渠道，洪洞县河西地区有北涧河（位于洪洞和赵城之间）和南涧河（位于洪洞和临汾之间）两条涧河，逢雨季常有洪流涌出汇入汾河，是历史上河西 16 渠 34 村灌溉系统的水源，各渠系形成于唐、元和明代不同时期。第五例是山河堰，位于汉中褒城县北，褒水之上。据推测，山河堰创筑于五代末年后汉高祖（947—948 年）时，入宋（960 年）后兴元知府安置山河军在此屯田修堰，得名山河堰，北宋仁宗时期（1022—1063 年）山河堰已形成三堰格局。第六例是五门堰，位于陕西城固县北湑水河上，南宋嘉定元年（1208 年）已有五门堰灌溉民田的记载。第七例是杨填堰，位于城固县北湑水左岸，宋绍兴五年（1135 年）宋开国侯杨从义辟知洋州，修葺废堰，建成后为杨填堰。第八例是金洋堰，位于汉中西乡县城东南泾洋河上，灌区在泾洋河西岸，始筑时间不详，是西乡县最大的灌溉工程。第九例是吕堨，于梁大通元年（527 年）由当地大姓开凿，位于歙县西部，拦丰乐河而筑，是歙西民间规模最大、灌溉面积最广的堨坝。

所用案例资料主要来自周亚、张俊峰、鲁西奇和林昌丈、吴媛媛和孟凡胜数位学者已有成果①，根据各位学者的研究成果，选为案例的各灌溉系统概况整理如表 1 所示。案例选取主要有两方面考虑：一是灌溉系统均在

① 周亚：《明清以来晋南山麓平原地带的水利与社会——基于龙祠周边的考察》，《中国历史地理论丛》2011 年第 3 期；周亚：《明清以来晋南龙祠泉域的水权变革》，《史学月刊》2016 年第 9 期；周亚：《元明清晋南龙祠泉域的水利组织》，《福建论坛（人文社会科学版）》2017 年第 3 期；张俊峰：《水利社会的类型：明清以来洪洞水利与乡村社会变迁》，北京大学出版社 2012 年版；鲁西奇、林昌丈：《汉中三堰：明清时期汉中地区的堰渠水利与社会变迁》，中华书局 2011 年版，第 8-26、第 81-94、第 115-118、第 135-141 页；吴媛媛：《明清时期徽州民间水利组织与地域社会——以歙县西乡昌堨、吕堨为例》，《安徽大学学报（哲学社会科学版）》2013 年第 2 期；孟凡胜：《徽州水利社会研究——以新安江流域为中心》，安徽大学出版社 2017 年版，第 87-100 页。

中国历史上长期存在①；二是可用资料相对全面，包含灌溉设施修复、管理和用水纠纷等方面内容。

表1　灌溉系统概况

灌溉设施	年代	概况
龙祠水利	唐贞观元年（627年）至清	山西龙子祠泉位于临汾东北部，泉水汇集后（及边山地带洪流）注入汾河 龙祠渠系灌溉临汾和襄陵两县田地 明末灌田8万余亩
霍泉渠道	唐贞元十六年（800年）至同治九年（1870年）	霍泉位于晋南霍山广胜寺下，唐贞元十六年洪洞经官府裁决正式获得引霍泉水灌溉资格，与赵城按三七比例分水 灌田面积最高时达10万亩，明清时期约4万~5万亩
通利渠	宋金之际（12世纪）至光绪三十一年（1905年）	通利渠自临汾盆地开口引汾河水，泽及赵城、洪洞和临汾三县 明清时期灌田约2.3万~2.7万亩
河西洪灌渠道	唐贞观年间（627—649年）至同治九年（1870年）	洪洞县河西洪灌系统水源来自北涧河、出佛峡和南涧河 灌田面积随渠道数量增加而扩大，唐代约6000亩，金元约1万亩，明代约2万亩
山河堰	北宋仁宗时期（1022—1063年）至嘉庆十五年（1810年）	山河堰位于汉中褒城县北 灌溉褒城和南郑两县田地 乾道年间大修后灌田面积从3万~4万亩增至23万余亩；明中期至清中叶第二堰灌田3万~4万亩；第三堰灌田地约2600亩
五门堰	南宋嘉定元年（1208年）至光绪年间（1875—1908年）	五门堰位于陕西城固县北湑水河上 元明时期灌田约4万~5万亩，嘉庆十五年（1810年）清查田亩，灌田4.1万余亩，光绪年间不足3万亩

① 这些系统存在数百年乃至上千年，有关灌田面积、水利组织、管理方式和争水诉讼的详细记载主要集中在明清时期，后文展开分析的变量多以此为依据，即本文考察的是这些经历了漫长历史演化、相关因素动态融入和累积到明清时期的治理特点，关注这些系统演化的结果，而非演化过程本身，也暂时（这需另行研究后方知这种区分是否具有实质意义）将这些系统以长期存在这项共性与其他明清时期出现的系统相区别。

续表

灌溉设施	年代	概况
杨填堰	宋绍兴五年（1135 年）至同治年间（1862—1874 年）	杨填堰位于城固县北渭水左岸，灌区跨城固县和洋县 明末杨填堰灌田 1.65 万余亩，清代灌田 2.2 万~2.4 万亩
金洋堰	明正统（1436—1449 年）至光绪年间（1875—1908 年）	金洋堰位于汉中西乡县城东南泾洋河上，灌区在泾洋河西岸 明中期灌田 4600 亩
吕堨	梁大通元年（527 年）至咸丰元年（1851 年）	吕堨位于徽州歙县西部，拦丰乐河而筑 建成时灌田 3.7 万余亩，乾隆时 5000 余亩

注：表中各灌溉设施年代为本文使用的资料所涵盖的时期。

三、变量分析

本文基于现有资料，对相关变量进行说明或向下分解。

（一）社会、经济和政治环境（S）和相关生态系统（ECO）

这两项在本文中不做专门分析，一是考虑到文中案例均是存在数百甚至上千年的灌溉系统，经济发展、人口趋势、政治稳定性、技术等因素的长期变动在一定程度上已同灌溉系统、治理体系的演化过程融合在一起；二是资料有限，收集与文中所涉及的特定年份或特定时期一一对应的有关 S 或 ECO 方面的信息实非易事。这并不表示本文认为这些因素不重要，事实上在历史长河中拉近某个朝代或某一时期，均可看到 S 或 ECO 对灌溉的影响。比如，北宋庆历四年（1044 年）宋仁宗发布劝农文书，第一项即为兴修水利，王安石变法时期颁布《农田水利约束》，奖励各地开垦荒田、兴修水利，在此期间，嘉祐五年（1060 年）至元丰六年（1083 年）龙祠泉域民间先后开挖 4 条渠道。北宋末年社会动乱，龙祠渠系渠道荒废，同治元年（1862 年）杨填堰在战事中遭到破坏。另外，地震、河水泛涨、山水暴发摧毁水利设施，数年亢旱渠道断流的状况时有发生。

（二）资源系统（RS）和资源单位（RU）

灌溉系统利用堰、堨、堤等拦水设施和渠道（RS4），引河水、泉水和洪水灌田。从长时段和整体上来看，灌溉系统平衡性（RS6）和系统生产能力（RS5）在各个案例间无显著差异，灌溉用水相对稀缺。无论是季节性还是年际间，可用水资源的可预测性（RS7）均较低。灌溉系统边界（RS2）、存储特征（RS8）、资源单位流动性（RU1）、水资源的季节可用性（RU2）、灌溉单位间水文地理的相互影响（RU3）和可用水资源的时空分布（RU7）主要取决于水利设施（RS4）。水利设施的建造、修复和维护在灌溉系统中至关重要。资源系统规模（RS3）和水利设施（RS4）共同影响灌田面积。九个系统灌田面积自数千亩到数万亩不等（见表1），总体上龙祠水利最大，金洋堰和吕堨最小，山河堰和通利渠居中。构建六值模糊集，以B表示灌溉规模大，龙祠水利完全隶属（1），金洋堰和吕堨完全不隶属（0），山河堰和通利渠分别为有些隶属（0.6）和有些不隶属（0.4），霍泉和五门堰非常隶属（0.8），杨填堰和河西洪灌渠道非常不隶属（0.2）。

（三）政府机构（GS1）

在各系统间，官府参与的相似之处主要有两点：一是渠册（水册）或在官府主持下确立，或呈报官府获取认可；二是对违规行为多以“禀官处理”“报官究治”进行威慑，各系统基本都存在出现分水、用水争端和水利设施维护纠纷时，控至官府以求解决的情况。在这两个相似点之外，官府在各系统间参与程度的不同，体现为官府在系统的建成、修复和日常管理中投入的人力、财力和花费的精力不同。山河堰初由官方建成，在随后六次修复记载中，四次由官方组织并投入一部分人力、财力与民间共同完成，一次由官员捐银修筑[①]，一次由民间向官方请修，当地官府同绅士合作办理。山河堰第二堰由官方主管，确定分水制度和分段兴夫规定，设分水柱和闸板，差役与甲头共同监督洞口放水。在五门堰七次修复记载中，四

① 通利渠也曾有一次官员捐银买地开渠。出资是个人行为，而修筑和开渠多大程度上依托公权影响力完成，尚缺乏详细资料。

次由官府出面组织，三次由民间提出，均多由民间出料、出夫和集资。官府曾令堰所查田编夫，并主持清查田亩。万历年间两次大修，两任知县确立水册。堰首需官方认可并备案（后改由地方官聘请殷实公正人担当），堰长和渠头选定后报县衙工房备案。知县亦曾主持添置五门堰地产，城固县设立田赋局专门管理民堰款产，由知县负责协调田赋局与堰局事务。吕堨由当地大姓建成，数次修复由官方倡议，委托或任命地方精英办理。官方同地方精英商定用水制度，协助地方精英追收田主拖欠工费，发告示强化民间达成的分水协议。在杨填堰四次修复记载中，三次由官府主持，一次为地方官府奉命修复，拨饷银和军谷，承担一部分经费，委任邑绅办理。洋县七分堰堰务局设两个总领，其中一个由官府委任，另一个由绅粮田户推举，城固县三分堰公局首事由田户推举。龙祠水利由官方督导开凿南横渠和北磨河，此后开挖渠道和三次修复均由民间完成，新渠长选定后需到临汾县衙报到。霍泉渠道洪洞县引水资格最初由官方裁决确定。通利渠督渠长产生后报官府点验颁发灰印。据记载，官府曾承担一次通利渠分渠费用，另有一次是官员捐银买地开渠。河西地区洪灌渠道个别渠道由乡村精英人物到当地官府获得许可和支持后主持修复工程，经费由民众自筹，大多渠道由水户保举信实人领夫修渠。金洋堰数次修复由官方主持，但未见官府投入资源的记载。可以看出，山河堰官府参与程度最高，河西洪灌渠道和金洋堰最低，吕堨和杨填堰总体上居中，以 G 表示官府参与多，五个系统隶属度分别为 1、0、0、0.6、0.4。五门堰官府非常隶属（0.8），龙祠、霍泉和通利渠非常不隶属（0.2）。

（四）网络结构（GS3）、产权制度（GS4）、操作规则（GS5）、集体选择规则（GS6）、章程选择规则（GS7）与监督和处罚规则（GS8）

各灌溉系统均设有民间水利组织，实行分级管理（GS3）。具体而言，龙祠水利管理以渠长、沟首为基础，另设都渠长、渠司、总理、督工 / 公直；山河堰第二堰由汉中府通判主管，设堰长、小甲、工头 / 长夫负责各自县（卫、驿）分段行夫事宜；五门堰设堰首（首事）、堰长、渠头；杨填堰七分堰公局设总领、首事、管账和公直，三分堰公局设首事、堰长；

金洋堰由绅粮会议进行决策，堰首和堰长负责管理；霍泉渠道南霍渠设渠长、渠司、沟头，北霍渠设渠长、水巡、渠司、沟头；通利渠设督渠长、渠长、督工、沟首、甲首、名头、夫头，并在全渠范围内设合渠绅耆会议；河西洪灌渠道各渠基本都实行渠长负责制，根据管理需要设沟头、甲头、渠司、巡水等职役；吕堨设董事会，堨首、堨甲。各系统农民用水权一般附着在耕作田地和对水利设施的修复维护上，以田亩摊资、出夫，或缴纳堰钱、水钱方可用水（GS4）。各系统通常有明确的分水、用水、维护水利设施正常运行所需投入的各种资源分摊办法的规则（GS5）和监督处罚措施（GS8）。灌溉系统在不同县间、上下游间分水制度和用水秩序由官府确立或沿袭定例，或依渠册执行或通过立水利碑强化，一经确定基本不变（关于最初如何确定，目前缺乏相关资料①），遭遇扰动时缺乏应对流程，出现纠纷控至当地官府或上级官府时，官府总体上以"遵依旧例""率由旧章"应对，所以将 GS6、GS7 视为在各系统实质上并不存在。GS3、GS4、GS5、GS8 在各系统间无显著差异。

（五）行动者社会经济特征（A2）和位置（A4）

在水资源极其重要且相对紧缺的传统农业社会，相关行动者数量在很大程度上可由灌溉规模体现。灌区水户各自所归属的水利组织的最小单位会因与灌溉系统相对位置的不同而出现上下游之分，跨县灌区水户更是分属不同行政辖区，此外有的复杂系统中用水户又分属不同的灌溉子系统。这些与位置（A4）有关而又不仅关乎位置的因素受资源系统、资源单位和治理体系的影响，大多内化在用水秩序和渠道维护的相关制度中，体现着水资源使用者的社会经济特征（A2），在此总结为水户异质性。具体而言，龙祠水利和山河堰灌区跨越两县，并各有泉灌和洪灌（龙祠水利以泉灌为主，也有洪灌）、第二堰和第三堰两个子系统，水户异质性最为显著；杨填堰、霍泉渠道各灌溉两县，通利渠灌溉三县，水户异质性次之；五门堰

---

① 张俊峰考察了分水传说，推测分水制度是官方和民间各方在争水中协商的解决方案，但文中重点解释的是分水比例，而非方案如何形成。张俊峰：《油锅捞钱与三七分水：明清时期汾河流域的水冲突与水文化》,《中国社会经济史研究》2009 年第 4 期。

分上下坝、相对独立的小灌区和主要灌区，水户异质性有些显著；河西洪灌渠道覆盖的是若干村庄，水户异质性比较不显著；金洋堰和吕堨则最不显著。以 H 表示水户异质性显著，龙祠水利和山河堰隶属度为 1，金洋堰和吕堨为 0，杨填堰、霍泉渠道和通利渠非常隶属（0.9），五门堰有些隶属（0.7），河西洪灌渠道偏不隶属（0.3）。

（六）领导力（A5）

各系统水利事务的倡议者、牵头者和执行者，或是官员，或是有功名者、绅士、耆老、地方大姓等地方精英[①]，或是水利组织的决策者和重要管理者。官员在水利事务中所起到的领导和推动作用，主要依托公权力实现，这在前文政府机构（GS1）部分已有分析，此处不再重复考虑。水利组织的决策者和重要管理者通常由地方精英担任：通利渠的渠长、督工多为乡村精英，对基层管理者一般也要求具有一定数量的土地和良好的品行；吕堨的董事多为地方有声望者；龙祠水利、河西洪灌系统和霍泉渠道渠长的充当，五门堰堰首、杨填堰总领和首事的推举，对品行和能力（或经济地位）均有要求。地方精英既可以作为水利组织的决策者或管理者发挥作用，也可以凭借自身威望[②]，主要体现在率众修建渠道、出面调解纠纷、带头与相邻系统谈判等方面。通利渠和吕堨相对突出：通利渠设立合渠绅耆会议，由全渠 18 村各选本村有名望的乡绅或耆老组成，以解决重要渠务问题和协调重大纠纷。通利渠同上游村庄的引水争端官府未能解决，最终依靠当地有名望绅士、全渠绅耆和渠长商定方案为双方所接受；吕堨本身是由当地

---

① 不少学者细致区分乡绅、士绅、绅士、地方精英等概念，研究其在传统社会中的角色和作用。本文所用地方精英一词，并非经过严格界定，而是泛指那些在财力、能力、影响力、声望方面有别于普通农民的人士。

② 詹姆斯·C. 斯科特研究东南亚农村社会中所分析的农民和富人的关系，或可延伸为对本文所指的地方精英参与公共事务的一种基础性解释。他认为在大多数前资本主义农业社会里，资源欠缺会导致农民跌入生存线以下，对食物短缺的恐惧产生了生存伦理。富人们的慷慨行为有助于提高自身威望，在其周围聚集起一批充满感激的追随者，从而使其在当地社会地位合法化。如果村里官员和名流需要，农民需付出劳动，农民对强有力的保护者感激地服侍，唯命是从。［美］詹姆斯·C. 斯科特：《农民的道义经济学：东南亚的反叛与生存》，译林出版社 2013 年版，第 3、第 35–36、第 52–53、第 214、第 226–227 页。

大姓建成，数次修复由地方精英操办，他们的领导地位又经官府任命而增强。其次是龙祠水利和河西洪灌渠道：龙祠水利泉灌区同洪灌区订立修堰合同，是由各方精英和管理者促成；河西洪灌系统也出现过地方精英出面调和官府未能解决的水案的情况。山河堰、五门堰、杨填堰地方精英曾组织水利设施的修复工作，霍泉渠道不少地方精英参与日常管理，而在现有资料中未发现金洋堰相关记载。以 L 表示领导力强，通利渠和吕㵎隶属度为 1，金洋堰为 0，龙祠水利和河西洪灌渠道非常隶属（0.8），山河堰、五门堰、杨填堰、霍泉渠道非常不隶属（0.2）。

（七）规范（A6）

在传统农业社会，祭祀水神、纪念有功者、传颂功绩、赋予特权等活动既体现出也影响着灌区民众的信仰、认知、行为和互动方式。就现有资料来看，除杨填堰外，其他系统都有祭祀水神或建庙纪念修渠有功者的记载。山河堰和五门堰大体是常规祭神活动，别无突出之处。龙祠水利、霍泉渠道和金洋堰各有特点：龙祠水利富有仪式感的集体活动不只有祭神，还有新老渠长正式交接程序；霍泉渠道日常祀神活动频率较高，祭典仪式的规格和标准及各身份人员的权利和义务也进行规范化和制度化，大量分水传说和故事亦在民间流传；金洋堰则是每年由知县率众祭祀修堰有功者和水神，堰庙建成后也成为祷祀、商议和办理堰务公事的场所。通利渠、吕㵎和河西洪灌渠道更是对有功者赋予特权：通利渠和吕㵎民间达成协议，对开渠有功者赋予任便用水、修渠时不出夫或不摊资的特权（通利渠拥有用水特权的村庄，久不动用特权，后动用时引发争讼，被官府否决，吕㵎拥有特权的大户并未使用），河西洪灌渠道对为修渠做出特殊贡献者、在修渠中捐钱捐地者和担任渠道职役者，视情况授予特殊水权，也无须承担兴夫和摊资的义务。以 N 表示民间规范突出，通利渠、吕㵎和河西洪灌渠道隶属度为 1，杨填堰为 0。龙祠水利、霍泉渠道和金洋堰偏隶属（0.7），山河堰、五门堰大体是常规祭神活动，偏不隶属（0.4）。

（八）资源重要性（A8）、共有信息（I2）、各种投入（I5）

在靠天吃饭的传统农业社会，农民对水资源依赖性极强[①]，在各系统间无显著差异（A8）。各系统通过编制渠册（水册）或立石碑订立分水制度、轮灌方式、水利设施状况查勘规定和摊资出夫措施，对违犯者依私约罚钱罚工，或呈县究治。渠册和碑文是重要的民间水利规约[②]，龙祠水利、五门堰和吕堨也通过官府张贴告示进一步告诫水户遵守规则。杨填堰修堰账目清单、吕堨堰坝收支账目亦公之于众。总体而言，各系统水户获取用水相关信息的方式（I2）在各系统间无显著差异。灌溉系统的修复、维护和管理需投入人力和财力，以水户摊资出夫为主，由水利管理者执行或地方精英操办，投入活动（I5）在各系统间无显著差异。

（九）社会经济绩效估量（O1）

因资料所限，各系统水利设施状况、灌田面积的详细变动或农作物种植密度等方面难以考察。奥斯特罗姆将共用资源治理中的“成功”定义为那些能使个体在面临“搭便车”和逃避责任的诱惑的情境中，还能实现富有成效的结果的制度[③]。有学者使用该定义，将那些集体行动和管理显然失败的案例编码为“不成功”，将那些“实现有成效的长期环境管理”的案例定义为“成功”[④]；另有学者将“资源可持续地使用、使用者之间无冲突”编

---

① 英国经济史学家托尼1931年将中国有些地方农村的境况描述为就像一个人长久地站在齐脖深的水中，只要稍微涌来一阵涟漪，就会陷入灭顶之灾，水资源对农民的重要性亦可从中体现。［英］理查德·H. 托尼：《中国的土地和劳动》，商务印书馆2014年版，第79页。

② 民间规约的效力多源于乡民信仰和合众公议，民众认可程度高，往往能得到地方官吏的首肯。“送官究治”是规约中的典型用语，仰仗官威，强调非正式法与政府公权力的衔接。刘笃才等：《民间规约与中国古代法律秩序》，社会科学文献出版社2014年版，第22–25、第328、第361页；李雪梅：《法制“镂之金石”传统与明清碑禁体系》，中华书局2015年版，第203页。

③ ［美］奥斯特罗姆：《公共事务的治理之道：集体行动制度的演进》，译文出版社2012年版，第35、第107页。

④ Cox M., et al., “A Review of Design Principles for Community-Based Natural Resource Management”, *Ecology and Society*, Vol. 15, No.4, 2010, p. 38.

码为“整体成功”[①]。鉴于本文分析的九个灌溉系统均在历史上长期使用，大多有争讼记载，故综合考虑争讼原因、冲突[②]的严重性、相似讼案重复发生的情况和解决办法，以 S 表示更加成功，依照各系统相对状况进行赋值。龙祠水利和霍泉渠道因违反既定分水制度而屡屡控至官府，但未得到解决：龙祠南横渠实行自上而下灌溉方式，上游村凭借地理位置优势霸水，上下游村庄屡屡为水斗讼。上官河灌田起初采取从上而下的轮流灌溉方式，元代上下游争水出现数起命案，户部尚书下令改为自下而上用水秩序，末端村庄霸水，与上游数村为浇地秩序屡起争端，上游数村联名控至县府道司以及巡抚衙，但均未得到解决；唐贞元十六年（1800 年）洪洞县通过官府裁决获得引霍泉水灌溉的资格，与赵城县以三七比例分水。两县为分水迭次兴讼，官府通过技术手段维持分水定例，而两县屡告定水不均：宋开宝年间（968—975 年）至清雍正二年（1724 年）有 5 次诉讼记载，同治九年（1870 年）赵民私自改造分水墙，官府难以定断，不了了之。通利渠、河西洪灌渠道和五门堰也有数次兴讼记载，但争端并非总是源自违反既定制度，且最终得以解决：嘉靖十一年（1532 年）通利渠上游三村因开渠有功，民间达成协议赋予任便使水的特权，但上游三村长期未用；康熙四十八年（1709 年）和康熙六十年（1721 年）动用特权时被控至官府，官府否决其特权，而民间用水冲突并未停止；乾隆五年（1740 年）官府通过分渠使上游三村和下游十五村分开用水。河西洪灌渠道赵城县普安渠以通天涧洪水为水源，因泥沙长期沉积涧底致使普安渠引水不畅，渠民在涧内置横梗与洪洞县两渠分水；康熙二十五年（1686 年）因截水被洪洞县渠民控至官府，

---

① Ratajczyk, et al.,“Challenges and Opportunities in Coding the Commons：Problems, Procedures, and Potential Solutions in Large-N Comparative Case Studies”, *International Journal of the Commons*, Vol. 10, No. 2, 2016, pp.440–466.

② 奥斯特罗姆对 SES 框架第一层变量“互动”的分解中有“冲突”一项，此处将水户用水和摊资纠纷放在社会经济绩效估量部分分析，原因在于，现有资料主要是争讼记载，虽然大部分解释了水户间冲突原因，但仅涉及控至官府这样一种特定的冲突解决方式，水户间互动体现并不明显。官府断案而水户不从，水户间僵持和有时借助于地方精英调停，可归于行动者互动，但缺乏如何僵持和如何调停的详细资料，此外由于官府多以再三断令“遵依旧例”平息纷争，一些系统相似讼案也重复出现，更多反映出已有制度运行的有效性问题。故放在“结果”中，以此区分更加成功和相对失败的系统。

官府以地亩确定分水比例；康熙二十八年（1689年）、乾隆五年（1740年）和同治元年（1862年）三次争讼各经调和、技术手段和议定条款解决。五门堰上坝和下坝为堰坝维修费的承担而争讼，嘉庆七年（1802年）官府确定摊资方式，随后20年上坝又两次申控，官府断令遵依古制。西高渠处于五门堰灌溉系统末端，用水困难，光绪四年（1878年）因挖毁渠底引发激烈冲突，官府派兵弹压。山河堰和杨填堰兴讼记载较少，并得到解决：嘉庆年间（1796—1820年）山河堰第二堰和第三堰发生一起讼案，官府断令遵依旧例；康熙二十六年（1687年）和同治七年（1868年）杨填堰两次因修渠费用争讼，官府提出具体分摊办法，谕令两县合力维修。金洋堰和吕堨则基本没有兴讼记载。根据以上综合因素对比，金洋堰和吕堨在S中完全隶属（1），山河堰和杨填堰非常隶属（0.9），通利渠、河西洪灌渠道和五门堰有些隶属（0.6），龙祠水利和霍泉渠道完全不隶属（0）。

综上所述，网络结构（GS3）、产权制度（GS4）、操作规则（GS5）、监督和处罚规则（GS8）、农民对水资源的依赖性（A8）、共有信息（I2）、对灌溉的投入活动（I5）在各系统间无显著差异；集体选择规则（GS6）、章程选择规则（GS7）可视为在各系统实质上都并不存在。

灌溉规模、官府参与、领导力、水户异质性、民间规范在各系统间有所不同，各前因条件和结果S模糊隶属度见表2。前因条件个数相对于案例数量略多，结合已有研究和本文案例①，可合理认为领导力或规范的出现（而非缺失）与结果出现相联系，在此取领导力和民间规范的并集L+N表示民间力量强（记作U，模糊隶属度见表2第七列），B、G、H作为前因条件。

① 规范/社会资本和领导力是实现可持续治理的促使条件（Agrawal，2001）、声誉的存在提高集体行动的可能性和合作水平（Ostrom，2010）。参见Agrawal A.，“Common Property Institutions and Sustainable Governance of Resources”，*World Development*，Vol. 29，No. 10，2001，pp.1649–1672；Elinor Ostrom，“Analyzing Collective Action”，*Agricultural Economics*，Vol. 41，No. s1，2010，pp.155–166；Elinor Ostrom，“Beyond Markets and States：Polycentric Governance of Complex Economic Systems”，*American Economic Review*，Vol. 100，No. 3，2010，pp. 641–672. 本文民间规范主要指各灌区与灌溉有关的民间集体活动的组织和场所的修建，以及水户在灌溉事务上达成的一些共识，在一定程度上含有交流、声誉、信任、互惠、道德和伦理标准、社会资本等因素。就本文分析的九个灌溉系统而言，在民间规范突出的案例中，领导力存在强或不强两种情况；在民间规范不突出的案例中，领导力均不强，民间规范突出是领导力强的必要而非充分条件。

表 2　模糊集隶属度

案例	B	G	L	H	N	U(L+N)	S
龙祠水利	1	0.2	0.8	1	0.7	0.8	0
霍泉渠道	0.8	0.2	0.2	0.9	0.7	0.7	0
通利渠	0.4	0.2	1	0.9	1	1	0.6
河西洪灌	0.2	0	0.8	0.3	1	1	0.6
山河堰	0.6	1	0.2	1	0.4	0.4	0.9
五门堰	0.8	0.8	0.2	0.7	0.4	0.4	0.6
杨填堰	0.2	0.4	0.2	0.9	0	0.2	0.9
金洋堰	0	0	0	0	0.7	0.7	1
吕堨	0	0.6	1	0	1	1	1

四、九个长期存在的灌溉系统的分类和特点

九个灌溉系统均是长期存在（记作 P），赋值为 1，作为结果[①]。将表 2 中各案例在 B、G、H、U 的模糊集隶属度以 0.5 为界转化为清晰集构建真值表，使用 fsQCA3.0 软件最小化各案例的条件组合[②]，如下所示（大写字母表示条件和结果值为 1，小写字母表示值为 0）：

$$b*g*H+b*h*U+g*H*U+u*B*G*H \rightarrow P$$

该公式表示九个系统可分为四类：第一，灌溉规模小、水户异质性显著、官府参与少（该组合中民间力量不相关）；第二，灌溉规模小、水户异质性不显著、民间力量强（该组合中官府参与不相关）；第三，水户异质性显著、民间力量强、官府参与少（该组合中灌溉规模不相关）；第四，水户异质性显著、灌溉规模大、民间力量不强、官府参与多。

① 一般来说，研究中最好包含结果为 1 和结果为 0 的案例。此处九个案例中 P 均为 1，主要是受资料所限而难以设置阈值进一步区分：表 1 所列灌溉设施存续年代，是现有史料记载的时期，或是经相关学者考证推测的时期，并不必然与实际存在时期完全相符；即便是简单以现有资料为准，也因部分起始和终止时间过于粗略而难以比较。但由表 1 可见，九个系统至少存在数百年，均作为“长期存在”经布尔最小化总结其特点还是可行的。

② 这里的“条件组合”是为了便于表述，目的是归纳九个系统的特点，并不强调原因分析。

（一）灌溉规模（在很大程度上体现着资源规模和用户规模）、水户异质性和民间力量

有学者将资源规模小、使用者群体规模小以及使用者群体禀赋的一致性和身份、利益的同质性作为实现可持续治理的部分促使条件[①]。也有学者（Ostrom，1999）分析影响组织和维持自主治理的变量，认为参与者群体规模和异质性均不是具有统一影响的变量[②]。这些已有观点可供参考，但不宜简单将本文九个长期存在的系统特点简单归于支持或不支持已有观点。一是关注的结果不同，"可持续治理""维持自主治理"和"长期存在"之间有联系，但没有理由认为三者等同，况且异质性内涵存在差异；二是灌溉规模和民间力量"不相关"，是在特定组合中，某个变量才不相关[③]。这不同于前文变量分析部分所能直接察觉的、这些系统对单个条件并无特定要求的印象[④]：比如，前文可知的是这些系统官府参与有多有少、水户异质性有显著有不显著，进行布尔最小化后可知的是灌溉规模小、水户异质性不显著、民间力量强的系统，具有官府参与多或少并不相关的特点，而并不能看出哪种组合具有水户异质性不相关的特点，体现进行布尔最小化的意义[⑤]。

（二）官府参与

官府参与多主要体现在投入部分人力和财力与民间共同修建水利设施、出面主持或委任地方精英办理修复事宜、明确分水和兴夫规定、直接或间

---

① Agrawal A.，"Common Property Institutions and Sustainable Governance of Resources"，*World Development*，Vol.29，No. 10，2001，pp.1649–1672.

② Elinor Ostrom，"Self-governance and Forest Resources"，*Center for International Forestry Research Occasional Paper*，No.20，1999.

③ 如奥斯特罗姆所强调，任何一个变量的作用取决于其他变量的价值。Elinor Ostrom，"A General Framework for Analyzing the Sustainability of Social-Ecological Systems"，*Science*，Vol.325，Issue 5939，2009，pp. 419–422.

④ 依次查看表2中各项赋值，也能直观地看出没有哪个单个条件是各系统的统一特点。进一步地，正是因为各系统在这些方面有所不同，才赋值进行分析（取领导力和民间规范的并集的民间力量除外）。

⑤ 使用布尔最小化的意义不在于关注单个条件，而是组合条件所反映出的系统分类和特点。

接参与一些管理。各灌溉系统通常将渠册 / 水册或水利组织高层管理者呈报地方官府获取认可，灌溉中出现的用水纠纷或维修工程分担争端控至官府以求解决，一些系统修复水利设施，即便是民间操办，也要先向官府请修，获得许可。总体而言，各系统以民间管理为主，不同程度地依靠官府，与其说是依靠来自官府的外部援助，不如说是依靠官府的公权力，即“仰仗官威”，比如渠册 / 水册呈报官府备案、呈请立碑以垂久远、对违规行为“送官究治”。在古代中国，民众权益救济方式归根结底就是“上告”这一种途径。在水利争讼中多是控至当地官府，或按国家行程层级逐层申控[①]。地方政务长官在决策时往往“以例治事”，从文献典籍中寻找旧例，依先例做出决策[②]。李麒（2011）分析清代山西河东地区水案认为，尽管“无讼”是传统社会中官员对待民事诉讼的主导观念，但现实中不得不做出回应，为避免民间纠纷闹大变成地方社会秩序中的不安定因素，官员首选是进行调处，实行调处和判决相结合的审理制度，因缺乏详尽的水权规则，地方官员依律例课定的水地、旱地与钱粮关系准则办案，对用水权、分水制度则“率由旧章”[③]。张俊峰（2008）考察前近代山西汾河流域水权争端后指出，用水权通过田地与赋税相联系，而地方官府清丈土地困难大、成本高，难以调整赖以征收赋税钱粮的地亩丁粮册来应对用水权的变动，故在处理水权争端时奉行“率由旧章”的行事原则[④]。无论是地方官员推崇“无讼”，或是传统法典缺乏处理民事诉讼的严格细致规定，地方官员往往“以例治事”，或是地方官府无力积极应对水权争端而被动采取“率由旧章”做法，从观念、程序或能力来看，地方官府总体上并无主动承担修改灌溉治

---

① 官府处理诉讼案件，在很大程度上这是各系统的共同点，前文官府参与程度的比较部分并不包含这一维度。此处着眼于官府参与的特征，而非参与程度。

② 范忠信：《官与民：中国传统行政法制文化研究》，中国人民大学出版社2012年版，第183、第196、第225、第741、第760、第763、第766页。

③ 李麒：《观念、制度与技术：从水案透视清代地方司法——以山西河东水利碑刻为中心的讨论》，《政法论坛》2011年第5期。

④ 张俊峰：《率由旧章：前近代汾河流域若干泉域水权争端中的行事原则》，《史林》2008年第2期。

理中操作规则的动力①。从这个意义上来说，各灌溉系统具有相当大的自治权，并且得到官方认可②。各灌区民间仰仗官威的做法，可能是为减少民间管理遭受外部扰动而采取与公权力衔接、获取合法性的一种稳妥应对方式，也可能是一种传统文化特点在灌溉事务上的体现，就现有资料难以判断是要求官府认可治理权多一些，还是谋求官府介入多一些。总之，本文分析的官府参与，并非简单等同于官府主动干预，而主要是指官府对水利设施修复投入资源、作为公权力被民间仰仗和处理水利争讼。据现有资料来看，大部分水利争讼的发生在根本上是集体选择规则的实际缺失所致。官府参与更多体现出民间对官府实质上和仪式上的依赖性。

（三）灌溉规模与官府参与

在九个灌溉系统中，四个系统规模大，其中山河堰和五门堰官府参与多，而龙祠和霍泉渠道官府参与少；五个系统规模小，其中仅吕堨官府参与多，其他均少，如图 3 所示。灌溉规模大，可能需要依赖官府在水利设施修复中投入资源或参与管理，但并非一定需要，灌溉规模小更有可能不依赖官府。

（四）水户异质性与官府参与

在九个灌溉系统中，六个系统水户异质性显著，其中山河堰和五门堰官府参与多，而其他系统少；三个系统水户异质性不显著，其中吕堨官府参与多，而金洋堰和河西洪灌渠道官府参与少（见图 4）。这表示水户异质

---

① 霍泉渠道中洪洞县的引水资格虽由官府裁决，与赵城县按三七比例分水，但张俊峰推测三七分水是官方和民间各方力量经商量和妥协最终达成的方案，认为其在传统社会具有道德伦理和价值观念基础。类似地，鲁西奇和林昌丈也认为五门堰经两任知县制定的水册，是将民间水利惯例成文化，而非官方的创造。张俊峰：《水利社会的类型：明清以来洪洞水利与乡村社会变迁》，北京大学出版社 2012 年版，第 78-83 页；鲁西奇、林昌丈：《汉中三堰：明清时期汉中地区的堰渠水利与社会变迁》，中华书局 2011 年版，第 103-104 页。

② 使用者具有自治权、政府认可使用者制定规则的权利对自主治理组织形成的可能性和自主治理的持续存在均有正向影响。Elinor Ostrom，“Self-governance and Forest Resources”，Center for International Forestry Research Occasional Paper，No.20，1999.

性显著与否同依赖官府程度的高低，并不存在简单的线性关系。

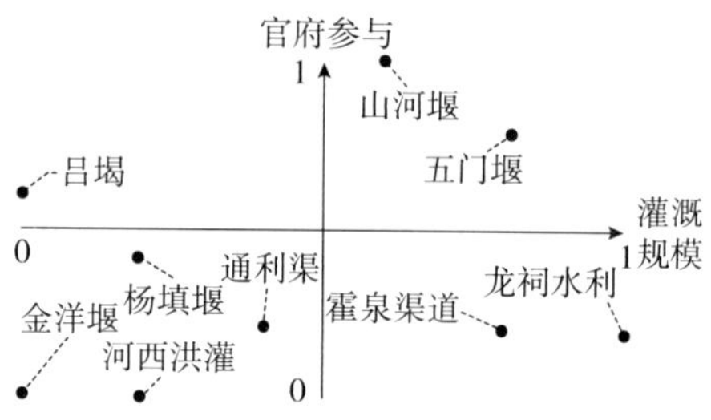

图 3　灌溉规模与官府参与象限图

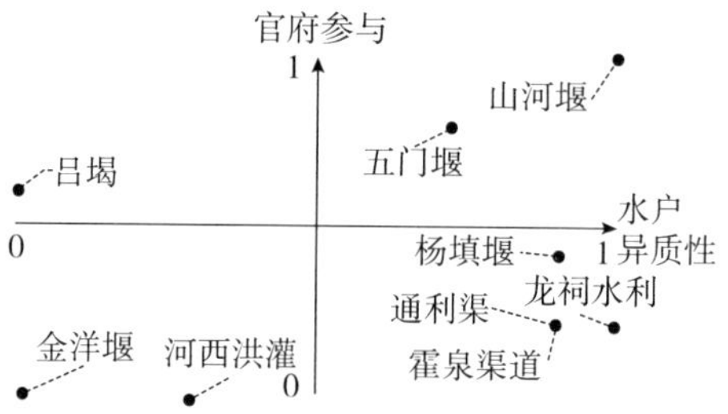

图 4　水户异质性与官府参与象限图

（五）民间力量与官府参与

在九个灌溉系统中，六个系统民间力量强，除吕堨官府参与多之外，其他系统官府参与少；三个系统民间力量不强，其中杨填堰官府参与少，而山河堰和五门堰官府参与多（见图 5）。也就是说，除杨填堰之外，另外八个系统民间力量强或依赖官府多两种情况中至少存在一种。

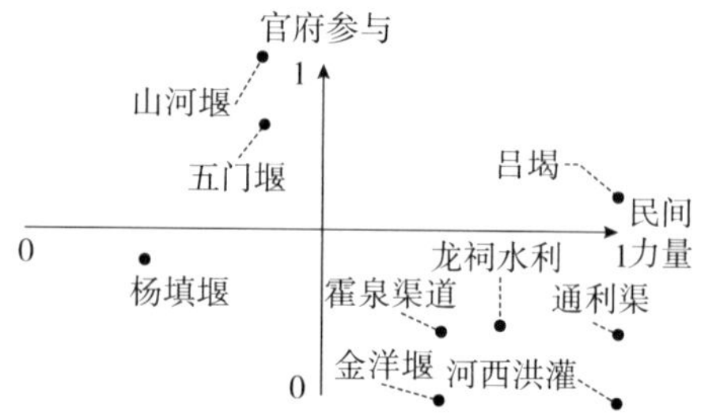

图 5　民间力量与官府参与象限图

五、更加成功和相对失败的灌溉系统的前因条件组合分析

各案例在 B、G、H、U 四个前因条件和结果 S 的模糊集隶属度见前文表 2。首先使用 fsQCA3.0 软件进行必要条件分析（见表 3 和表 4），必要性分析中的一致性测量结果隶属度是条件隶属度的子集的比例，体现结果被包含于条件的程度。一致性数值大于 0.9 可认为前因条件是结果发生的必要条件。表 3 一致性数值较低，单个前因条件均不满足作为结果（更加成功"S"）发生的必要条件的要求。表 4 除了 H 一致性数值超过 0.9 之外，其他均较低，H 满足作为结果（~S）发生的必要条件的要求。通过必要条件检测，并且作为必要条件的有意义的条件，可以从真值表分析程序中剔除，但本文选择保留[①]。

表 3　必要条件分析（结果：S）

	B	~B	G	~G	H	~H	U	~U
一致性（Consistency）	0.357143	0.821429	0.482143	0.607143	0.589286	0.553571	0.696429	0.410714
Coverage	0.500000	0.920000	0.794118	0.607143	0.578947	0.939394	0.629032	0.821429

表 4　必要条件分析（结果：~S）

	B	~B	G	~G	H	~H	U	~U
一致性（Consistency）	0.882353	0.411765	0.352941	0.794118	0.941176	0.294118	0.852941	0.323529
Coverage	0.750000	0.280000	0.352941	0.482143	0.561404	0.303030	0.467742	0.392857

（1）S 作为结果的分析。案例频数阈值和一致性临界值各设为 1 和 0.85 构建真值表（见表 5），组合分析得到中间解为 ~B*~H*U+~B*~G*U（见表 7）。充分性分析中的一致性测量在全部案例中每个组合和组合并集（解）

① 必要条件如果包含在真值表分析中，经常被简约解消除。

的隶属度是结果隶属度的子集的程度。解的覆盖度测量在全部案例中结果隶属度被所有组合的并集所解释的比例。单个组合的原始覆盖度测量在全部案例中结果隶属度被该组合所解释的比例，所有组合的并集的覆盖度与除该组合之外其他组合的并集的覆盖度的差值为该组合的唯一覆盖度，测量仅由该组合所解释结果隶属度的比例。解的一致性数值为 0.89，体现了在九个案例中 ~B*~H*U、~B *~G*U 两个组合并集是 S 子集的一致性程度，即满足充分条件要求的程度，覆盖度为 0.59，表示解释了 S 隶属度的 59%[①]。灌溉规模小（~B 隶属度高）、民间力量强（U 隶属度高），水户异质性不显著（~H 隶属度高）或官府参与少（~G 隶属度高）的系统，在很大程度上会出现 S。

（2）~S 作为结果的分析。案例频数阈值和一致性临界值各设为 1 和 0.85 构建真值表（见表 6），组合分析得到的中间解为 B*~G*H（见表 7），解的一致性数值为 0.96，覆盖度为 0.74。灌溉规模大（B 隶属度高）、水户异质性显著（H 隶属度高）、官府参与少（~G 隶属度高）的系统，在很大程度上会出现 ~S，水户异质性显著是 ~S 出现的必要条件。

表 5　真值表（结果：S）

B	G	H	U	案例数量	S	raw consist.	PRI consist.	SYM consist
0	0	0	1	2	1	0.913043	0.866666	0.928571
0	1	0	1	1	1	0.909091	0.857143	0.857143
0	0	1	1	1	1	0.866667	0.6	0.6
0	0	1	0	1	0	0.8	0.714286	0.714286
1	1	1	0	2	0	0.777778	0.666667	0.666667
1	0	1	1	2	0	0.4	0.0625	0.0625

① 其他组合，比如 B*G*H*~U（山河堰和五门堰在该组合中隶属度大于 0.5）和 ~B*~G*H*~U（杨填堰在该组合隶属度大于 0.5），各解释 S 隶属度的 25% 和 14%，但一致性数值较低，各为 0.78 和 0.8，不满足作为结果（S）发生的充分条件的要求。

表6 真值表（结果：~S）								
B	G	H	U	案例数量	~S	raw consist.	PRI consist.	SYM consist
1	0	1	1	2	1	0.96	0.9375	0.9375
0	0	1	1	1	0	0.8	0.4	0.4
1	1	1	0	2	0	0.555556	0.333333	0.333333
0	0	1	0	1	0	0.5	0.285714	0.285714
0	1	0	1	1	0	0.454545	0.142857	0.142857
0	0	0	1	2	0	0.391304	0.0666667	0.0714286

表7 组合分析（前因条件：B、G、H、U）							
INTERMEDIATE SOLUTION frequency cutoff : 1							
结果：S[①]				结果：~S[②]			
consistency cutoff : 0.866667				consistency cutoff : 0.96			
	raw coverage	unique coverage	consistency		raw coverage	unique coverage	consistency
~B*~H*U[③]	0.482143	0.107143	0.931034	B*~G*H[④]	0.735294	0.735294	0.961538
~B*~G*U[⑤]	0.482143	0.107143	0.870968				
solution coverage 0.589286				0.735294			
solution consistency 0.891892				0.961538			

① 生成中间解的假设为U的存在与结果（S）的发生相联系。

② B*~G*H*U的质蕴含项选择B*~G，生成中间解的假设为U的缺失与结果（~S）的发生相联系。

③ 在该组合中隶属度大于0.5的案例是吕堨（1,1）、河西洪灌渠道（0.7,0.6）、金洋堰（0.7,1）。

④ 在该组合中隶属度大于0.5的案例是龙祠水利（0.8，1）、霍泉渠道（0.8，1）。

⑤ 在该组合中隶属度大于0.5的案例是河西洪灌渠道（0.8,0.6）、金洋堰（0.7,1）、通利渠（0.6,0.6）。

六、结　论

在SES框架下的案例分析显示，这些系统的网络结构（GS3）、产权制度（GS4）、操作规则（GS5）、监督和处罚规则（GS8）无显著差异，集体选择规则（GS6）、章程选择规则（GS7）均实质上缺失，水资源对农民维持生计极其重要（A8）。使用者互动中的共有信息（I2）、对灌溉的投入活动（I5）在各系统间无显著差异，灌溉规模（RS3、RS4）、官府参与（GS1）、水户异质性（A2、A4）和民间力量（A5、A6）在系统间各有不同。

九个灌溉系统分为四类：一是灌溉规模小、水户异质性不显著和民间力量强；二是水户异质性显著、民间力量强和官府参与少；三是灌溉规模小、水户异质性显著和官府参与少；四是水户异质性显著、灌溉规模大、民间力量不强和官府参与多。第一类系统具有官府参与不相关的特点；第二类系统具有灌溉规模不相关的特点；第四类系统是灌溉规模大、水户异质性显著、民间力量不强的系统，具有官府参与多的特点，这些与直觉相符；第三类系统具有民间力量不相关的特点，与直觉不符，这应与如下有关：在几乎所有系统中至少存在民间力量强或官府参与多这两种情况中的一种，即几乎所有系统，要么民间力量强，要么官府参与多，或同时存在。其中，官府参与并不等同于官府主动干预，更多是指民间对官府的依赖，尤其是官府作为公权力被仰仗，体现的是民间对官府实质上和仪式上的依赖性。灌溉规模、水户异质性与官府参与不存在简单的线性关系，但总体来看，灌溉规模小可能更不需要依赖官府在水利设施修复中投入资源或参与管理。

一些灌溉系统相对于另一些显得更加成功。组合分析表明，灌溉规模、官府参与、水户异质性和民间力量单独每一项都不是系统更加成功的必要条件。灌溉规模小、水户异质性不显著，并且民间力量强的系统和灌溉规模小、官府参与少，而民间力量强这两种组合均可实现更加成功。水户异质性强是系统相对失败的必要条件，灌溉规模大、水户异质性显著、官府参与少是相对失败的充分条件。

本文的不足之处主要体现在以下方面：首先，案例分析主要使用第二

手资料。那些对大量案例编码进行统合分析的学者所面临的挑战，比如编码者和分析者所特别关注的变量，未必就是原作者重点关注的对象，原文献中相关信息可能不足，本文在变量分析和赋值中同样遇到这类问题（虽然案例只有九个），历史问题也更难通过实地调查补充资料。其次，变量赋值还有探究空间。因为变量数据有限（如灌田面积）和一些变量衡量维度本身就受到研究者对相关问题的理解的影响（如规范、领导力），变量赋值带有一定的主观性。为增强稳定性，作者多次对文中变量赋值，但也仅限于作者本人，并未检验可重复性和准确性。此外，随着更多资料的发现，或其他学者对相关问题研究的深化，文中一些赋值可能有机会进行更新。再次，对部分变量进行简化处理。九个灌溉系统分别居于三省，跨越数个朝代，本文并未考察这些系统自然条件的差异以及随着时间的推移过程，并未对某一系统或某一时期展开详细分析，比如气候、地貌、灾害等环境要素对资源系统和资源单位的影响，农作物种类、种植面积、种植结构和家庭副业状况等对行动者的影响。而是假定在长期里，社会、经济和政治环境及生态因素动态融入，可由灌溉系统、治理体系和行动者互动等方面体现。此外，本文也假定史料对事件的选择性记载，即流传文本与“客观历史”的偏差，在各系统间无显著差异。比如文中官府参与水利设施修建、处理水利诉讼等处分析，既涉及一些系统是否比另一些系统记载更详尽，又涉及有多少实际发生的相关事件并未被记载或尚未被发现等问题，这些对于经济史研究十分重要，本文虽然意识到问题，但没能很好地应对问题。最后，集体选择规则和章程选择规则在各系统实质上不存在的判断，是基于各系统主要操作规则（比如以何种比例分水和如何用水）基本无变化，而分水办法和用水方式最初如何形成并不清楚、相似的违规和盗水行为屡有发生却未在民间引致规则的变更、控至官府后也多以“遵依古制”平息争端而得出。这与已有研究强调集体选择规则对共用资源治理的重要性不甚相符，而本文并未对规则缺失与灌溉系统长期运作的现象进行解释。

以上方面还有待在未来的研究中进一步完善。

晚清徽州塾师的土地经营

——以“胡廷卿账簿”为核心

董乾坤 *

安徽大学历史系

【摘要】生活于晚清民国时期的祁门塾师胡廷卿，通过继承族产、祖产和购买的方式获得少量土地或土地权益，其中族产与祖产是其土地的主要部分。在土地的经营中，通过族产与祖产所获得的土地一般以共有的形式出佃于他人或经营林木，而其购买的土地则种植茶叶。以宗（家）族为核心的共有土地是他获得粮食的主要来源，而茶叶收入则在家庭经济中占有重要的地位，获利也最多。这一土地的经营模式既与徽州传统的产业结构和社会业结构密切相关，也体现出徽州民众能及时因应晚清国际市场的变化。

【关键词】晚清；徽州；塾师；土地；茶业；账簿

民国以来，尤其是随着马克思主义的传入，中国学者对中国的土地关系进行了大量研究，也取得了重要成果。然而，由于各种原因，不同时期的学者对土地问题的关注点有所不同。民国各地政府和诸多知识分子，都深入乡村对当时的土地数量和占有情况进行详细调查。而另一些学者在马克思主义史学的影响下，着手对农村土地的分配、租佃关系、土地市场等问题进行探讨，以期解决中国的资本主义萌芽和阶级剥削等问题，其中由

* 作者简介：董乾坤，安徽大学历史系副教授，历史学博士。

傅衣凌创立的社会经济史学派尤为重要[①]。20世纪80年代以后，日本和西方学界的相关研究成果不断被引入中国，如日本学者藤井宏、片山冈、寺田浩明、仁井田陞、岸本美绪等有关中国地权、一田二主的讨论，西方学者如黄宗智、彭慕兰有关江南小农的研究[②]，等等。徽州作为目前发现地方文献最多、最丰富的地区，很早就引起了学者的关注，从傅衣凌和藤井宏利用徽州文书研究中国土地制度以来，至20世纪末达到顶峰，其中有关地权和赋役制度的研究成果十分丰富，较具代表性的学者如章有义、刘和惠、周绍泉、栾成显、叶显恩等皆做出了大量贡献[③]。

综观已有研究，对普通家庭土地经营实态的研究涉及较少，而徽州土地经营实态的研究依然阙如。近年来随着日常生活史的兴起，一些学者开始以账簿为核心资料，探讨民众的日常生活[④]。其中，刘永华根据婺源一户程姓小农家庭的排日账，详细探讨了晚清时期小农家庭与国际贸易之间的复杂关系，认为“至少就程家个案而言，国际市场的介入并未对小农经济造成灾难性后果，反而小幅增加了他们的收入”[⑤]。这一认识是基于小农自身的账簿记录得出的，具有相对客观性，且与以往学界所认识的晚清以来小农经济状况在外来侵略势力的掠夺下日益贫困的结论差距较大，提醒我们

① 参见景甦、罗仑:《清代山东经营地主的社会性质》，山东人民出版社1959年版；傅衣凌:《明清农村社会经济》，生活·读书·新知三联书店1961年版；杨国桢:《明清土地契约文书研究》，人民出版社1988年版；曹树基、刘诗古:《传统中国地权结构及其演变》(修订版)，上海交通大学出版社2015年版。

② 详见曹树基:《传统中国乡村地权变动的一般理论》,《学术月刊》2012年第12期。

③ 有关研究动态的分析可参见赵仲中:《徽商与明清时期的土地市场》，安徽师范大学硕士学位论文，2011年；康健:《明清徽州山林经济研究回顾》,《中国史研究动态》2013年第3期；郑雪巍:《明清时期徽州土地关系研究综述》,《安徽农学通报》2016年第5期；陆佳林:《清代中期徽州山林保护研究》，安徽大学硕士学位论文，2017年。

④ 详见董乾坤:《民国以来账簿研究的三种取向》,《中国社会经济史研究》2016年第3期。

⑤ 刘永华:《小农家庭、土地开发与国际茶市(1838—1901)——晚清徽州婺源程家的个案分析》,《近代史研究》2015年第4期，第81页。

要重新认识这一问题。本文利用徽州晚清民国时期的“胡廷卿账簿”①，从日常生活史的角度探讨乡村塾师胡廷卿的土地来源、收入及效益②。限于学力，不当之处，祈请方家指正。

一、胡廷卿的土地来源

（一）族产与祖产

胡廷卿所在的贵溪村是一个单姓村，全村皆姓胡。南宋绍兴年间，族人胡俊杰开始了宗族建设，他通过编撰族谱、设立族产、兴办族学等一系列措施将胡氏族人组织起来，形成著名的“贵溪胡氏”③。与其他宗族一样，贵溪胡氏在析分祖产时，会留存一部分作为宗族的公共财产，并由族人轮流管理。贵溪村内有众多的宗族组织，仅胡廷卿管理过的就有 26 个之多，胡廷卿账簿中记载的有宅祀、杞年公祀、常丰粮局、庆余粮局等，这些组织多以各种族产为经济基础，用于不同的目的。除去公共费用，每户族人每年还能从这些组织中分到一些租谷。以杞年公祀为例，光绪十九年（1893 年），胡廷卿作为头人参与管理，第二次轮到他管理时，已是宣统元年（1909 年）④。有关光绪十九年的管理情况，胡廷卿在账簿中做了记录：

---

① “祁门胡廷卿家用收支账簿”载于王钰欣、周绍泉主编《徽州千年契约文书：清·民国编》卷 14-18（花山文艺出版社，1991 年版），本文简称“胡廷卿账簿”。有关胡廷卿及其账簿的详细情况，可参见王玉坤《清末徽州塾师胡廷卿的乡居生活考察——以〈祁门胡廷卿家用收支账簿〉为中心》，《贵州师范学院学报》2015 年第 5 期；董乾坤：《徽州民间账簿及其产生的社会机制——以“胡廷卿账簿”为例》，《安徽大学学报（哲学社会科学版）》2017 年第 6 期。

② 胡廷卿担任塾师的收入可参见董乾坤《晚清教育改革与乡村塾师的家庭生活——以祁门县胡廷卿为例》，常建华：《中国社会历史评论》第 21 卷，天津古籍出版社 2018 年版；王玉坤《近代徽州塾师胡廷卿的家庭生计》（《安庆师范学院学报》2015 年第 3 期）；马勇虎等：《晚清乡村秀才的多重角色与多样收入——清光绪年间徽州乡村秀才胡廷卿收支账簿研究》（《安徽史学》2018 年第 3 期）也有探讨。

③ 有关贵溪胡氏宗族建立的过程，可参见董乾坤《环境、政治与宋代家族的初步建立——以祁门贵溪胡氏为例》，中国徽州文化博物馆：《徽州文博（辑刊）》，内部出版物，2015 年。

④《徽州千年契约文书：清·民国编》卷 18《光绪三十年祁门胡廷卿立收支账簿》，第 11 页。

杞年公祀（六人共管）

八月初五，分十亩丘谷一秤零四斤。初八，分高岸干谷五斤。十二，分榨坞谷九斤。十八，分塘树窟谷二秤十斤。十九，分三十奈谷二秤十斤。廿七，分榫树丘谷二秤，干来。卅，分汪家住右占谷一秤零半斤。

九月初一，分塘下干谷八斤半。初七，分学堂丘占谷，又四亩丘，十五斤半。照前狮保丘又并收占谷二斤半。十一，分大坞中段谷一秤零。十二，收稻谷一秤零七斤，横丘中段照并多谷十八斤。补初十，分塘坞、纸皮坦干来谷八斤。照并各分谷十三秤零二斤。九月廿七，付出米一升二祁仝，照谷并清，一四。收分讨谷米二同，六人仝。[①]

杞年公祀是以宋代胡杞年的名字命名的祀会组织。贵溪村的胡氏族人主要是胡宅的七世孙胡汉、胡应的后代，其中绝大多数出自胡汉一门。胡汉生有四子，分别是惟智、惟勋、惟式、惟琇，此后贵溪胡氏便以宅公第八世命名，惟琇派基本上涵盖了贵溪村胡氏全部。由于只有胡惟琇长子胡玩留在了贵溪村，因此贵溪村胡氏可以说基本上是胡玩的后代。胡玩生有两子，长子即胡杞年，次子胡松年，此后留居贵溪村的族人基本是兄弟俩的后裔。胡廷卿所在的积善堂派祖胡兰孙即属杞年公派。

由上述记载可知，杞年公祀每年由六人共管，他们共同分享该年杞年公祀所拥有地产上的收益。同时，由上述记载还可知，杞年公祀所拥有的土地包括 12 块，从其收获的稻谷数量来看，这些地块的面积都不大。胡廷卿作为头人，光绪十九年从杞年公祀名下的族产中分得稻谷 13 秤零 2 斤和讨谷米 2 同。“讨谷米”即族人为向佃户讨要租谷的辛苦费，数量不多，2 同[②]仅是 0.2 升，仅具象征意义。而分得的稻谷数量较多，折合 262 斤，如

① 《徽州千年契约文书：清・民国编》卷 16《光绪十九年祁门胡廷卿立〈收支总登〉》，第 12 页。

② 同，又写作“仝”，标准的说法是“合”，1 升等于 10 合。

果折算成米则是104.8升[①]，是一个人3个半月的口粮[②]。当然，这仅仅是胡廷卿在宗族内部的一个组织中获得的收入，在其所管理过的其他25个宗族组织中亦会获得相应的收入。如其祖父胡上机及胡上机祠，道光八年（1828年）至光绪二十二年（1896年）的几十年间，通过购买、典当等途径，获得了许多土地。据笔者统计，这些土地涉及四十多宗，详细名目为冷水坞、东岸、东岸园地、白石坑东培、极乐祠前店屋、短坞口、碣头坑、老文会年股、江坑头大圣庙前山、山背坞、合丘、禾尚丘、稔坑头、稔坑口、塘坞俗名牛栏坞、下师姑、三佰塅、沙丘、茅山栅树坑、茅山何郎冲、下茅山冷水坞、茅山白黄岭、郑真弯、石积弯、绵花弯、狭山里、七亩丘、洪家坦俗名旱田充、鲍望（郎）坑、九亩丘、里陈丘、河南门前、毕家碣、庄前、小路口铺地俗名申明亭地、井丘、大坞口中段、迎秀丘、汪泗亩丘（宝善局买）、田皮、杨林坞、直坑口俗名黄公弯（胡上机祠买）[③]。这些土地在胡上机于咸丰五年（1855年）去世[④]后，一部分作为公产以“机祀”的

① 清代的度量衡单位各地不一，但普遍的换算单位如下：1斤=16两，1石=10斗，1斗=10升，1升=10合。本文除特别注明外，皆按此换算，详见吴承洛著《中国度量衡史》第四六表《清代度量权衡名称及定位表》（上海书店1984年版，第293页）。又，胡廷卿账簿载：“收庆余粮局仓谷二十三秤十九斤，三人仝；又收谷十二秤，前存仓；又收谷一秤零九斤半，照湿谷，并三十七秤零八斤。”（《徽州千年契约文书：清·民国编》卷15《光绪十六年祁门胡廷卿立〈收支总登〉》，第194页）据此可以算出1秤=20斤，本文涉及秤、斤换算皆据此。胡廷卿账簿又载：“除支，仍存谷一百零一秤零八斤半。八升扣米八石一斗一升四合。”（《徽州千年契约文书：清·民国编》卷17《光绪二十八年祁门胡廷卿立〈各项膳清〉》，第325页）即101.425秤（一百零一秤零八斤半）×8升=811.4升（八石一斗一升四合），谷、米的换算比率为谷1秤＝米8升，下文表2每年的“合计”照此比率将稻谷折算成大米。值得说明的是，由于稻谷的饱满程度不一，有时1秤谷可出米9.8升之多，如“（四月三十）收常丰粮局仓谷七十秤，三人仝。共舂出米六石七斗五升，内米头三十六升，外碎米十四升”（《徽州千年契约文书：清·民国编》卷15《光绪十五年祁门胡廷卿立〈进出总登〉》，第95页），据此推算1秤谷≈9.84升米（含碎米），但这类情况在胡廷卿账簿中并不常见。

② 据宋末元初徽州士人方回所记：“五口之家，人日食一升，一年食十八石。”见方回《续古今考》卷18《附论班固计井田百亩岁出岁入》，《景印文渊阁四库全书》第853册，台湾商务印书馆2008年，第368页。

③ 刘伯山：《徽州文书》第2辑第1册，广西师范大学出版社2006年版，第208-335页。

④ 《贵溪胡氏支谱·愿公图七时慎派下》，第76a页。

名义由其子孙经营，一部分均分给了众子孙，还有一部分则以“德祀”“尚义祀”的名义成为族内公产。这一点在账簿中亦有详细记载（见表 1）。

表 1　胡廷卿账簿所载宗族组织管理土地列表

组织名称	管理土地名单
德祀	界排岭、六亩丘、分秧丘、三佰塅、古楼潭、下老脉上、坟前、水枧埸、汪六坑、芦荻坑、五显庙、坑背坞、下湾脉上、鸟成坞、石碣岸、小碣头、竹塔下、东瓜弯、杨林坞、石际坞、松木丘、上口，汪南冲、竹坞桥、程末丘、白石坑、江坑、汪南冲、沙丘、口口坞口
尚义祀	郑家弯口、大丘里、八十里、六亩丘、岩山坞、朱五口坞、过水丘、江田坞、下庄、上相思塅、水碓丘、塘丘。口木坞、相思塅、江田坞、过水丘、木杨坞、竹塔下、东学堂、梃丘、合丘、六亩丘、芦荻坑、鸭子坞、冷水坞、白石坑、梅树、口下坞、田坑
灿亭公祀	大坑、秧丘、六亩丘、九亩塅、短坞头、罗坑中
机祀	鲍郎丘、短坞头
陞祀	牛栏坞、银秀坞、大碣头、河南冲、大坞口、严坑口

注：“口”表示无法识别的字，下文同。

资料来源：《徽州千年契约文书：清 · 民国编》，“德祀”见卷 16 第 87 页，“尚义祀”见卷 16 第 88 页，“灿亭公祀”见卷 16 第 89 页，“机祀”见卷 17 第 174 页，“陞祀”见卷 14 第 79 页。

从表 1 中可以看出，胡上机所购买的三佰塅、杨林坞、白石坑、汪南冲、郑家弯口、白石坑、冷水坞、田坑、短坞头等处的土地，在德祀、尚义祀和灿亭公祀三个组织中皆有体现。而鲍郎坵和短坞头的部分土地则作为祭祀胡上机的祭产。其次子胡昌陞（即胡廷卿之父）所分得的土地有牛栏坞等六块，胡昌陞去世后，胡廷卿和两个弟弟将其作为祭祀父亲的祭产（陞祀）。由此，胡廷卿掌管家务时就会与 26 个组织发生联系，并从中获得收益。

这种宗族共产的土地所有形式在徽州非常普遍，且占有的土地份额极大。邹怡综合分析华东军政委员会 1952 年编写出版的《安徽省农村调查》中的多篇报告后认为：“据调查结构，徽州各县地主占有土地，一般占全部土地一半以上，有的乡村甚至占到了三分之二以上。据此可以大致推测真正地主所占土地不过10%-20%上下，而宗族公有土地占50%以上。”① 这一结论虽然是据现代史料得出，但晚清时期的祁门贵溪胡氏宗族也大体如此。公有土地在胡廷卿的家庭生计中占有重要地位，这一点从下面所要讨论的米谷收入中也可见一斑。

（二）购买

胡廷卿账簿中亦记载了购买土地的情况，其中与他有关的包括他所在的公共组织的公买和其个人购买的土地。

1. 公买

这里主要是指村中各种与胡廷卿有关的宗族组织所购买的土地。前已述及，胡上机去世后，其子孙设立机祀。光绪二十二年（1896年），胡上机的后人就以胡上机祠的名义购买了一块土地②，但这次购买的是坟地，并未带来收益。四年后胡上机子孙又以“善祀”的名义购买了本村胡鉴三位于救贫义山的田地：“（光绪二十六年（1900年）六月）十一，支英洋三十二元，买鉴三佛龛前租十秤（善祀）。”③

善祀，即胡上机在世时所设立的宝善局，宝善局虽由胡上机主持设立，但却是合村公有。胡廷卿在世时仅有两次管理的机会，分别是光绪二十五年（1899年）和光绪二十六年（1900年）④，而第一次机会是他顶替隆公祀才得到的，也就是说，按照轮流顺序他仅仅获得一次机会，而且是代表胡上机一支管理的。可以推测，在其他年份，宝善局应该也有类似的购买行为。徽州有众人合作、按股出资拼山兴养木材然后出售的经营活动⑤。胡廷卿所在的机祀，于光绪十三年（1887年）与他人合作拼山并占有一股，“金

① 邹怡：《徽州六县的茶叶栽培与茶业分布——基于民国时期的调查材料》，复旦大学历史地理中心：《历史地理研究（3）》，复旦大学出版社2010年版，第173页。

② 刘伯山：《徽州文书》第2辑第1册，第335页。

③《徽州千年契约文书：清·民国编》卷17《光绪二十六年〈胡氏祠会收支总登〉》，第149页。

④《徽州千年契约文书：清·民国编》卷18《光绪三十年祁门胡廷卿立收支账簿》，第11页。

⑤ 学界研究成果可参见康健《明代徽州山林经济研究》，中国社会科学院博士学位论文，2014年。

钗形，本家种山一股（光绪十三年，丁亥年）计钱六百六十四文，有新据一纸，在澍廷家收。民国四年乙卯，拚山分得花边洋八元，计一股”[①]。由此可知，在晚清时期的徽州乡村中，这种以宗族组织为单位的购买土地行为，使得身为其中一分子的族人在生活上又多了一重保障。

2. 个人购买

胡廷卿本人亦有置买土地的行为。据胡廷卿账簿记载，至光绪二十八年（1902 年），他和长子阳开一起共计购买六块茶萪地用来种植茶叶：汪郎冲茶萪一号，计本洋八元，买受五松兄弟业，其契系桂廷兄转买。徐家坞茶萪一号，计价本洋三元五角，买受云耕业。蒋家坞茶萪一号，计价本洋七元，买受汪新发业。山枣弯茶萪一号，计价英洋九元，内阳开妇英洋五元，买受用夫业。乙巳年（光绪三十一年（1905 年）——笔者注）抵还福子账，作价洋十二元。枫树坦茶萪一号，计价洋一元五角，买受金和业。其地租交尚义，钱四十六文。八十五、八十六号东岸园地一备，并茶萪在内，计价英洋六元五角，买受云澄业[②]。

又据账簿光绪二十七年至三十年（1901—1904 年）《采售茶总登》的记载，这些茶萪地置买的时间分别是光绪十一年（1885 年）、十二年、十七年、二十三年和二十五年，而“东岸园地一备”的购买时间则未见提及[③]。在胡廷卿历年所收茶叶账中，仅光绪二十八年记有“收东岸菜园茶草二斤”[④]。显然，“东岸园地一备”其实是一块菜园地，所以在上述光绪二十七至三十年的《采售茶总登》有关茶萪地购买的时间内不见这块地的记载。

二、胡廷卿的土地收入

由上述对胡廷卿土地来源的分析可知，通过对族产和祖产的继承，胡

---

①② 《徽州千年契约文书：清・民国编》卷 17《光绪二十九年祁门胡廷卿立〈各项謄清〉》，第 360 页。

③ 《徽州千年契约文书：清・民国编》卷 17《光绪二十七年祁门胡廷卿立〈采售茶总登〉》，第 282–283 页。

④ 《徽州千年契约文书：清・民国编》卷 17《光绪二十七年祁门胡廷卿立〈采售茶总登〉》，第 252 页。

廷卿在许多土地中都享有权益，虽然每一块土地所占份额很少，单独计算意义不大，但由于总额庞大，总体上这些共有土地的收益对胡廷卿而言十分可观。这些共有土地，基本上是出租给居于附近的小户，每年以各种祀、会的组织形式收取地租。这些共有土地所收获的粮食并不全部用于当年消费，而是将一部分贮存于胡氏族人所创设的常丰粮局、庆余粮局之类的粮仓内，等到灾荒之年再对族众发放。另外，胡廷卿个人所购买的茶萪地基本是种植茶叶出售。因此胡廷卿的土地收入包括两个部分，即谷米收入和茶叶收入。

有关胡廷卿的家庭收入，已有学者做过研究。在王玉坤的统计中，将胡廷卿土地收入以“祀产分租”的形式列入，并将“拼山卖树”的收入置入“其他杂项”中，统计较为全面，惜有不确之处[①]。马勇虎等亦对胡廷卿的收入做了细致的统计，然而涉及土地一项时，仅统计了茶叶收入，将谷米一项遗漏[②]。另外，他们皆以“元”为单位核算胡廷卿的收入。然而，在胡廷卿账簿中，作为支付手段的不仅有“本洋”“英洋”，更为常用的则是铜钱，而且特殊情况下也用大米这种实物作为工资。因此，如果用“元”作为核算单位，就需考虑本洋、英洋、铜钱的换算关系以及大米的价格。由于市场的变化，这几种货币的换算以及大米价格每年都不相同，即使是一年之中的不同月份也不一样。因此，对于胡廷卿收入的统计需先将上述货币换算的比率及大米价格确定下来。然而，已有研究对此皆未说明。实际上，即便按照当年的比率及米价皆换算为表示“洋”的“元”，亦未必能准确显示胡廷卿收入增减的有效变化，原因是购买力会随通货膨胀或缩紧发生变化。基于这种情况，为了更科学地将胡廷卿收入的增减展现出来，更准确地表示他的收入在其生活中所具有的实际意义，笔者依据账簿的记载，先确定各种货币间的换算比率以及当年的米价，然后将其收入全部折

① 王玉坤：《近代徽州塾师胡廷卿的家庭生计》，《安庆师范学院学报》2015 年第 3 期，第 103 页。

② 马勇虎、李琳琦：《晚清乡村秀才的多重角色与多样收入——清光绪年间徽州乡村秀才胡廷卿收支账簿研究》，《安徽史学》2018 年第 3 期，第 152 页。

算为大米的数量进行核算。

（一）谷米收入

胡廷卿账簿关于谷物收入的记录截止到光绪二十六（1900 年）年，笔者将胡廷卿光绪七年至二十六年（1881—1900 年）所收米谷数量整理为表 2。

表 2　光绪七年至二十六年胡廷卿谷米收入表（缺光绪二十三年）

年份	谷（秤）	米（升）	合计（折合米、升）	年份	谷（秤）	米（升）	合计（折合米、升）
七年	7		56	十七年	19.9	121	280.2
八年		16	16	十八年	22.46	11.5	191.18
九年	23		184	十九年	32.6	86.7	347.5
十年	228.3	13.3	1839.7	二十年	46.2	63	432.6
十一年	164.875	44	1363	二十一年	41.875	8.5	343.5
十二年	241.275	39.9	1970.1	二十二年	7.5875	57.8	118.5
十三年	255.03	10	2050.24	二十四年	36.575	104.8	397.4
十四年	162.43	54	1353.44	二十五年	16.03125	728.7	856.95
十五年	285.45	48.6	2332.2	二十六年	22	2747.325	2923.325
十六年	243.375	10.1	1957.1				

由表 2 可知，光绪八年收入最少，其原因尚不清楚。而光绪十年至光绪十六年连续七年都收入颇多，其原因在于这七年之中常丰粮局与庆余粮局都进行了开仓放粮。实际上，胡廷卿每年的米谷收入大致可以分为两类：一类是自己个人土地的租谷，另一类是从宗族组织分得的租谷。在某些年份，还会收到粮局开仓所发放的粮食。常丰粮局七年间发给胡廷卿各类谷米共计 12028.6 升，平均每年约 1718.37 升；庆余粮局则相对要少，为 1127. 升，平均每年 161 升。这七年里，胡廷卿平均每年从两个粮局分得 1879.37 升粮食，基本够五口之家一年的口粮，数量不少。但胡廷卿并非每年都能从宗族组织获得粮食，宗族组织通常在两种情况下会将粮食发给胡廷卿一家：第一，发生自然灾害时。胡廷卿账簿兼记了一些天气状况，为我们了解当时祁门的气候提供了可能，而气候状况则与谷物收成密切相

关。胡廷卿账簿中有多次“有雨”的记载，但并不能确知是否成为灾害。但依据光绪二十五年、二十六年的记载则可推测该年发生了旱灾。在光绪二十五年五月初九这天，胡廷卿账簿上标注为“雨大”，说明五月初还下了一场大雨。但一个多月后的六月十五，胡廷卿即在账簿中却写下“旱赐甘霖”[①]，说明此时发生了旱情。第二年的七月廿六、廿七、廿九日，胡廷卿账簿连续出现“接神求雨”“接水”以及出钱做求雨仪式的记载。显然，此时祁门县已出现较为严重的旱灾。或许正是这一年的严重干旱，让胡廷卿一家从庆余粮局额外地收到了米谷[②]。第二，胡廷卿轮充首人的年份。常丰粮局和庆余粮局是村中常设的两个粮食存储组织，由族人轮流管理，其谷米收入来自于宗族组织所拥有的土地。胡廷卿在光绪八年至十一年、十三年、十四年、二十五年至二十八年管理过常丰粮局，光绪十五年、二十五年和二十九年管理过庆余粮局[③]。胡廷卿轮充首人管理这些粮食机构的当年，也会从中额外获取粮食。为了说明问题，笔者以光绪十四年为例，将胡廷卿的收入项目列为表 3。

表 3 光绪十四年胡廷卿从宗族组织中所获谷米

日期	来源	种类	数量	单位	性质
三月初二	常丰粮局	谷	72	秤	
三月初七	常丰粮局	谷	1143	斤	出仓谷
五月廿七		洋	0.5	元	贵坑口山价洋，分来
九月十三	粮局	谷	66	斤	
九月十四	永发	谷	38	斤	陞祀利谷

---

① 《徽州千年契约文书：清·民国编》卷 16《光绪二十五年祁门胡廷卿立〈收支总登〉》，第 491、第 496 页。

② 《徽州千年契约文书：清·民国编》卷 17《光绪二十六年祁门胡廷卿立〈收支总登〉》，第 47 页、第 82、第 143、第 69 页。

③ 《徽州千年契约文书：清·民国编》卷 14，第 92、第 179、第 242、第 482 页；第 15 卷，第 67 页；第 18 卷，第 10 页。

续表

日期	来源	种类	数量	单位	性质
九月十四	洪梅松	谷	8	斤	银秀坞口，陞祀利谷
九月十五	常丰粮局	谷	30	斤	扣亥钱 300 文
九月十七		占谷	8	秤	分来，合丘谷
十月初四	常丰粮局	米	6	升	讨谷米
十一月廿二	常丰粮局	谷	15	斤	分来
十一月廿二	常丰粮局	谷	168.5	斤	
腊月廿一	常丰粮局	米	10.2	升	
腊月廿一	庆余粮局	米	19	升	

资料来源：据《徽州千年契约文书：清・民国编》卷 15，第 2、第 21、第 33、第 34、第 36、第 41、第 46 页统计。

光绪十四年，胡廷卿从常丰粮局、庆余粮局及陞祀等宗族组织获得稻谷（含占谷）合 153.43 秤、米 35.2 升、洋 0.5 元。按前述每谷 1 秤出米 8 升的比率，稻谷可折算为大米 1227.44 升。按照光绪十四年账簿 20 次洋、钱换算的记载，笔者统计后取其平均数，折算率为洋 1 元等于铜钱 1244 文[①]，0.5 元换成铜钱为 622 文。又据“(光绪十四年）三月初四，支米十九升，加戽桶，每石一百零五升半。支米十二升，三三”[②]的记载，可知当年米价为 33 文一升，0.5 元可以买到大米 18.8 升。因此，这一年胡廷卿从村内各类组织获得的谷米收入以大米表示为 1281.44 升，按成年人一日一升的口粮标准计算，五口之家可够近八个半月食用，其数量不算少。

胡廷卿土地收入异常增多的年份，与他作为首人管理长丰、庆余两个粮局的年份大体一致。这不仅意味着轮充首人背后的丰厚利益，同时表明

① 《徽州千年契约文书：清・民国编》卷 14《光绪十四年祁门胡廷卿立〈进出总登〉》，第 493–500 页；卷 15《光绪十四年祁门胡廷卿立〈进出总登〉》，第 1–70 页。

② 《徽州千年契约文书：清・民国编》卷 15《光绪十四年祁门胡廷卿立〈进出总登〉》，第 2 页。

这些宗族粮食机构在乡村民众生活中的重要意义。

（二）茶叶收入

祁门种植茶叶的历史可追溯至唐代，唐代张途所撰《祁门县新修阊门溪记》一文[①]即反映出唐代祁门茶叶种植以及买卖盛况。据邹怡研究，在徽州六县中，中部的休宁和西部的婺源、祁门三县精茶产量较多，其中尤以婺源为最多，祁门县位列第三[②]。在祁门县内部，产茶区主要集中于西乡、南乡和东乡，总体上呈现出“西南多、东北少”的特点[③]。至晚清，因红茶试制成功，祁门茶业更加兴盛，茶叶收入不仅成为民众经济来源的一部分，亦是政府进行公共建设的重要资金来源。同治年间，知县周溶重修祁门县各坛庙宫观，大多是依靠茶厘和盐厘收入才得以完成的[④]。由此可见，祁门县每年的茶厘定然数目不菲，给当地社会的发展带来了重要影响。那么茶叶对于胡廷卿而言又具有怎样的意义呢?

第二次鸦片战争后，清政府被迫开放镇江、九江和汉口三个沿江城市，从此外国势力沿长江进入内地，九江和汉口成为沿江中外贸易的中心城市，亦成为祁门茶商的活动聚集地[⑤]。此时，由于绿茶滞销，贵溪人胡元龙受到自福建退职的黟县人余干臣启发，于光绪四年在贵溪开办日顺茶厂，试制红茶，取得成功。据胡元龙之父胡上祥立于光绪十七年的分家文书记载：“戊寅（光绪四年——笔者注），祁南红茶本号开创，至丙戌，已历九载。

① 〔清〕董诰等编：《全唐文》卷802《祁门县重修阊门溪记》，中华书局1983年版，第871页。

② 邹怡：《徽州六县的茶叶栽培与茶业分布》，第177页。有关徽州茶业的研究，成果颇为丰富，可参见康健《茶业经济与社会变迁——以晚清民国时期的祁门县为中心》前言，安徽师范大学硕士学位论文，2011年。

③ 康健：《茶业经济与社会变迁——以晚清民国时期的祁门县为中心》，第24–25页。

④ 详见同治《祁门县志》卷9《坛庙》，《中国方志丛书》华中地方第240号，成文出版有限公司2007年版，第285–291页。

⑤ 相关研究可参见陈慈玉《近代中国茶叶之发展》，中国人民大学出版社2013年版；［美］罗威廉：《汉口：一个中国城市的商业与社会》，江溶、鲁西奇译，中国人民大学出版社2005年版；王振忠：《徽州日记所见汉口茶商的社会生活——徽州文书抄本〈日知其所无〉笺证》，复旦大学文物与博物馆学、系复旦大学文化遗产研究中心编：《文化遗产研究集刊》第2辑，上海古籍出版社2001年版。

不意元龙随手支用，无知妄作，好行小慧（惠）。丙戌，九江卖茶失机，号内加作三班，我全不识。”[①]这段记载表明，祁门红茶的销售区域主要是在九江，但汉口的茶叶需求量大、价格高于九江，因此亦有部分红茶分销于汉口。据编纂于光绪二十三年的《时务通考》记载：“论茶叶一事，据英商天裕行所报情形，谓本年宁州头春红茶，在华历四月间即经华商运到九江，径行送往汉口者比平常之好茶较美，其最上之宁州茶，系专售与俄商，而俄商亦愿出价争相购买，每担给价八十两至八十八两之数，后到之祁门茶色，味稍逊于宁州，然其上等者若在本口出售，价值平平，及运至汉口，其价便高，有俄商愿出每担七十两之值。从前，此等祁门茶，俄商并无人过问，而本年则竟置买三四成之谱，此亦意料所不及者也。”[②]这里指的应该是光绪二十三年前一两年的情形，说明祁门红茶在当时的国际市场上占有一席之地，其质量虽不如江西宁州红茶，但在汉口由于俄国茶商的需求量大，价格亦不低。

胡元龙创制红茶赴九江、汉口出售获得成功，且红茶利润丰厚，市场畅销，引起同村人群效仿，胡廷卿亦不例外。他于光绪十一年购买第一块名为汪郎冲的茶萪地，在随后的十几年间不计菜园和种山股权，先后购买了六块茶萪地，与承祖分来的祠背后山一起共计七块[③]。虽然总体面积不大，但从光绪十一年开始，他专列茶叶账簿记录每年的茶叶收入细账，这说明茶叶收入已成为他的主要收入来源之一[④]。

统计胡廷卿的茶叶收入非常困难，主要原因是数据处理不易。第一，涉及前文提及的各种货币间的换算关系。本洋一般指西班牙银元，英洋指墨西哥鹰洋，二者在民间流通时购买力并不相同，从胡廷卿的记载来看，本洋要高于英洋。如光绪十八年账簿中有“（四月）十六，支钱五百三十六

---

① 该文书现藏于贵溪村胡松龄先生处，承蒙惠允使用，特此致谢。

② 〔清〕杞庐主人编纂：《时务通考》卷17《商务·茶叶·九江》，光绪二十三年（1897）点石斋石印本。

③ 《徽州千年契约文书：清·民国编》卷15《光绪十七年祁门胡廷卿立春茶总登》，第449页。

④ 有关胡廷卿茶叶收入与国际市场的关系，可参见马勇虎、李琳琦《晚清乡村秀才的多重角色与多样收入——清光绪年间徽州乡村秀才胡廷卿收支账簿研究》。

文，付细五师共英洋八元，扣本洋六元四角，一二六（本洋价——笔者注）。作十五人派，茂开未取”[①]的记载。据此可以推算出该年本洋与英洋的换算比率是本洋 1 元等于英洋 1.25 元。有关英洋与制钱的折算比率，王玉坤认为“光绪七年（1881 年）至民国元年（1912 年），当地‘英洋’兑换‘制钱’的比率维持在 1∶1000~1∶1400，为统计之便，洋钱折兑取均值 1∶1200”[②]。但是，胡廷卿账簿中直至光绪十四年才出现英洋的记载[③]，在此之前谈不上英洋与制钱的换算，而此后英洋与制钱的比率也不在此范围内。据笔者统计，在光绪二十二年时，英洋与钱的比价即开始下降，胡廷卿在该年共有 38 次换钱的行为，第一次是在正月十二，在其堂兄兆瑞的店中（瑞记）用本洋换钱 1300 文，而二月初一在一名叫“长春担”的售货郎处用英洋换钱 1045 文，到了四月初二其三弟秋福还英洋 1 元时，已经只能换算成 980 文了[④]。在其后的 8 年中，则很少超过 1000 文，只是至光绪三十二年（1906 年）后，比率才再次跃出 1000 以上（见表 4）。

表 4　光绪七年至民国元年洋、钱比率及米价表（缺光绪二十三年）

年份	洋、钱比率		米价（1升/文）	年份	洋、钱比率		米价（1升/文）
	本洋	英洋			本洋	英洋	
光绪七年	1202	—	36	光绪二十四年	—	945	38
光绪八年	1263	—	28	光绪二十五年	—	976	34
光绪九年	1274	—	33	光绪二十六年	—	995	38

① 《徽州千年契约文书：清・民国编》卷 15《光绪十七年祁门胡廷卿立〈收支总登〉》，第 326 页。

② 王玉坤：《近代徽州塾师胡廷卿的家庭生计》，《安庆师范学院学报》2015 年第 3 期，第 103 页注释①。此外，马勇虎等则是按 1∶1100 折算，见前揭《晚清乡村秀才的多重角色与多样收入——清光绪年间徽州乡村秀才胡廷卿收支账簿研究》，《安徽史学》2018 年第 3 期，第 152 页。

③ 《徽州千年契约文书：清・民国编》卷 14《光绪十四年祁门胡廷卿立〈进出总登〉》：“收东山书院乡试费英洋四元。又收仝茶厘英洋一元。”（第 28 页）

④ 三次换钱记载分别见于《徽州千年契约文书：清・民国编》卷 14《光绪二十二年祁门胡廷卿立〈进出总登〉》，第 184、第 187、第 196 页。

续表

年份	洋、钱比率		米价（1升/文）	年份	洋、钱比率		米价（1升/文）
	本洋	英洋			本洋	英洋	
光绪十年	1290	—	30	光绪二十七年	—	1027	48
光绪十一年	1254	—	30	光绪二十八年	—	979	50
光绪十二年	1238	—	30	光绪二十九年	—	932	50
光绪十三年	1244	—	33	光绪三十年	—	882	30
光绪十四年	1244	—	33	光绪三十一年	—	937	30
光绪十五年	1264	—	28	光绪三十二年	—	1119	45
光绪十六年	1302	1020	28	光绪三十三年	—	1092	54
光绪十七年	1287	—	26	光绪三十四年	—	1172	50
光绪十八年	1288	1023	28	宣统元年	—	1315	52
光绪十九年	1275	940	35	宣统二年	—	1315	68
光绪二十年	1274	1086	30	宣统三年	—	1281	72
光绪二十一年	1272	1046	30	民国元年	—	1302	70
光绪二十二年	1259	989	32				

注：表中各年数字为胡廷卿账簿中当年所有记录的平均数。

第二，胡廷卿茶叶账簿中记载的所售茶叶有三类，即红茶、枝茶和茶草；一年中有春夏两次采茶季节，春季所采之茶称为春茶，夏季则称作子茶。春茶一般皆制作成红茶全部用于销售，子茶一般做成枝茶或洋茶，洋茶全部自用，而枝茶多用作销售。茶草即采摘下来的鲜叶，有时也会直接出售，笔者将其折算为红茶的数量加以统计（详见下文）。在统计过程中，如果不对此加以注意，很容易出现错误。

第三，胡廷卿茶叶账簿中记录各类茶叶的重量单位并不相同。一般而言，多为十六两一斤，但有时在计算洋茶或枝茶时会采用十八两秤（详见下文）。对此如果不能准确地换算，也会出现误差。

在细致梳理账簿记载的基础上，笔者统计出胡廷卿的茶叶收入，并将结果按照当年的银钱比率和大米价格换算成可购得大米的数量（见表 5），足以见茶叶收入在实际生活中的意义。表 5 的统计自光绪八年（1882 年）始，至光绪三十年（1904 年）止（中间缺九、十两年）。

笔者的统计结果与已有研究有所不同。下面以胡廷卿光绪八年的茶叶收入为例，详细说明笔者的计算方法（见表 6）。

光绪八年胡廷卿尚未购买其他茶萪地，仅有承祖分来的小弯、后山和黄土块三块茶萪地，因此出茶数量不多。胡廷卿一家从本年三月初七开山采茶，至五月十八整个采茶季节结束，前后两月有余。在记载中，胡廷卿做过五次总结，分别是三月十二、三月十五、三月十八、四月廿三及五月十八。前三次是对红茶的总结，但不包括三月初七所出售的 3 斤茶草和五月所产的 6 斤红茶；后两次是对洋茶的总结，除买金生 1 斤外，自己所产洋茶 6 斤 9 两，为十八两秤，与红茶的十六两秤不同。其中，三月十三日 3 斤 15 两洋茶中，包含了从花嫂处购买的 2 斤 12 两茶草（费用为制钱 76 文）。因此，胡廷卿全年茶叶收入为：茶草 3 斤 12 两（钱 252 文，扣洋 0.22 元）、红茶 18 斤 15 两（十六两秤，本洋 2.887 元，钱 984 文，茶厘 252 文），洋茶 6 斤 9 两（内买花嫂茶草 2 斤 12 两，扣钱 76 文）。如果将三月初七的茶草（3.75 斤）折算成红茶（按 3.88 茶草 ≈1 斤红茶算）约 0.97 斤，最后的结果则为红茶 19.9075 斤，售得本洋约 3.886 元，本年红茶均价为每斤约 0.195 元。通过核算，胡廷卿该年茶叶毛收入为：制钱 252（茶草）+ 984（红茶）–76（花嫂）=1160 文，本洋 2.887 元，总共合制钱 4806.281 文，可购大米 171.65 升；洋茶 6.5 斤（含花嫂茶草所产洋茶数）。全年计收茶叶总量为 26.4025 斤。

表 5　光绪八至三十年　胡廷卿茶叶收入简表（缺光绪九、十年）

年份	红茶（斤）	红茶所售洋数		枝茶（斤）	枝茶所售钱数（文）	洋（绿）茶（斤）	总铜钱数量（文）	可购米数量（升）	资料来源	
		本洋［元］	英洋［元］						卷	页
八年	19.9075	3.886				6.5	4806.3	171.65	14	56-58
十一年	36.25	8				4.75	10032	334.4	14	322
十二年	35	11.2				6	13865.6	462.2	14	322
十三年	51.125	8.22				10.125	10225.7	309.9	14	322
十四年	30	5.31		2.5	兑东川	7.25	6605.6	200.2	14	322
十五年	44.875，另存茶 3 斤	11.726				3（大斤）	14821.7	529.3	14	322
十六年	46.625，另存茶 1.625 斤	8.034				15.22（18 两）	10460.3	373.6	14	322
十七年	43.5	9.135				13.1875	11756.8	452.2	15	452
十八年	65.625	9.844		1.8125	164	17.25	12843.1	458.7	15	453
十九年	53.75	15.013				6	19141.6	546.9	15	453
二十年	48	8.013				17.5	10208.6	340.3	15	453
二十一年	83.75（内 3 斤 2 两未售）	15.006		8	1173	17	20260.6	675.4	15	435-445
二十二年	88		16.426	5.4375	621	19.625	16866.3	527.1	16	295
二十三年	84.6875		21.049			9.75	20354.4	581.6	16	295
二十四年	102.6875		25.598	不详	1076		25266.2	664.9	16	314-324

续表

年份	红茶（斤）	红茶所售洋数		枝茶（斤）	枝茶所售钱数（文）	洋（绿）茶（斤）	总铜钱数量（文）	可购米数量（升）	资料来源	
		本洋［元］	英洋［元］						卷	页
二十五年	111.25		32.689+1（售茶草）	3.3125	478	19	33358.5	981.1	17	284
二十六年	109.8125		25.305			15.25	25178.5	662.6	17	284
二十七年	105.75		25.83			18.5	26527.4	552.7	17	284
二十八年	95.75		23.05			21.75	22566	451.3	17	284
二十九年	93.6875		30.011	2.75	兑东川	13.75	27970.3	559.4	17	284
三十年	90.1875		24.283	19.875		18.5（18两）	21417.6	713.9	18	285

注：表中“卷”“页”指《徽州千年契约文书：清·民国编》的卷数和页码。

表 6　光绪八年胡廷卿茶叶收入详表

茶季	日期	茶园	茶草数		出茶数			售茶收入及价格			备注	材料来源（页）
			斤	两	种类	斤	两	钱（文）	洋［元］	价格［元］		
春茶	三月初七	小弯	3	12				252		—	开山，出称 3 斤	56
春茶	三月十二	小弯、黄土块	12	—	红茶	2	3	—	0.55	—	除 3.5 斤未做	56
春茶	三月十二	后山	5		红茶	1	15	—	0.5	0.26	—	56
春茶	三月十三	后山	9	8	红茶	2	15	—	0.71	0.29	—	56
春茶	三月十四	小弯、黄土块	3	8	红茶			—			—	56
春茶	三月十四	小弯	4	15	红茶	1	5	—	0.2	0.232	—	56
春茶	三月	十二至十五过，共出			红茶	8	6		2.06			57
春茶	三月十七	小弯、黄土块	13	—	红茶	3	7	—	0.627	—	四店做	57
春茶	三月十八	后山	4.5	—	红茶	1	2	—	0.2	—	四店做	57
春茶	三月十八	小弯	5.5	—	洋茶	1	7	—	—	—	存	57
春茶	三月	以上共售得洋二元八角八分七厘							2.887		又厘钱二百五十二，作洋二角二分，茶草	57
春茶	三月廿三	小山、后山、黄土块	12	—	洋茶	3	15	—	—	—	存。内买花嫂茶草 2 斤 12 两，扣钱 66	57
子茶	四月三十	—	—	—	红茶	2	5	380	—	0.165	—	58
子茶	五月初一	—	—	—	红茶	2	12	454	—	0.165	—	58
子茶	五月初八	—	—	—	红茶	—	15	150	—	0.16	—	58
子茶	五月十八	—	—	—	洋茶	1	3	—	—	—	又买金生洋茶 1 斤，计钱 132	58

注：表中材料来源“页”是《徽州千年契约文书：清·民国编》第 14 卷的页码。

（三）土地效益

胡廷卿土地的米谷收入多为租谷，因此其效益无法讨论，笔者仅就其茶萪地的效益进行初步探讨。

根据邹怡对徽州茶叶生产的细致研究，茶叶生产历经栽培、翻耕、施肥、采摘、初制、精制等阶段[①]。在这几个环节中，茶叶在幼苗栽培之后，一般 10 年到 15 年不会重栽，而翻耕、施肥、采摘和初制每年都会进行，精制这一环节则基本与胡廷卿无关。茶叶从栽培到初制，中间需要雇佣人力完成；同时，制茶需用木炭和木柴，这些费用皆需计算在内。然而，由于账簿记载的限制，有些费用无法确知是否直接与茶叶生产相关。如胡廷卿账簿几乎每年都有购买木柴的记载，且随着茶萪地面积的扩大，木柴的购买量也随之增加，但所购木柴是否全部用于烘制茶叶，则并不完全清楚。因此，下面笔者仅根据对光绪二十四年相关记载，对茶叶生产的成本加以初步估计，以求对茶萪地的经济效益做一简单讨论。

光绪二十四年（1898 年）三月廿四日，胡廷卿花费英洋 1 元 5 角，从金和处购买了尚义祀处于背后山枫树坦的茶萪地一备，但购买的仅仅是租佃权，每年还需向尚义祀缴纳租金制钱 46 文[②]。由于购买茶萪地所需费用不菲，且属于一次性投入，其费用需分摊于各年中。但因无法确知适用的年限而无法计算。为便于讨论，将这一部分费用省去不计。通过对光绪二十四年的《收支总登》记载，笔者将该年用于茶叶种植、制作的费用，加以统计并列表如表 7 所示。

表 7　光绪二十四年胡廷卿的茶业投入

开支项目	支付种类	数量
柴	英洋	2 元
	钱	1174 文
	米	77.2 升
	豆	1 升

① 邹怡：《明清以来的徽州茶业与地方社会》，复旦大学出版社 2012 年版。

② 《徽州千年契约文书：清·民国编》卷 16《光绪二十四年祁门胡廷卿立〈收支总登〉》，第 313 页。

续表

开支项目	支付种类	数量
工	英洋	2元
	米	4.1升
	钱	2475文
	亥	1斤
	亥油	1斤
地租	钱	46文
厘金	钱	125文
总计钱7931文，米约81.3升，二者共计米约289.4升		

注：本表数字不计胡廷卿购买茶萪地费用；豆1斤=36文，亥1斤=120文，亥油1斤≈175文。

资料来源：《徽州千年契约文书：清·民国编》卷16《光绪二十四年祁门胡廷卿立〈收支总登〉》。

胡廷卿在支付柴钱和工人工资时，支付方式有英洋、制钱、大米、黄豆以及猪肉和猪油，但以英洋和制钱为主。经过换算，光绪二十四年，胡廷卿投入茶叶生产的资本为大米289.4升，加上购买茶萪地的支出，他在茶业上的投资共约300升大米。同年胡廷卿茶叶收入为大米约664.9升（见表5），据此，胡廷卿茶叶盈利为大米364.9升，获利率约为54.88%，获利较高。因此，茶业对当地民众而言，经济意义十分重要。

余　论

据刘和惠、汪庆元研究，"明清时期徽州的土地占有者主要是中小地主。根据徽州遗留下来的大量明清有关土地的文书契约资料，可分为四种类型，即经营地主、绅衿地主、商人地主和宗族公堂地主"[①]。前三类地主所占土地为私人经营，第四类则为共同经营。在传统研究中，地主是一种与自耕农、

① 刘和惠、汪庆元：《徽州土地关系》，安徽人民出版社2005年版，第45页。

佃农相对立的群体，从阶级划分的角度，属于剥削阶级中的地主阶级。然而，就本文所探讨的胡廷卿而言，实际情况要复杂得多。

首先，从身份来看，胡廷卿的终身职业是一名塾师，兼营土地，又间或经营大米和制茶生意，他的两个儿子在成年后皆开设店铺从事商业经营，而他在光绪十四年（1888 年）又获得生员的头衔。胡廷卿所拥有的土地，来自族分或祖分和购买，来自族分或祖分的土地大多为宗族共有，一般出租给他人以收取稻谷或与人合伙经营林木；而购买的土地大多为茶萪地，用于栽植茶树，出售茶叶，直接获取资金。其妻、儿皆从事农事劳作，有时他本人也会参与。因此，胡廷卿既可以说是经营地主，又可以说是绅衿地主，也可以说是商人地主，其身份具有综合性，很难用一种身份加以指称。笔者相信，这在徽州是一种普遍现象。

其次，从他对土地的经营来看，公堂占有的共有土地中，山地是自身与别人共同经营树木（即合坌），田地用来出租，而自己购买的土地皆种植茶树，出卖茶叶。这一经营模式与徽州当地的地理环境和社会状况密切相关。徽州多山，有“七山半水半分田，二分道路和庄园”①之说，而祁门更是“九山半水半分田，包括道路和田园”②。这一土地状况决定了祁门民众对土地的经营方式。胡兆量在 20 世纪 50 年代初对徽州地区进行调查后认为：“山区生产是徽州专区人民经济收入的重要部分。山区产品是本区贸易的大宗，在全国都占有重要地位。本区经济商品性强，贸易额大，人民生活水平较高等特点，也都与山区生产有直接关系。”③

茶叶和林木是徽州地区的大宗产品，必须出售方能换回可供食用的粮食。要出售这些经济产品需要广阔的市场。明清时期徽商遍布国内各地，将徽州本土所产林业产品输至全国各个市场。这样，徽州虽地处皖南群山之中，但却与全国有着密切的联系，即如明末金声所言：“新安不幸土瘠地狭，能以生业著于土者什不获一，其势必不能坐而家食，故其足迹常遍天下。天下有不幸遭受虔刘之处，则新安人必与俱。以故十年来天下大半残，

① 参见《徽州地区交通志》编委会编：《徽州地区交通志》，黄山书社 1996 年版，第 3 页。

② 祁门县地方志编纂委员会办公室编：《祁门县志·概述》，安徽人民出版社 1990 年版，第 1 页。

③ 胡兆量：《徽州专区经济地理调查报告》，《教学与研究》1955 年第 2 期，第 26 页。

新安亦大半残。”[①]至晚清时期，徽商实力虽大不如前，但商业传统依然如故，从事商业的徽人仍数量众多。据刘道胜、凌桂萍对光绪年间祁门县南乡十五都一图《保甲册》的统计，该册中371户主户，标明“贸易”者有90户，约占总户数的24.3%，而“务农”者24户，仅占总户数的6.5%[②]。由此可见晚清时期徽人经商的比例仍然很高。祁门的山林经济中，茶叶处于重要地位。晚清时期，在国际市场对红茶大量需求的背景下，胡廷卿受本村人胡元龙改制红茶的影响，将大部分茶草制作成红茶出售给当地的茶庄、茶号。随着对茶业的不断投入，他获得的土地收入也与年俱增，经济状况不断改善。综合而言，茶萪地的获益率高达50%，这与将土地出租或出典的形式相比收益要丰厚得多[③]。

此外，胡廷卿作为一名乡村塾师，虽然也是传统上所称的地主，但占有的土地并不多，且地块十分零碎。正如章有义所总结的那样，徽州的地权较为分散，地主占有的土地仅为总田地数量的百分之十几，有百分之八九十的土地保留在农民手中，远不像江南的苏州那样地主与佃农数量对比悬殊[④]。他在这里说的是晚明的情形，徽州后来虽有地权集中的趋势，但仍应不能与其他地区相比。在华东军政委员会土地改革委员会1952年编写出版的《安徽省农村调查》中，有委员会对歙县、祁门和绩溪三个村庄的各阶级土地占有状况的调查，从中可以看出三县情况略有差别，地主所占田地百分比依次为63.2%、46.1%和33.5%，且祁门县的钟秀村两座祠堂还占有90亩的田地，占所有土地的13.8%[⑤]。由此说明，即便在徽州内部，以宗族组织所占有的共有土地在祁门县具有重要的意义，胡廷卿的情况恰好

① 〔明〕金声：《金正希先生文集辑略九卷》卷8《建阳令黄侯生祠碑记》，《四库禁毁书丛刊》第50册，北京出版社1997年版，第616页上。

② 刘道胜、凌桂萍：《晚清祁门县保甲设置与村落社会——以〈光绪祁门县保甲册〉为中心》表5，《安徽大学学报（哲学社会科学版）》2014年第4期，第117页。

③ 汪崇筼：《清代徽州土地与商业投资回报率的比较》，《清史研究》2006年第1期。

④ 章有义：《明清徽州地权分配状况的蠡测》，收入氏著《明清徽州土地关系研究》，中国社会科学出版社1984年版，第9页。

⑤ 华东军政委员会土地改革委员会：《安徽省农村调查》第一部分《徽州专区农村情况概述》，内部资料，1952年印，第32–34页。

符合这一特征。因此，在徽州地区，胡廷卿这类人群在土地来源、收入及效益方面的经营模式有着自身的特殊性，如何将这一特殊性与全国范围内的普遍性结合起来研究，还需要研究者细心辨别。

民国时期修志经费研究

——以江都县为中心

刘 猛*

安徽大学徽学研究中心

【摘要】修志经费是关乎方志纂修活动成功与否的重要问题。民国时期，方志纂修活动颇为频繁，为了保证修志活动的顺利进行，地方政府、士绅等积极参与，多方筹集经费，形成一定意义上的修志经费使用和管理办法。作为呈送县署的《江都续修县志局造送收支清册》反映了当时的修志经费收支状况，颇具研究价值。

【关键词】纂修；经费；收支

充足的修志经费是方志纂修活动得以顺利进行的重要保障，方志的经费问题涉及一部方志从筹备、采访、纂修，直至最终成稿、刊印等整个过程。因此，对修志经费问题的研究，不仅有助于了解当时方志纂修活动的实际状况，而且还可以大大推动方志学研究的深入发展。目前，学术界对修志经费课题的研究虽已有部分成果涉及，但是相对于方志学理论、旧志整理、新志编纂等方面的研究来说，其相关论著的数量依然较少，部分领

* 作者简介：刘猛，历史学博士，安徽大学徽学研究中心讲师。本文在撰写过程中，复旦大学历史系巴兆祥教授、日本御茶之水女子大学岸本美绪教授、日本庆应义塾大学山本英史教授和湖南大学岳麓书院谢一峰博士，均提供了宝贵的修改意见，谨致谢忱！本文得到2015—2016年度国家留学基金资助，特此致谢！

域的研究尚不够深入，不少课题的研究尚待进一步深入发掘与开拓。[①]美国哈佛大学哈佛燕京图书馆藏有《江都续修县志局造送收支清册》一种，颇具研究价值，将之与《申报》等文献资料相结合，或可成为研究这一课题的重要突破口。[②]

《江都续修县志局造送收支清册》（以下简称《清册》），民国写本，为江都县（今扬州市）续修县志局向江都县署汇报的修志经费收支清册，主要记录了民国十年（1921 年）一月至十月期间江都县续修县志局在县志纂修过程中的经费收支状况。[③]

---

① 相关研究成果有：单辉：《关于民国时期方志经费支出的几点启示》，《黑龙江史志》1995 年第 3 期；［美］戴思哲：《明代方志出版中的财务问题》，陈玮译，何朝晖审校，《浙江大学学报（人文社会科学版）》2011 年第 1 期；刘正刚、李贝贝：《清代广东志书编纂经费来源研究》，《中国地方志》2011 年第 9 期；张英聘：《明代南直隶方志研究》，社会科学文献出版社 2005 年版；张安东：《清代安徽方志研究》，黄山书社 2012 年版；等等。

② 江都县，即今扬州市江都区，下文不再赘述。

③《江都续修县志局造送收支清册》已收入《美国哈佛大学哈佛燕京图书馆藏民国文献丛刊》第 44 册，广西师范大学出版社 2010 年版。江都、甘泉于民国时期所纂修的县志，稿本、刊本皆存。稿本现藏台北“国家图书馆”。稿本《江都续志、甘泉续志》不分卷，共 68 册，索书号为 210.2 03375。资料来源：http：//aleweb.ncl.edu.tw/F/PMGMCQK3G6RDP4KR4RQ79GRQCYSM231FX2UQUNU4B6557I6MEK-17935?func=findb&request=%E6%B1%9F%E9%83%BD%E7%BB%AD%E5%BF%97&find_code=WTI&adjacent=Y&local_base=&filter_code_1=WLN&filter_request_1=&filter_code_2=WYR&filter_request_2=&filter_code_3=WYR&filter_request_3=&filter_code_4=WMY&filter_request_4=&filter_code_5=WSL&filter_request_5=&x=30&y=5，2017 年 10 月 28 日检索。哈佛燕京图书馆另藏有民国《江都县续志稿钞》一册，抄本。资料来源：http：//hollis.harvard.edu/primo_library/libweb/action/display.do?tabs=detailsTab&ct=display&fn=search&doc=HVD_ALEPH010111112&indx=1&recIds=HVD_ALEPH010111112&recIdxs=0&elementId=0&renderMode=poppedOut&displayMode=full&frbrVersion=&frbg=&&vl（51615747UI0）=any&dscnt=0&vl（1UIStartWith0）=contains&scp.scps=scope%3A%28HVD_FGDC%29%2Cscope%3A%28HVD%29%2Cscope%3A%28HVD_VIA%29&tb=t&vid=HVD&mode=Basic&srt=rank&tab=books&vl（394521272UI1）=all_items&dum=true&vl（freeText0）=%E6%B1%9F%E9%83%BD%E5%8E%BF%E7%BB%AD%E5%BF%97%E7%A8%BF&dstmp=1509169690009，2017 年 10 月 28 日检索。另，本文引用《江都续修县志局造送收支清册》的相关内容，后只用引号标识，不再另行出注。

一

《江都续修县志》于民国六年（1917 年）始修，民国十三年完成，民国十五年刊印，整个县志的修志活动经历了长达近十年的时间才得以最终完成。

民国六年 7 月，江都县士绅周寔纯等“发起重修《江都县志》，禀请官厅立案”。[①] 同年 10 月，江都县绅郑斗南、钱瑞生等再次发出倡议续修《江都县志》。[②] 为了筹备修志事宜，同年 10 月 28 日午后，江都县知事和乡绅等相关人员“假图书馆楼上开会”，讨论纂修县志的相关事宜，“是日到会四十余人，由主席周光熊知事报告宗旨，继由发起人钱瑞生演说，谓县志自光绪三年经胡加石修纂后，距今四十余年，从未修纂。次又报告筹备经过事略，谓所需经费约三万元，已筹有端倪”。在此次筹备修志的联合会议上，与会人员对县志续修的经费、纂修方法、主撰人员、采访员等问题进行了讨论。最终确定此次县志的纂修活动，以盐运使为督修，县知事为监修；钱瑞生为修志局事务主任，郑斗南、凌仁山为副主任，每年公费一百元；桂邦杰为总纂修，月薪资八十元；副纂修为郭仲英，月薪资六十元。采访员共计二十二人，按照十学区分配城区四人，每月领公费十二元。名誉采访员则由各区自主推举。萧宝熙等为驻局办事员。此次会议最终还决定，其余有关县志的志例、志目及一切手续等诸多内容，尚需另寻时机开会议决。[③]

“修志之举，手续繁难，经费浩大”，[④] 为保证方志纂修活动的顺利进行，各级机构采取多种途径筹措资金，保证充足的修志经费。经费筹集工作是江都县志局早期开展的重要活动之一。1917 年，在县志续修筹备之初，即决定将其“所需经费除盐款筹拨外，不敷尚巨，复在财政厅请款。兹闻财

① 《申报》第一万五千九百七十四号，1917 年 8 月 4 日，第 7 版。

②③ 《申报》第一万六千零六十二号，1917 年 10 月 31 日，第 7 版。

④ 《申报》第一万五千八百五十九号，1917 年 4 月 11 日，第 7 版。

政厅已饬周知事，将上忙每两带征银九分，以三年为限”，①在随后召开的筹备会议中，再次讨论了县志续修的经费问题。会议上汇报了筹集县志经费的相关情况，并说“所需经费约三万元，已筹有端倪”。随着县志纂修活动的逐步展开，江都县修志经费的筹集工作也逐渐得到落实。

根据《清册》记载，此次续修县志的经费主要来源于县署带征地芦屯志捐和场、食、运商志捐等。

县署带征地芦屯志捐是此次续修县志最主要的经费来源，主要指县署在“漕忙税款项下，每两带征银九分（按：江都漕忙综计八万余元），除去荒歉，每年约五千余元，已经财政厅批准，以三年为限”。随着修志活动的进行，此项费用也多次续展。②1921年，在县志续修工作尚未完成、经费依然无着的情况下，王闻长随即向财政局请示续展带征志费，云“前以续纂县志，未能订期告成，呈请财政厅续展忙漕带征一年，以资挹注”，随后得到财政局的批准，并“经王知事转知志局查照”。③

以漕忙带征的形式来筹集修志经费，在民国时期其他地区的修志活动中也较为常见。1917年，纂修《华娄县志》所需的修志经费，“照前清光绪四年带征修志经费之成案，于本年下忙起每亩带征洋五厘，以三年为率。按松江全县田亩总数，核计三年约可带征洋一万四千余元”。④松江在修志期间，于1917年“议于田亩税上随忙带征五厘，作为修志经费”，⑤1918年度于下忙内带征，要求于“每亩五厘之修志经费，因受虫灾影响，收数无几，故未缴解。兹因志局需款孔亟，一再备文催领，由知事于十九下午条谕东西两柜经征员，限令即日照数解交，以资拨济”。⑥

场、运、食商志捐，则主要是对两淮盐场下场商、运商、食商等盐引的抽提部分：“在场商重盐内，每引抽提四文（淮南北每年预计约五十万引），可得二千串。在运商运盐内，每引提拨四文，每年亦得二千串。在食

① 《申报》第一万五千九百七十四号，1917年8月4日，第7版。

② 《申报》第一万六千零六十二号，1917年10月31日，第7版。

③ 《申报》第一万七千五百十八号，1921年11月27日，第12版。

④ 《申报》第一万五千八百六十号，1917年4月12日，第7版。

⑤ 《申报》第一万五千九百十七号，1917年6月8日，第7版。

⑥ 《申报》第一万六千一百四十三号，1918年1月21日，第7版。

岸内，每引亦拨四文（各食岸计十四属），每年可得四百千文。”最终，修志人员等一致决议，此次江都县修志活动，“三年即可修纂告成，其经费除以上预计外，如有不敷，再向各大绅商捐助”。[①]

县志经费的筹集工作展开以后，江都县署和两淮盐运使都曾积极号召，甚至饬令两淮盐场中的场商、运商、食商积极捐助：“前以邑绅钱瑞生发起兴修《江都县志》，经费浩繁，通饬场、运、食三商按引捐输补助进行。业据通泰场商公恒茂等，内河外江食商公宝丰等，先后禀认，每引捐助四文”，在运商等尚未响应的情况下，两淮盐运使又于该月“十八日令行该运商等，量力捐助，刻日据实禀复，以成县志云”。[②]1917 年，江都县士绅周寔纯等因为缺乏修志经费，再次向两淮盐运使署陈请，请求能够“在淮南北及四岸商号内，按引抽捐，拨充经费，刘司长已饬场运局核议”。[③]

从现存《清册》中记载的修志经费可以看出，县署带征地芦屯志捐和场、食、运商志捐对县志的续修工作产生了重要的影响。现根据《清册》中所记载的 1921 年修志经费收入情况制作表 1，其中相关内容的记载，即可看作修志经费收入比较典型的代表。

表 1　1921 年 1—10 月县志局收入一览表[④]

单位：元

月份	场食商志捐	带征地芦屯杂志捐	县署预付志捐	旧志书价	合计
1	172.25				172.25
2	163.872	1429.824			1593.696
3	108.74	875.464			984.204
4	177.573	266.472			444.045
5	163.335	253.378			416.713
6	210.474	329			539.474
7	184.22		500		684.22

① 《申报》第一万六千零六十二号，1917 年 10 月 31 日，第 7 版。

② 《申报》第一万六千二百五十六号，1918 年 5 月 21 日，第 7 版。

③ 《申报》第一万五千八百九十四号，1917 年 5 月 16 日，第 7 版。

④ 场、食商为本月收上月志捐，地芦屯为县署带征之民国九年志捐。

续表

月份	场食商志捐	带征地芦屯杂志捐	县署预付志捐	旧志书价	合计
8	152.617				152.617
9	43.912	27.074		3.7	74.686
10	43.092	800.661			843.753
合计	1420.085	3981.873	500	3.7	5905.658

表 1 中，1921 年前十个月的经费收入基本上是按照江都县此前商定的方式进行筹集。一部分由县署带征漕忙税款，一部分由场、食商的盐引中抽提。场食商 1—10 月志捐总共 1420.085 元，占经费总收入的 24.05%；县署带征的地芦屯杂志捐共 3981.873 元，占经费总收入的 67.43%；7 月县署预付志捐 500 元（10 月由县志局返还给县署），占经费总收入的 8.47%；9 月的旧志书价仅得 3.7 元，占经费总收入的 0.05%。场、食、商志捐与县署带征地芦屯志捐，成为这一时期县志续修工作所需经费的最主要来源之一，亦是县志续修经费筹集工作依靠的主要对象。

除此之外，在修志经费没有及时拨付的情况下，为应付一时之需，也会向钱店或个人借款。例如，江都县曾因修志经费短缺，不得不“函请场运局转向钱店挪借二千元济用，现闻晋康、德余等五钱庄公同筹借一千元，于一日函复场运局，转知县志局查照矣”。[①]

二

民国《江都续修县志》纂修活动，前后经历了长达近十年的时间才得以全部完成，持续时间较长。在整个修志期间，相关任务的分配也不尽相同，“初为采访期，继为纂修期，又继为审订期，为校刊期”。[②] 在县志的整个纂修过程中，无论采访、纂修、审订，还是对志稿的校刊等活动，都需

① 《申报》第一万六千六百二十六号，1919 年 6 月 3 日，第 8 版。

② 钱祥保：《江都县续志序》，民国《江都县续志》卷首，民国十五年（1926年）刻本，第一页下，国家图书馆藏。

要不少的经费支出。笔者根据《清册》中1921年4月修志经费的使用情况制作表2，从中可以看出在此期间修志经费主要的支出情况，可视为这一时期修志经费使用的典型代表。

表2　1921年4月县志局支出一览表[①]

单位：元

费用名	大洋［元］	钱（文）	合计［元］
薪资	341		
纂修费	120		
采访调查	10		
抄录费	53.29		
刻印费	100		
局役费	21		
招待费		360	
交通费		960	
其他费用	7	6725	
合计	652.29	8045（5.436元）	657.726

民国时期江都县续修县志的经费支出主要包括修志人员的待遇、方志纂修费用和其他杂费等，其中县志纂修的费用和修志人员的待遇两部分支出，是其最主要的开支。

修志人员的待遇是修志经费支出的重要方面。在江都县的修志活动中，待遇主要包括支付给县志局代总理、襄理、文牍、总纂、协纂、收支、核对、书记、临时书记等的薪水、伙食费等。在修志的筹备过程中，江都县就对纂修人员的基本薪资做了详细的规定。例如，在1917年10月28日召开的会议上，即“举定钱瑞生为修志局事务主任，郑斗南、凌仁山为副主任（每年公费一百元），总纂修桂邦杰月领薪资八十元，副纂修郭仲英月领薪资六十元。采访员计二十二人，按照十学区分配，城区四人，每月领公

① 根据清册具体内容的推算，每1480文约折合大洋1元。

费十二元”。①

支付给代总理、襄理、总纂、协纂、分纂等人员的费用有一定的标准，较为固定。代总理、襄理是按季发放。例如，在1921年度发放给代总理陈懋森、襄理郑斗南、襄理凌鸿寿三人的夫马费，则按照春季、夏季支付，均为大洋25元。而支付给总纂、协纂、分纂等的费用，则基本是按月发放。1921年度支付给总纂桂邦杰、协纂郭钟琦、文牍萧宝熙、收支秦荣甲、核对张扬芬等的费用，则按月发放，分别为80元、60元、12元、12元、8元。除此之外，上述每人还有3元的伙食费。这类费用的开支在江都县续修县志局的经费支出中占有很大的比重。正如表2中所列，1921年4月江都县志局的待遇费用就高达341元，占了这个月总花费的52.28%。

江都县续修县志局所筹集的资金主要用于方志的纂修活动，包括支付给纂修人员的纂修费用，也包括为纂修方志而产生的审订费、采访调查费、抄录资料费、方志刻印费、纸张费等。

此次修志工作“由采访而纂修，而审订，而校刊”，②因此，在修志过程中纂修志稿、采访、审订、抄录、校刊等费用占了不少的比重。例如，1921年1月就有支付给分纂李根云审定修洋50元、分纂陈赐卿审定修洋50元、分纂倪筠瑞《河渠志》二卷修洋80元、分纂程善之《兵防志》一卷修洋40元。2月有支付分纂包受百订旧二卷修洋60元，分纂倪筠瑞《河渠志》一卷修洋40元，李伯樵江《江（都）、甘（泉）选举》《甘泉职官表》三卷修洋60元。3月支付分纂焦傅臣《实业考》三卷修洋90元。6月支付分纂徐庆孙《河渠志》修洋50元。7月支付分纂陈赐卿《艺文志》一卷修洋40元、分纂焦傅臣《实业考》一卷修洋30元，8月支付分纂叶贻榖《新自治考》一卷、《自治表》二卷修洋70元。9月支付分纂钱瑞生《甘泉民赋考》二卷修洋80元、分纂程善之《地理志》二卷修洋80元。志书每一卷内容都有专门的纂修人员编纂，这均与《江都县续修县志·凡例》

① 《申报》第一万六千零六十二号，1917年10月31日，第7版。

② 赵邦彦：《江都县续志序》，民国《江都县续志》卷首，民国十五年（1926年）刻本，第一页下，国家图书馆藏。

中提到的“全书系出众手”[①]的记载相吻合。

在修志的过程中，资料搜集、调查工作是非常重要的内容之一。根据志书凡例所载，“是编所采，不出档案官书，而时际沧桑，类多散佚，且有为旧闻所未备者，故亦以私家著作及采访所得为据，如地理、河渠等志皆是”。[②]因此，县志续修的实地采访、调查工作十分重要，其需要使用的经费同样不菲。例如，在2月就有支付徐庆孙水利调查费洋4元。3月也有支付徐庆孙水利调查费洋4元、周芷芗水利调查费洋10元。3月更有支付周芷芗调查水利并图说洋10元。5月支付周芷芗调查河渠费洋4元。6月支付河渠调查费洋3元。9月支付徐庆孙调查水利费洋35元。10月支付王承露北湖调查费洋40元、水利调查费洋7元。

查找和抄写资料，尤其是敦请地方官署代抄史料等活动，其中相关经费的支出亦属不少。例如，3月就支付给姚体仁代查盐运使职官表洋3元、李伯樵代抄万寿司职官表洋2元、方召棠代抄案卷洋8元。5月付给李伯樵代抄瓜洲、上官司职官表洋3元、运署抄案费洋4元。6月支付运署抄案费洋3元、抄写府县学名宦乡贤牌次洋3元又钱310文、抄甘泉交代各卷洋8元、抄甘泉杂捐各案洋5元、泰县代抄豁免案6元、抄江都二三十年大丈案洋8元、抄盐务缉私各案洋4元。9月支付运署抄案费洋3元、兴化县署代抄案件洋8元。

正如表2所示，4月的修志活动中共用去调查费、抄录费等283.29元，占当月总支出的43.43%，仅次于江都县志局修志人员的待遇费用。

修志过程中杂费的支出，包括县志局的局役、厨役、招待费、交通费、节赏等，还有一些非常规性的支出。在江都续修县志局正式设立以后，即雇用了局役、厨役等服务人员，为志局的日常活动提供必要的服务。例如，在当年1—10月九支出有局役王堃工食洋8元、局役刘升工食洋6元、厨役刘二工食洋3元、局夫许贵工食洋4元。此外，每月还需支付给旌忠寺

① 民国《江都县续志》卷首《凡例》，民国十五年（1926年）刻本，第二页下，国家图书馆藏。

② 民国《江都县续志》卷首《凡例》，民国十五年（1926年）刻本，第一页下，国家图书馆藏。

房租洋 6 元。

招待费也是江都县续修县志局的支出项之一。例如，2 月就有茶水钱 1680 文、茶叶钱 880 文、来客点心钱 520 文。此外，又有县志局阴历除夕酒饭添菜杂用洋 4 元又 468 文，新正开局酒饭添菜各费洋 13 元又小洋 0.8 元。笔墨、印色洋油、茶火炭基、表芯纸洋火、车轿钱、面糊、邮差、地保等杂用，也是县志局主要的经常性杂项支出。

除上述内容之外，江都县续修县志局还有一些非常规性的支出。例如，1 月购买《国民快览》，用去钱 400 文。2 月有陶幼蟾于佟英霖任上的志捐手数料 65.078 元、王闻长任上志捐手数料 22.518 元、陶幼蟾补缴六年份三柜志捐手数料 1.6 元。2 月又有赏银数种，分别是场运食商事务所公仆年赏洋 2 元、县署公仆年赏洋 4 元、赏场运食商事务所公文差小洋 2 角、赏场运食商事务所号房小洋 4 角、赏县署公文差小洋 4 角、赏县署号房小洋 4 角。8 月支付旌忠寺功德钱 300 文。

在 1917 年 10 月 28 日召开的会议上，曾决定将“一切用途于的款未收到时，由商会先垫”。[①]在《江都续修县志局造送收支清册》中记载 8 月便提备归还开办各绅垫洋共 900 元。7 月中的县署预付志捐 500 元，在 10 月由县志局便很快返还给县署。10 月中襄理郑斗南去世，县志局便送去奠敬洋 10 元。以上均是江都县修志经费使用的非常规支出。

三

民国时期的修志活动颇为特殊，其在传统方志纂修活动的基础上出现了一些颇具特色的转折。民国时期修志经费的收支、管理等制度，作为整个修志活动的重要组成部分，其中的许多经验和教训均值得今天的方志纂修机构及其工作人员借鉴和反思：

第一，经费筹措主体。修志经费是方志纂修活动的重要保障，影响一部志书纂修的整个过程，各级政府部门尤其是主管职能部门等要对方志经费问题有充分的认识和重视。

---

① 《申报》第一万六千零六十二号，1917 年 10 月 31 日，第 7 版。

以江都县为例，在筹备之初对经费问题比较重视，县志局早期工作之一便是筹措资金。1917 年，在县志续修的筹备之初，即决定将其“所需经费除盐款筹拨外，不敷尚巨，复在财政厅请款。兹闻财政厅已饬周知事，将上忙每两带征银九分，以三年为限”，[①]在随后的会议中，与会人员对修志经费进行讨论，并汇报了筹集经费的情况。民国时期，其他的地区对修志经费同样十分关注。例如，在《致各县县政府函》中，安徽通志馆要求各县重视修志的经费问题，“近复呈准省政府令行各县，确定省志采访经费，大县年筹六百元，中县五百元，小县四百元，就原有县地方公款内按季匀拨，以供采访纸笔邮旅各费所需，若以月计，大县不过五十元，中县四十元，小县三十元有奇耳。各县地方公款，虽曰赢绌有差，似此为数极微，谅亦轻而易举，且中央促修省志之明文，固已兼及县志，诚经此一度采访，不独省志之编纂有所据依，即将来县志之纂修，亦收事半功倍之效”。[②]同一时期，在《华娄县志》的纂修过程中，县署也发挥了重要的作用。此次纂修所需“经费估计约二万余元，碍难于公款内拨济，故由李知事拟定随忙带征，较为便捷。兹因事关增民负担，未便擅自进行，特由县署邀请合邑绅董并所属各机关主任及各自治委员，准本月十日下午在署开会，征求带征修志经费之同意，俟全体赞成后，即行呈请省长核准开办”，为筹集经费，县署十分重视，邀集多方人士参与讨论。[③]1917 年 4 月 10 日，李知事随即“邀请耿、雷、王、谢诸绅及所属各机关主任，二十四市乡自治委员到县会议，先由知事报告开会宗旨，并请将应需经费筹措，旋经到会之三十九人全体表决”，再次以集体会议的形式，讨论了修志经费的筹集问题。[④]此次会议基本确定了修志经费的征集方式，随后“由县转详省署核夺，现县署已奉到省长批令，略谓修志一事，关系一邑文献，所请随忙带征修志费等情，自应照准。惟于县议会回复后，须交会核议云云。县署奉批后以交会核议一层，是否先行修志，然后请求县会追认，抑须由县会决议后，

① 《申报》第一万五千九百七十四号，1917 年 8 月 4 日，第 7 版。

② 安徽通志馆文书股编：《安徽通志馆第二次报告书》，民国二十二年（1933 年）铅印本，第 19-20 页。

③ 《申报》第一万五千八百五十九号，1917 年 4 月 11 日，第 7 版。

④ 《申报》第一万五千八百六十号，1917 年 4 月 12 日，第 7 版。

再行举办。其间虽有疑议，遂由县署第三科主任顾稼轩分函本邑绅士征集意见，以资决定”。① 到1918年，因“志局需款孔亟，一再备文催领，由知事于十九下午条谕东西两柜经征员，限令即日照数解交，以资拨济”。② 县署对此高度重视，在修志经费筹集过程中发挥了重要的作用。

地方士绅和普通民众等对修志经费问题亦颇为关注。江都县的修志工作多次中断后，地方士绅“以为一邑掌故，所关至巨，因公呈大府，请就忙银项下带征。经费不足，则由淮南鹾商集捐益之”，才使得工作得以开展。③ 松江续修县志，亦由当地士绅发起，并“议于田亩税上随忙带征五厘，作为修志经费，已于上月由县转详省署核夺”。④

在江都县修志过程中，经费多次缺少和中断，修志工作几近中挫，正是包括政府、士绅和基层民众的通力合作，才使得县志的纂修活动得以顺利完成。因此，在纂修方志的过程中，各级机构要高度重视经费问题，要十分主动关心和支持修志及其经费的筹集工作，保证修志工作的顺利开展。

第二，经费筹措方式。“修志之举，手续繁难，经费浩大，现在筹备之起点，须从筹费著手”，⑤ 各级机构尤其是主管机构要采取多种途径筹措资金，保证经费的充足。民国时期的修志经费为多方筹集，其来源颇为广泛。正如1927年，热河道提及修志经费时认为，修志“应需经费，由县知事会同法团、绅商士民，公同筹募，专款存储，呈报备案”。⑥ 地方士绅、基层民众等关注修志活动，多方筹措修志经费。

政府财政拨付是民国时期修志经费的来源之一。例如，奉天通志馆的经费皆由财政厅拨付。1929年，在已拨付现大洋五千元的情况下，志馆申请再次拨付，因为“库款正值支绌，当经酌发半年数，现大洋

①④ 《申报》第一万五千九百十七号，1917年6月8日，第7版。

② 《申报》第一万六千一百四十三号，1918年1月21日，第7版。

③ 钱祥保：《江都县续志序》，民国《江都县续志》卷首，民国十五年（1926年）刻本，第一页上，国家图书馆藏。

⑤ 《申报》第一万五千八百五十九号，1917年4月11日，第7版。

⑥ 辽宁省档案馆选编：《编修地方志档案选编》，辽沈书社1983年版，第31-32页。

一万六千七百元，合奉天大洋三十九万九千四百零八元三角三分”。[①]同一时期，锦西县“因经费支绌，以至中途延搁。知事到任伊始，当以此项要政亟应举办，兹由地方公款处拨款奉大洋千元暂先佃（垫）补，重新筹办”。[②]1929年5月，赤峰县“因地方贫困，无款可筹，拟请由财政所地方款项下开支，以资捷便”。[③]1930年8月，热河省令“筹款办法，各县财政状况不一，应由各县查酌情形赶速设法筹划，呈请财政厅核示遵行。其未筹妥之先，似可先由县地方款内暂行挪垫”。[④]

田亩摊派是民国时期修志经费的来源之一。陈澹然在谈到筹措修志经费时说，“筹款之法，莫如田亩附加”。[⑤]又如，1929年，承德县因“地方财政拮据异常，警学各款之亏欠，尚属无法可资筹补，是以此项修志经费，舍由地亩摊付而外，实无其他妥善方法可资筹集”，[⑥]可见，地亩摊派已成为修志经费筹集最妥善的办法。江都县在“漕忙税款项下，每两带征银九分（按：江都漕忙综计八万余元）”。[⑦]安徽省进一步要求，应在“各县田赋按照百分之一带征，大县额征十万以上者可征得一千元，中下之县年可得数百元，每县额设三人，以本县附加之款支配，本县采访员办公费用，尚属相当”。[⑧]松江则是按照“前清光绪四年带征修志经费之成案，于本年下忙起每亩带征洋五厘，以三年为率，按松江全县田亩总数核计，三年约可带征洋一万四千余元”，[⑨]并“拟呈于本月十号送县核转，兹闻县署已准所请，为之具详省署，一俟省署批回后，即当于本年上忙开征时开始带征”。[⑩]清原县因地方无余款可资，不得不“将筹款之法，改为按亩摊派不分等，则

① 辽宁省档案馆选编：《编修地方志档案选编》，辽沈书社1983年版，第144页。

② 辽宁省档案馆选编：《编修地方志档案选编》，辽沈书社1983年版，第252页。

③ 辽宁省档案馆选编：《编修地方志档案选编》，辽沈书社1983年版，第256页。

④ 辽宁省档案馆选编：《编修地方志档案选编》，辽沈书社1983年版，第36–37页。

⑤ 陈澹然：《新拟安徽通志局章》，民国十四年（1925年）铅印本，第20页。

⑥ 辽宁省档案馆选编：《编修地方志档案选编》，辽沈书社1983年版，第263–264页。

⑦ 《申报》第一万六千零六十二号，1917年10月31日，第7版。

⑧ 安徽通志馆文书股编：《安徽通志馆第一次报告书》，民国二十年（1931年）铅印本，第18–19页。

⑨ 《申报》第一万五千八百六十号，1917年4月12日，第7版。

⑩ 《申报》第一万五千八百九十二号，1917年5月14日，第7版。

每亩征收修志费奉大洋一角，不及一亩者免收。统计全县五十余万亩，计可收奉大洋五万余元，核现洋二千余元，撙节开销，或可敷用”。[①]

商人缴纳志捐是民国时期修志经费的重要来源之一。1917 年江都县在筹备修志之初，即决定“在场商重盐内，每引抽提四文（淮南北每年预计约五十万引），可得二千串。在运商运盐内，每引提拨四文，每年亦得二千串。在食岸内，每引亦拨四文（各食岸计十四属），每年可得四百千文”，并认为县志的续修工作“三年即可修纂告成，其经费除以上预计外，如有不敷，再向各大绅商捐助”。[②] 到 1921 年 6 月，“各商缴纳引捐：通泰、济南各场商，上月份（五月）运盐七万一百六十一引，内河外江各食商共运盐九千三十引，每引捐助江都修志四文，计三百十六千七百六十四文。鄂湘西三岸运商计运五万四千一百四十四引二包，按引缴纳江都警费六分，计银三千二百四十八两六钱，统经各承收机关解场运食商事务所，分别转解”。[③] 盐运使等随后便“通饬场、运、食三商，按引捐输补助进行。业据通泰场商公恒茂等，内河外江食商公宝丰等，先后禀认，每引捐助四文”，在运商尚未响应的情况下，两淮盐运使于“十八日令行该运商等，量力捐助，刻日据实禀复，以成县志”。[④]

其他形式的个人捐助亦是民国时期修志经费的来源之一。1929 年，承德县的修志经费“实系地方法团暨绅商大户等自动摊付，与增加捐税之案，情形不同”。[⑤]1934 年，鄞县的修志活动“由旅沪巨商姜炳生君独出巨资，延聘慈溪陈屺怀君任总编纂，马涯民、蔡芝卿二君任编纂”，其经费“除稿费部分已由姜炳生君担认外，尚须另筹印刷费五万元，拟即就文献备录送稿各家，请其分别认缴，期于集腋成裘”。[⑥]1936 年，宁国县纂修县志时，其修志经费出现了短缺，因得邑人杨啸天所捐巨资，县志续修活动才得以

① 辽宁省档案馆选编：《编修地方志档案选编》，辽沈书社 1983 年版，第 253 页。

② 《申报》第一万六千零六十二号，1917 年 10 月 31 日，第 7 版。

③ 《申报》第一万七千三百六十号，1921 年 6 月 22 日，第 8 版。

④ 《申报》第一万六千二百五十六号，1918 年 5 月 21 日，第 7 版。

⑤ 辽宁省档案馆选编：《编修地方志档案选编》，辽沈书社 1983 年版，第 263 页。

⑥ 《申报》第二万二千一百十四号，1934 年 11 月 11 日，第 12 版。

进行。[①]安徽省在纂修通志时，认为“皖北军界为多，皖南远商尤众，其势皆可劝捐，他如石埭虽称瘠县，绅富皆远去其乡，此等全赖有司先邀在籍绅商妥筹办法，多刊捐册，声明专修县志，不准移挪。捐款之人，刊名志内。不论有无官爵，以捐金多寡为刊名后先，特捐巨款，再由知事函告省局，转函省署，特行褒奖，以为世劝”。[②]

为保证县志纂修工作的顺利展开，有时又不得不借钱，“江都修志局前因经费支绌，函请场运局转向钱店挪借二千元济用，现闻晋康、德余等五钱庄公同筹借一千元，于一日函复场运局，转知县志局查照”。[③]

民国时期修志的经费主要由政府部门负责筹措，或由政府财政拨付，或由土地漕忙代征，或由商人捐输，或以其他形式的志捐展开，地方士绅、基层民众对修志经费也颇为关注，时有捐资。修志经费的筹措渠道多种多样，多种渠道并用，保证方志纂修活动的顺利进行。

第三，经费管理制度。在方志纂修的活动中，要建立完善的修志机构及其管理制度，从而确保方志纂修工作的顺利开展。方志的经费同样如此，必须建立严格的经费使用制度，严格管理，不得私自挪用和贪污。

以江都县为例，县志筹备之初，江都县即决定成立修志领导机构——江都续修县志局，并设立了以钱瑞生为修志局事务主任，郑斗南、凌仁山为副主任，总纂修桂邦，副纂修郭仲英为主的纂修班底。修志局的日常事务，也配有专人管理。同时，还设有收支、核对、书记、临时书记等工作人员，按时支付固定的薪水、修志费、伙食费等。[④]在修志经费的收支等方面，志局建立了较为严格的经费管理制度，并受到江都县署的监督与管理，同时在县志局的章程中予以规定。《江都续修县志局造送收支清册》记载曰：“案照本局详定章程第八条内载，本局各员薪修暨各支款，均就预算额限内核定支销，其有变更及不敷者，得声明缘由，于预算总额内酌定之，并将每月收支各款报请县公署核销，揭示本局等。”从中可以看出，每个月的收

① 《申报》第二万二千八百零八号，1936年10月29日，第13版。

② 陈澹然：《新拟安徽通志局章》，民国十四年（1925）铅印本，第20页。

③ 《申报》第一万六千六百二十六号，1919年6月3日，第8版。

④ 《申报》第一万六千零六十二号，1917年10月31日，第7版。

支情况，县志局都要分别造具四柱清册，上呈江都县署核查。例如，在一月的呈文中说，“兹届应行造报十年一月分（份）收支各款之期，理合造册函请钧署察核备案，并照章揭示本局，俾众周知。尚祈查照施行，此致江都县知事王”。由此说明县志局经费的收入、使用等情况，确实是受到县署的监督。而本文所谈论的《江都续修县志局造送收支清册》，正是县志局向江都县署呈送收支清册的实物遗存。在同一时期，1929 年丰宁县将修志各项薪费的开支数目，造具清册，呈送省府，以便查核。[①] 经棚县在创修县志告成的情况下，缮录正本并造具收支经费清册，呈送热河县民政厅。其经费的收支情况为：“总计自民国十六年十月起至十八年四月二十三日止，收入二成五粮捐大洋一千八百二十一元九角四分六厘，除去开支十个月经费暨津贴纂修大洋共计一千六百六十六元，尚存大洋一百五十五元九角四分六厘，如数移交新任徐县长接收，悉数作为印刷经费。如果将来印价不敷，仍由续收二成五粮捐照数拨补。除呈报热河省政府查核外，所有科长康清源独力创修县志，应否再予奖叙，理合缮录正本连同收支经费清册，一并备文呈请钧厅鉴核施行。”[②]

民国时期的修志经费，一般来说“不得移作他用”，[③] 但在实际的运作过程中，修志费用却往往会被挪为他用。例如，1922 年，因扬州水灾倾圮桥梁，桥工募款艰难，“拟将带征修志经费，接征一、二年，足敷桥用为度，征款应归款产处收管，一俟工竣，即行取销”。[④] 1924 年，江苏第七届省教育行政会议议决，将修志经费改作教育费。[⑤] 因此，修志经费必须专款专用，建立严格的修志经费管理和使用办法，严防挪用，只有这样才能够保证修志活动的顺利展开。

民国时期为纂修方志，建立一定程度上的修志机构及其管理制度。各级政府机构、地方士绅与基层民众，对修志经费的问题均十分重视，力图采取多种措施扩大经费来源，并对修志经费的使用等方面，进行较为有效

① 辽宁省档案馆选编：《编修地方志档案选编》，辽沈书社 1983 年版，第 260 页。

② 辽宁省档案馆选编：《编修地方志档案选编》，辽沈书社 1983 年版，第 255 页。

③④ 《申报》第一万七千八百五十三号，1922 年 11 月 4 日，第 10 版。

⑤ 《申报》第一万八千三百三十三号，1924 年 3 月 25 日，第 10 版。

的管理，成为民国时期方志纂修活动得以顺利进行和志书质量的重要支撑。因此，民国时期修志过程中修志经费收支、管理制度等方面的经验和教训，是新方志纂修活动中值得借鉴的重要内容，有待进一步深入挖掘与研究。

抗战时期省营企业性质分析*

卢征良**

西南民族大学旅游与历史文化学院

【摘要】抗战时期大后方许多省份涌现出了一种新的企业经营模式——省营企业公司，其资金总量在当时国民经济中占有非常重要的份额，为开发省地方经济、加强不同省区物质调节、统一经营省内企业等方面做出了较大贡献。省营企业公司与完全的国营企业在财政基础、投资主体、经营主体、经营范围及发展结局等方面存在较大差异。因此，从学术研究角度出发，探讨省营企业性质，不仅有利于深化近代中国企业史研究，而且能更好地认识近代中国社会经济发展状况。

【关键词】抗战时期；省营企业公司；国营企业；性质

1937年抗日战争（以下简称“抗战”）爆发后，大后方许多省份出现

---

* 基金项目：本文系国家社科基金后期资助项目《抗战时期大后方省营企业公司研究》（19FZSB013）的阶段性成果。

** 作者简介：卢征良，西南民族大学旅游与历史文化学院副教授。

了一种新的企业经营模式——省营企业公司[①]，其资金总量在当时的国民经济中占有非常重要的份额。截止到 1942 年，贵州、云南、四川、西康、广西、广东、福建、江西、湖南、湖北、陕西、甘肃、宁夏、山西、山东及安徽 16 省份已经筹设或创立此种公司组织，“超出我国省份半数以上，且在各该省之比重逐渐成为事业之中心”，“无论在省抑或在国内的新兴经济事业中，均不得不占到一个特殊重要的地位”。[②] 民国时期学者伍连炎也指出，省营企业公司“随着民族独立战争的开展而兴起”，“自由区各省，不论前线与后方，几普遍建立，计有……十七个单位组织，统计资本总额逾六万万元”，“经营事业，包括工矿、农林、贸易等部门，其中投资最大的是工业，所设冶炼、机械、化学、纺织、面粉、酒精、陶瓷、炼油、火柴、制革、制糖等达五百余单位”，成为“自由大地中经济抗战的生力军，民族

① 关于省营企业公司研究，学界主要关注点在以下几个方面：第一，省营企业个案研究，如莫子刚《贵州企业公司研究》（贵州人民出版社 2005 年版）、曾修伦《浅论贵州企业公司在抗战时期贵州开发中的作用》（《贵州档案》1991 年第 4 期）、孔玲《贵州企业公司述论》（《贵州文史丛刊》1994 年第 2 期）、刘延生《贵州企业股份有限公司略论》（《贵州档案史料》2002 年第 1 期）、何长凤《抗战时期吴鼎昌创办贵州企业公司的思想和实践》（《贵州社会科学》2000 年第 4 期）、傅宏《贵州的股份制：从青溪铁厂到企业公司》（《贵州社会科学》2003 年第 6 期）等，这些专著（论文）从各个方面对贵州企业公司的发展状况进行了研究；另外，景占魁的《阎锡山与西北实业公司》（山西经济出版社 1991 年版）与《阎锡山的“西北实业公司”》（《晋阳学刊》1980 年第 2 期）等对西北实业公司的创立、发展进行了研究；高远《抗战时期大后方省营企业公司经营活动研究——以川康兴业公司为例》（《社会科学家》2007 年第 4 期）则主要介绍了川康兴业公司的投资活动。第二，从统制经营的角度进行研究，如卢征良《20 世纪 30 年代广东省营企业统制经营问题研究》（《民国档案》2017 年第 1 期）。第三，从省营企业资本的角度进行研究，如台北中研院刘素芬《国民政府时期国家资本金融企业的发展》（《近代中国》2008 年第 1 期），景占魁、孔繁珠《阎锡山官僚资本研究》（山西经济出版社 1993 年版）等。第四，从省营企业公司内部治理的角度，如卢征良《抗战时期大后方省营企业的股权结构与内部权力分配问题》（《民国研究》2017 年春季号，总第 31 辑），刘琼芳、鲁克亮《抗战大后方省营川康兴业公司制度特征研究》（《西南农业大学学报》（社会科学版）2013 年第 12 期）。第五，抗战时期省区企业公司的制度特征，如张忠民《略论抗战时期内地省区企业公司的制度特征》（《上海经济研究》2004 年第 9 期）等。从上述研究成果看，目前学界对省营企业公司进行个案研究相对较丰富，而对省营企业公司性质方面的研究较欠缺。

② 《资源委员会公报》第2卷第2期，转引自吴太昌、武力等《中国国家资本的历史分析》，中国社会科学出版社 2012 年版，第 233 页。

企业中的中坚部队”。[①]

从表1中可以看到，抗战时期省营企业公司的发展有两个特点：一是地域分布广：省营企业组织或筹备机构遍设于贵州、云南、四川、西康、广西、广东、福建、江西、湖南、湖北、陕西、甘肃、宁夏、山西、山东及安徽16省份，[②]各省省营工厂总计达141家。[③]；二是资本总额巨大：从表1“资本额”一栏可以看到，抗战时期省营企业公司总资本达到542000000元，民国时期学者伍连炎则认为省营企业公司的资本总额当有610000000元，如果算上苏、豫、晋、宁四省企业公司的资本，那么全国省营企业公司的资本总额当在700000000元以上。[④]根据当时经济统计，1941年大后方全国工业资本总额约计16万万元，那么省营企业公司资本总额（以最保守的资本数542000000元来估算）约占大后方工业资本总额的34.5%，从其比率可以看到省营企业公司工业资本在大后方工业资本中占有的重要地位。[⑤]

省营企业公司诞生后，社会各界人士对其属性就有不同的看法。贵州企业公司总经理彭湖认为其是一种新兴的经济组织形式，他认为“省单位企业”无论是从表面看还是从内容方面来说，其制度建设“可谓新颖而进步”,“在抗战建国同时并进，敌人谋我益急之今日，各省力图开发生产之建设工作，实无可非议之处。”[⑥]伍连炎认为无论从形式与内容观察，省营企业公司都是“战时有力的新型经济组织”，是“后方独一无二的足以配合中枢执行国家经济建设政策的经济机构，其地位与任务至为重要”。[⑦]但也有与之相反的观点，如川康兴业公司开始筹办时，当时重庆《商务日报》在其社论中就认为，在事实上，川康兴业公司“虽非完全属于国营，而亦近

①④⑤⑦ 伍连炎：《论省营企业公司的发展与经济建设的实现》,《广西企业季刊》1944年第2卷第1期。

② 陈真：《中国近代工业史资料（第三辑）》，三联书店1961年版，第1171页。

③ 陈真：《中国近代工业史资料（第三辑）》，三联书店1961年版，第1156页。

⑥ 《贵州企业公司成立三周年纪念特刊》。转引自贵州省档案馆编：《贵州企业股份有限公司》，贵州人民出版社2003年版，第57页。

表 1　抗战时期后方省营企业公司情况统计

单位：千元（法币）

省政府投资情况	省营企业名称	成立时间	资本额	官股				商股		资本核定时间
				地方官股		中央官股				
				金额	比率（%）	金额	比率（%）	金额	比率（%）	
完全省政府投资（6家）	新记西北实业公司	1932.1	10000	10000	100	—	—	—	—	
	滇西企业公司	1939.9	20000	20000	100	—	—	—	—	1939
	陕西企业公司	1940.12	20000	20000	100	—	—	—	—	1940.12
	绥远企业公司	1941	5000	5000	100	—	—	—	—	1941
	广东企业公司 *	1941.9	40000	40000	100	—	—	—	—	1941.9
	福建企业公司 *	1940.7	15000	15000	100	—	—	—	—	1940.7
省政府投资大于（等于）50%（6家）	广西企业公司	1941.9	100000	67000	67	—	—	33000	33	1942.7
	浙江公营企业		80000	50000	62.5	30000	37.5	—	—	1942
	安徽企业公司	1940.7	10000	6000	60	2000	20	2000	20	1941.10
	湖北企业公司	1941.1	50000	30000	60	20000	40	—	—	1941.1
	湖南企业公司	1943.11	60000	30000	50	30000	50	—	—	1942
	西康企业公司	1942	12000	6000	50	6000	50	—	—	1942

续表

省政府投资情况	省营企业名称	成立时间	资本额	官股				商股		资本核定时间
				地方官股		中央官股				
				金额	比率（%）	金额	比率（%）	金额	比率（%）	
省政府投资小于50%（4家）	江西兴业公司	1940.12	30000	13000	43.3	17000	56.7	—	—	1942.12
	甘肃开发公司	1941.5	10000	2000	20	7000	70	1000	10	1941.12
	贵州企业公司	1939.3	10000	1230	12.3	8740	87.4	30	0.3	1940.6
	川康兴业公司	1942.3	70000	10000	14.3	36269.8	51.8	23730.2	33.9	1942.3
资本总计			542000	325230	60	157009.8	29	59760.2	11	

注：* 表示广东企业公司[①]和福建企业公司[②]原计划招收部分商股，但并未招到商股，两公司实际上为完全省政府投资。本表统计的公司为创办于抗战时期的各省企业公司。

资料来源：根据吴太昌、武力等著的《中国国家资本的历史分析》，中国社会科学出版社2012年版，第234-235页相关数据整理（有删改）。本表在核对史料的基础上，对部分被认为存在误差的数据进行了修订。

---

① 据邱汉强回忆："广东企业公司原亦系采取官商合营，惟始终并未公开招收商股……企业公司资金，始终全系省政府拨付。"（邱汉强：《抗战时的广东实（企）业公司》，载中国人民政治协商会议广东省广州市委员会文史资料研究委员会编：《广州文史资料》第十二辑，1964年版，第125-126页。）

② （福建）企业公司"股本一千五百万元，内公股一千万元，非公股五百万元。依照各公司章程之规定，公股均由福建省政府认定，非公股则由人民或法团投资，但非公股未招募足额时，得由福建省政府先垫，再行陆续招集之。……目前三公司全部资本，均已由省政府分别垫拨足额"。（陈如辉：《一年来之福建省营三公司》，载福建省档案馆、福建省汽车运输公司合编：《福建省公路运输史》（第一册），资料汇编（第一集），1984版，第112页），从该文相关表述可以看出，福建省营企业公司并未招到商股，其创办资金完全由省府垫资。

于完全国营”。[①] 可见，在当时学界、舆论界对省营企业公司的属性就存在分歧和争论。

这方面争论在当前学术界也有所表现。目前国内有些学者将省营企业公司纳入国营企业研究范畴，其推论的依据是无论省营企业公司还是国营企业，其本质上都属于政府出资创办，因此应纳入国营企业研究范畴。如张忠民认为，“国有”“公有”“国营”“公营”的企业都应该属于国有企业，因为它们都为政府所有，所不同的是一个是中央政府（国民政府，后同），另一个是地方政府，所以都应该属于国营企业。[②] 此种说法有很大的影响，因而很多学者在进行归类时，都将省营企业公司当作国营企业来看待。当代另一个企业史学者朱荫贵对此问题的表述与张忠民的看法不尽相同。首先，他认为“地方政府资本……成为国民党政府国家资本的一个重要组成部份”；其次，他又称，“在当时国民党政府的国家资本企业中，除中央各部委和资源委员会等国家资本系统外，各省营企业公司是最具重要意义，且相对完整和规模较大的另一层次国家资本主义体系”。[③] 按照朱荫贵教授的理解，省营企业公司属于“另一层次的国家资本主义体系”，它与典型的国营企业（中央各部委和资源委员会属国营企业）事实上存在着诸多方面差异，至于存在哪些差异，朱教授没有做进一步的解释。

---

① 《祝川康经济之二大成就》，《商务日报》1941 年 8 月 21 日。

② 张忠民指出：“在现存的历史资料中，对于20世纪50年代以前中国的国有企业有着不同的表述和称谓，其最通常的表述是‘国营事业’，或者‘国营企业’、‘公营事业’，另外尚有‘省营’、‘市营’、‘县营’等。具体而言，在现存的历史文献中，对于国民政府时期的国有企业以及国有资本投资，通常情况下被区分为中央政府及其机构所有和经营，以及省市政府所有和经营。前者在文献中一般称之为‘国有’、‘国营’，后者多称之为‘公有’、‘公营’，或‘省有’、‘省营’、‘市营’。……就我们现在的界定而言，我们认为，这些‘国有’、‘公有’、‘国营’、‘公营’的企业和资本，都应该属于国有企业以及国有资本的范畴。因为它们都为政府所有，所不同的只是一个是中央政府，另一个是地方政府。”（张忠民、朱婷：《南京国民政府时期的国有企业（1927—1949）》，上海财经大学出版社 2007 年版，第 7–8 页。）

③ 吴太昌、武力等：《中国国家资本的历史分析》，中国社会科学出版社2012年版，第235页。

如果将省营企业公司[①]看作国营企业，事实上会出现很多思维困境：第一，从资本属性来看，省营企业公司资本来源多元，包括中央政府资本、地方政府（省政府）资本和民间资本，而且有些省营企业公司（如西北企业公司、绥远企业公司、广东企业公司、福建企业公司和陕西企业公司等）完全由省政府投资，没有国家资本，把这些省营企业等同于国营企业明显不合适。第二，从企业发展过程及结局看，国民政府对省营企业公司的发展一直持谨慎支持态度，即使在省营企业公司发展的高峰期，国民政府对其发展也有所限制，而不是放任其发展；抗战后期，省营企业公司的发展日趋走向没落，甚至陷入破产状态；而与之相反，国营企业在中央政府支持下日渐壮大，为何会出现这种结果呢？很明显二者对于国民政府统治来说具有不同的存在价值。[②]因此，从本质上来说二者还是有诸多方面差异。那么二者差异表现在哪些方面呢？在近代企业史研究中省营企业该如何归类呢？本文梳理相关史料，从财政基础、投资主体、经营主体、经营范围及发展结局等方面比较省营企业与国营企业的差异，进而探讨省营企业性质。

一、财政基础不同

近代省营企业公司和国营企业的最大区别是二者属于不同的财政体

---

① 根据1940年国民政府颁布《特种股份有限公司条例》的规定，省营企业公司被认为属于特种股份有限公司。特种股份有限公司是指由政府机关组织，准许本国人民或外国人认股之股份有限公司。该种公司类型在制度设计上就是为了便于战时政府发起组织设立股份有限公司，同时也允许本国民营资本和外国资本参股其中（《立法院公报》1940年第107期）。省营企业公司资本构成改变了过去国营企业股份单一的特点，由中央官股、地方官股及民间股份三个部分组成，公股（包括地方官股和中央官股）表决权不受限制（1929年《公司法》从节制私人资本出发保护中小股东的利益出发，限制大股东的表决权，即每个股东表决权不得超过全体股东表决权1/5），公司的经营权掌握在省政府手里。

② 国民政府对于抗战时期省营企业公司的发展存在一种矛盾心理：既希望公司的发展能从经济上支持抗战，打破日本的经济封锁，又担心省营企业公司的发展会造成一种“省单位经济”的事实，进而形成省地方“经济割据”，甚而形成地方“军事割据”局面。

系[①]。1928—1941年，南京国民政府地方财政以省级财政为主体，各省财政独立，统筹统支，中央财政无权干涉省财政收入支出。[②]1942年是中央与地方财政关系的一个转折点，为了加强战时财政管理，国民政府将原来的三级财政体制改为国家（包括中央、省和院辖市）与自治（县财政）两大财政系统。省级财政收归中央，成为中央财政的一个单位，收支全部由中央支配。省级财政丧失了独立统筹调剂全省财政收支的权力，其最重要任务只是协助中央征收各税、发行国债，以及监督管理县级财政。县级财政成为独立的一级财政，但只保留一些分散、征收不便的零散小税，以及中央的部分税收分成。经过二级财政体系改制和国地收入重新划分，中央政府控制了国地财政关系的主体部分。[③]这次财政改革既增加了中央财政财力，也遏制了抗战前存在的地方财政独立问题。

战前省地方财政独立问题非常严重。20世纪30年代，一些省份如广东、山西、云南、四川等为了实现地方政治经济割据，不愿轻易交出军政财政大权。除了本省财政收入，它们还经常截留国家税收以充作军事割据资本，而中央政府对此却深感无能为力。如1929—1936年，主政广东的陈济棠截留了除关税收入外的其他一切国税，并利用这些财政收入来增强其军事实力，以维持其“南天王”的地位。陈济棠原来只统辖有3个师及1个旅，军队人数不到5万人，军费开支每年1000多万元；后来出于政治割据需要，他把陆军扩充到9个师及4个独立旅，军队总人数达到15万人，每年军费开支则由1200万元膨胀到5000多万元（未含海军、空军和兵工厂以及党

① 南京国民政府时期，国、地财政划分有三个阶段：一是三级制时期（1928—1941年），即中央财政、省财政、县财政，地方财政以省级为主体，县市财政处于从属地位；二是二级制时期（1941—1946年），全国财政分为国家财政和地方自治财政两级，在二级制下，省作为代表中央监督领导地方自治的虚级，与中央政府归于一体，而县市才是真正的自治单位；三是三级制时期（1946—1949年），财政收支系统分为中央、省（或院辖市）、县（或省辖市）三级。（引自杜恂诚：《民国时期中央与地方财政划分》，《中国社会科学》1998年第3期。）

② 张连红：《南京国民政府时期中央与地方财政收支结构的划分与实施》，载慈鸿飞、李天石主编，南京师大中国经济史研究所：《中国历史上的农业经济与社会》，兰州大学出版社2002年版，第466页。

③ 林枫：《也谈民国时期中央与地方财政的划分问题》，《中国经济问题》2001年第3期。

政费的支出）。[①]陈济棠曾对手下人吹嘘说："我现在是采取轻机重炮的方针，来装备着我们的部队。这些轻机重炮，一方面已经在外国陆续购买，以应急需；一方面可以自己仿造，以达到完善地装备部队的目的。"[②]

另一个地方军阀龙云在统治云南期间（1928—1945 年）为了增强省财政收入，也采取截留国家财政的方法。该省国家税收每年约 1500 万元（新滇币），实际上省财政每年仅向国家财政部盐务总局解缴中央盐税 12.72 万元（新滇币），其他所有税课悉数被截留并拨归省库，这种状况一直延续到 1940 年，后经中央与该省政府多次磋商后才最终解决税课截留问题。[③]这些被截留的税收最后流向哪里了呢？龙云利用这些截留的财政收入从国外大量购置军火，以维持其地方独立的军事实力。据估计，在龙云执掌云南政权的 17 年时间里，先后从法国、比利时、捷克购买了大量军火，并以之装备了 40 个团滇军，使滇军武器装备发生了翻天覆地的变化。

除了截留各种税收，战前这些地方政府还争相创办省营企业以获取高额利润。当时省营企业发展较强势省份有山西、广东、广西、四川等，它们在自己的辖区实行垄断经济，与民争利。中央政府对这种行为进行了严厉的批评，指摘其发展省营企业是一种"经济割据"行为，有酿成"政治割据"（这是国民政府强烈反对的）的倾向。抗战爆发后，各地方在名义上服从中央统治，但省财政在这个时期（1937—1941 年）却还处于独立状态，自收自支，中央政府无权干涉。而且当时正处于抗战危难时期，国民党中央政府财政举步维艰，无暇顾及地方建设，因此极力鼓励地方政府采取各种筹资方式创办企业，加强地方经济建设。这一时期省营企业公司在政策鼓励下获得飞速发展，先后有十几个省份创办了省营企业公司，总资本额超过 542000000 元，达到其发展的顶峰。可以说，省级财政独立是这一时

① 陈启著、陈坤中：《林云陔在三十年代前期广东实业建设中的建树》，广东省信宜县政协文史组：《信宜文史》，广东省信宜市政协文史委员会 1984 年版，第 118 页。

② 林扬永：《陈济棠在广东办实业的意图》，载中国人民政治协商会议广东省广州市委员会文史资料研究委员会编：《广州文史资料》第二辑，1961 年版，第 92 页。

③ 张连红：《南京国民政府时期中央与地方财政收支结构的划分与实施》，载慈鸿飞、李天石主编，南京师范大学中国经济史研究所：《中国历史上的农业经济与社会》，兰州大学出版社 2002 年版，第 468 页。

期省营企业公司获得迅猛发展的重要原因。

然而，1942 年国民政府的财政体系变革改变了这种局面。抗战爆发以后，重庆国民政府的军费开支浩大，国家需款迫切，不得不想办法增加税源。在 1941 年 6 月 16 日第三次全国财政会议及同年 8 月 2 日的中国国民党中央执行委员会第五届第八次全体会议上，国民政府决定自 1941 年度起，各省财政收支由中央接管。1941 年 11 月 8 日，国民政府公布《改订财政收支系统实施纲要》六项，其主要内容包括："全国财政收支分为国家财政与自治财政两系统"（第一项），"国家财政包含原属国家及省与行政院直辖市（除自治财政收支部分外）之一切收入支出"（第二项）。从此，省财政并入了国家财政，省政府失去征税权力，省财政自主权自此完全取消。取消省财政带来了一系列的问题：原来由省政府一手创办的省营企业该怎么处置呢？省营企业现在应该由谁来经营？其获得的利润应该上缴给谁？对于这些问题，国民政府明文规定：公营事业经营仍属于省政府职权以内的事情，中央无权禁止，但是其营业收入必须解缴国库，作为国家该年度的财政收入。[①] 也就是说，财政体制改革后，省政府对于省营企业公司只保留经营权，而无获取利润的权力。可以想象，公司利润获取权的丧失无疑沉重打击了省营企业公司的经营积极性，并在各个方面影响省营企业公司的发展轨迹。

---

① 施养成：《中国省行政制度》，上海人民出版社 2015 年版，第 294 页。有些企业公司的创立和国民政府财税制度改革直接相关，如广西企业公司和云南省企业局。1941 年蒋介石中央政府决定实行统一财政并废除省一级财政后，广西省政府主席黄旭初为了广西的经济上能够保持一个半独立状态，于是委托陈雄（当时任广西财政厅长）将广西省政府经营的工、矿、农、林事业统一组织起来成立了广西企业公司（李四杰、陈雄：《新桂系官僚资本的两个企业机构》，载中国人民政治协商会议、广西壮族自治区委员会文史资料委员会编：《新桂系纪实》（上集），广西壮族自治区新闻出版局 1990 年版，第 446 页）。云南企业局的成立背景也差不多：国民党中央要求云南按国家和地方划分原则分别掌管，云南省主席龙云和省财政厅长陆崇仁不愿将自己多年打拼所积存的地方资本拱手交给国民党中央。于是在 1941 年底，陆崇仁将所属各官营企业单位连同多年积存的现款、白银、黄金、债券、外汇、官产、烟土等全部拨出，由新成立的云南省企业局接管，以免被中央财政接管（林南园：《民国初期至抗战前后的云南财政》，中国人民政治协商会议云南省文史资料研究委员会编：《云南文史资料选辑》第十八辑，云南人民出版社 1983 年版，第 64-83 页）。

二、投资主体不同

国营企业和省营企业具有不同的投资主体。按照孙中山的解释，凡以全国人民力量经营的企业即为国营企业，而以自治政府和全县人民力量经营的企业称为地方营企业。南京国民政府基本上沿袭了这一界定，如资源委员会认为，凡中国政府独资经营，或与人民或外人合资经营之工矿事业，其主办权属于代表中央政府之主办机构者，称国营事业。[①]因此，国营企业投资主体多为中央政府各部门，如建设委员会、资源委员会、实业部（抗战后改经济部）、铁道部、交通部、教育部及国家各行局等。

省营企业的投资主体则以省政府为主。省营企业多为混合投资，从资本来源看，包括了国家股份、地方政府股份和商股。前文表 1 中“资本总计”栏显示，抗战时期大后方省营企业公司资本总额达到 542000000 元，其中地方政府（即省政府）投资最多，达到 325230000 元，占比 60%；国家股份（即中央各部、资源委员会及国家银行等）投资总额为 157009000.8 元，占比 29%；民营资本投资最少，仅有 59760200 元，占比 11%。

具体到每个省营企业公司来看，不同公司其内部国家股份、省政府股份和商股的投资比例差距还是很大。分析表 1 中“官股”“商股”栏的相关数据，可以看到省份企业公司的官股（中央股、省政府股）及商股的投资比例：省政府完全出资投资的企业公司有 6 家，分别为山西西北实业公司、陕西企业公司、绥远企业公司、滇西企业股份有限公司、福建企业公司及广东企业公司；省政府投资比例 50% 以上的有 6 家，即广西企业公司、安徽企业公司、浙江公营企业公司、湖南企业公司、西康企业公司、湖北企业公司。按照现代公司法规定，这些省营企业公司里面省政府的投资都超过 50%，省政府拥有绝对控股权是没有问题的；有的省份省政府出资比例低于 50%，如贵州企业公司省政府股份占比仅 12.3%（中央官股占比达 87.4%），川康兴业公司占比为 14.3%（中央官股占比 51.8%），甘肃开发公

① 《国营工矿事业法草案》，中国第二历史档案馆藏国民政府资源委员会档案，档号：28（2）—1978。转引自赵兴胜：《传统经验与现代理想——南京国民政府时期的国营工业研究》，齐鲁书社 2004 年版，第 10–11 页。

司占比为 20%（中央官股占比达 70%），江西兴业公司占比为 43.3%（中央官股占比达 56.7%），湖南企业公司、西康企业公司占比分别为 50%（二者中央官股占比均为 50%），这种控股比例会不会影响省政府实际拥有这些公司的控股权呢？不会，公司控股比例不影响其控股权，也就是说，不管省营企业公司里面省政府的控股比例是多少，省政府都能掌握公司的实际控制权，其中关于省政府在其中控制权问题留待下文讨论。

对于省政府来说，这种混合投资的优势在于能募集资金而不影响政府对公司的控制权。公司资本来自政府机关、银行界及地方人士三者，“冶官股商股于一炉，并依照普通商业股份有限公司之规定组织”①，一方面丰富了资金的来源，另一方面有利于公司内部治理机制的均衡。所以有学者称赞“其厚集资力之易，当为一省中之无可比拟者”。②

三、经营主体不同

依据现代公司理论，股东占有公司股份的多寡决定了其在公司中的控制权力。省营企业公司投资多元，那么企业的经营管理权掌握在谁的手里呢？是国家中央各部、会还是省政府抑或商人呢？

民国时期著名经济学家吴半农曾论及省营企业公司的经营权利问题。他认为公司的权利有两种含义，“一是事业所有权，一是事业的经理权，而后者较前者尤为重要”，他强调说，“一个公司的全部或大部资本握在政府手里，固然可以称为‘公营’，但是政府的股本仅占一小部分，但如果政府所派的董事在董事会里占到多数，也可以视为政府公司”。③根据现代公司理论，董事会是公司权力决策机关，受股东大会以及全体股东的委托，代理股东负责实施企业的大政方针、战略决策、投资方向。毫无疑问，董事会在公司里面具有最高决策权，而董事长则是董事会的牵头人，对公司董

---

① 贵州省档案馆编：《贵州企业股份有限公司》，贵州人民出版社 2003 年版，第 128 页。

② 伍连炎：《论省营企业公司的发展与经济建设的实现》，《广西企业季刊》1944 年第 2 卷第 1 期。

③ 吴半农：《国营与省营》，《新经济半月刊》1941 年第 11 期，第 246 页。

事会决议的事情具有最后的决定权。因此，公司里面董事人数的占比以及董事长的人选反映了其在公司里面的控制权。也就是说，在政府公司里面，谁当董事长就意味着谁掌握了公司的经营权力。那么，战时省营企业公司里面董事长职务都由谁来担任呢?

从表 2 中可以看到，省营企业公司董事长主要由省政府官员担任。战时省营企业公司董事长直接由省长兼任的省份有 3 个，即川康兴业公司董事长张群（四川省主席）、湖南企业公司董事长薛岳（湖南省主席）、西北实业公司总理阎锡山（山西省主席）；省建设厅长兼任董事长的有 4 个省份，即广西企业公司董事长陈雄（广西省建设厅厅长）、广东实业公司董事长郑丰（广东省建设厅厅长）、福建企业公司董事长徐学禹（福建省建设厅长）、安徽企业公司董事长张宗良（安徽省建设厅厅长）；省政府委员兼任董事长的有 4 个省份，即云南经济委员会董事长缪云台（云南省政府委员）、陕西企业公司董事长陈庆瑜（陕西省政府委员兼建设厅厅长）、云南企业局董事长陆子安（云南省政府委员兼财政厅厅长）、湖北企业公司董事长朱怀冰（湖北省政府委员）；省财政厅长兼任董事长的有 2 人，陕西企业公司董事长李崇年（陕西省政府财政厅长）、江西企业公司董事长文群（江西省财政厅厅长）。另外，有些公司董事长由地方官员兼任，如贵州企业公司董事长何辑五（贵阳市市长）；还有些公司董事长由省政府秘书长兼任，如陕西企业公司董事长彭昭仙（陕西省政府秘书长）。由此可以看到，省营企业公司董事长的人选不是掌握在省政府主席就是掌握在省政府官员手里，或者与省政府关系比较密切的人员手里。因此，从这个方面来说，省政府握有省营企业公司的经营权力。[①] 换言之，无论是中央官股占优势的省营企业还是地方（省政府）股占优势的企业，这些企业中的经营管理权无一例外掌握在省政府手中。

① 1941年5月18日，国民政府行政院又以院令形式公布了《非常时期省营贸易监事规则》，对战时各省政府组织的国有贸易企业的组织形式、营业范围等进行了一系列的规定，并明确规定：省营企业公司依法设立董事会，董事长由省政府在公股董事中指定（《非常时期省营贸易监理规则草案》，1941 年 5 月 2 日审查会决定，近史所档案，18-23-21（4）；经济部省营公司监理委员会：《省营事业监理概况》第 18-20 页，1943 年 12 月 15 日编印，二档，四 /34741）。

表 2　抗战时期部分省营企业公司董事长及总经理任职情况统计表

人数	企业公司	职位	任职人	在省政府中任职情况
省主席兼任董事长（3 人）	湖南企业公司	董事长	薛岳	湖南省主席
		总经理	程煜	前行政院机要秘书
	西北实业公司	总理	阎锡山	山西省主席
	川康兴业公司	董事长	张群	四川省主席
		总经理	邓汉祥	四川省前秘书长
省建设厅长兼任董事长（4 人）	广西企业公司	董事长	陈雄	广西省建设厅长
		总经理	赵可任	无
	广东实业公司	董事长	郑丰	广东省建设厅长，省主席李汉魂心腹[①]
		总经理	陆宗骐	省主席李汉魂亲信
	福建企业公司	董事长	徐学禹	省建设厅长，省府顾问
		总经理	陆桂祥	董事长徐学禹亲信
	安徽企业公司	董事长	张宗良	省建设厅长
		总经理	罗园仙	省长李品仙亲信（内兄）
省政府委员兼任董事长（4 人）	云南经济委员会	董事长	缪云台	省政府委员
	陕西企业公司	董事长	陈庆瑜（1942—1943 年）	陕西省政府委员兼建设厅厅长
	云南企业局	董事长	陆子安	省政府委员兼财政厅厅长
	湖北企业公司	董事长	朱怀冰	湖北省政府委员兼民政厅厅长（1948 年 7 月）
市长兼任董事长（1 人）	贵州企业公司	董事长	何辑五	贵阳市市长（何应钦弟弟）
		总经理	彭湖	无
省政府秘书长兼任董事长（1 人）	陕西企业公司	董事长	彭昭仙（1940—1941 年）	省政府秘书长

① 广州市政协学习和文史资料委员会主编：《广州文史资料存稿选编（三、军政）》，中国文史出版社 2008 年版，第 37 页。

续表

人数	企业公司	职位	任职人	在省政府中任职情况
省财政厅长兼任董事长（2人）	陕西企业公司	董事长	李崇年（1944—1945年）	陕西省政府财政厅厅长
	江西企业公司	董事长	文群（1942—1945年）	江西省财政厅厅长
		总经理	吴健陶（1942—1945年）	江西省政府委员，江西省政府前财政厅厅长

注：陕西企业公司董事长更迭顺序：1940—1941年：彭昭仙（省主席蒋鼎文）；1942—1943年：陈庆瑜（省主席熊斌）；1944—1945：李崇年（省主席祝绍周）。

资料来源：本表中广东企业公司、西北实业公司、广西企业公司、云南企业局、云南经济委员会、福建企业公司、安徽企业公司、江西兴业公司、湖南实业公司、湖北企业公司相关资料参考陈真编：《中国近代工业史资料》（第三辑），三联书店1961年版，第1189、第1206、第1232、第1259、第1237、第1315、第1320、第1339、第1356页；陕西企业公司资料参考杨玲玲：《陕西省企业股份有限公司研究（1940—1949）》（陕西师范大学2018年未刊硕士学位论文），第67-68页；贵州企业公司资料参考莫子刚：《贵州企业公司研究》，贵州人民出版社2005年版，第138页；川康兴业公司资料参考卢征良：《抗战时期大后方省营企业的股权结构与内部权力分配问题研究——以川康兴业公司为中心的分析》，《民国研究》2017年第1期。

相比较而言，省营企业公司总经理的人选则相对比较强调个人经营管理才能，虽然其中有些人选也可能是权力干预和裙带关系的结果。如贵州企业公司总经理彭湖[①]就是能力和卓识俱备的企业家，其在调任来黔担任贵州企业公司总经理之前，其经营才能已在实业界“传为佳话”。再如广西

① 彭湖，湖南浏阳人，出生于富商家庭，“少聪慧，善学好问”。1916年到长沙读书，加入新民学会。1919年五四运动期间，参加湖南学生发起的驱逐军阀张敬尧的活动，1923年毕业于上海商科大学工商管理系，获商学学士学位，随即赴广州参加国民革命，曾在国民党中央陆军军官学校即黄埔军校和中央学术研究院工作。1926年参加北伐，任国民革命军第8军第26师政治部主任等职。1928年赴美留学，后获斯坦福大学研究院经济学硕士学位。抗战爆发后，彭湖应省长张治中之邀，担任湖南省银行行长，粮食管理处处长等职。1939年后，贵州企业公司成立，彭湖受命担任公司董事会董事兼总经理。1945年底，彭湖调任国民政府行政院驻青岛办事处主任兼山东青岛区处理敌伪产业审议委员会主任委员。1946年，彭湖先后担任中国银行南京分行副经理、经理。1962年病逝于上海（浏阳市地方志编纂委员会编：《浏阳市志1988—2002》，方志出版社2007年版，第700-701页）。

企业公司总经理赵可任[①]也是当时极具才干的企业家。但有些公司总经理可能更多因为裙带关系，如安徽企业公司总经理罗园仙即为安徽省主席李品仙亲信（内兄），福建企业公司总经理陆桂祥为公司董事长徐学禹亲信，广东实业公司总经理陆宗骐为省主席李汉魂亲信等。

综上所述，省营企业公司的经营管理权实际上掌握在省政府手中，这一点可以说是抗战时期省营企业公司最重要的特征。正是在这个意义上，朱荫贵教授特别强调说："省营企业公司大多是在地方政府行政和经济力量的主导下，采取特种股份有限公司的经济组织形式，经营本省地区内的各种经济事业。"[②]

四、经营范围不同

关于国营、省营企业经营范围问题，1937 年 2 月国民党五中全会第三次会议上政府公告有明确的规定：国营工业主要从事有关国防的基本矿业及工业、电力、重要资源如煤炭、石油、金、钨、锡、锑、汞的开采，以及生产战时必需品的机械、电工器材、酒精、油、碱的生产，以奠定国防工业的基础。[①] 省营工业为不从事重要国防工业，并不宜与民争利，省营企业应依照特别股份有限公司条例组织公司，对其扩张加以限制。[④]1938 年 3 月在武昌召开的国民党临时全国代表大会是一次非常重要的制定战时经济政策的会议。会上通过了大会宣言、《非常时期经济方案》《抗战建国纲领》以

① 赵可任（1902—1971 年），1926 年 3 月到莫斯科中山大学攻读政治经济学。1931 年回国，先后在香港、南京等地做过一般工作，后因陈良佐发现赵可任擅长经济学，向广西省主席黄旭初推荐，黄遂邀请赵来广西。1936 年，赵回桂任广西经济委员会专门委员兼秘书，发表了《广西经济建设的商榷》等论文，后调任广西省银行农村经理部主任。1937 年任广西农民银行副经理。1937 年 9 月调广西出入口贸易处任经理，后因与李宗仁亲信王逊志总经理意见相左，1939 年离职。几个月后，经友人介绍到第四战区经委会桂林办事处任职，之后，调经委会曲江物资收购处任经理。（赵绩民、钟杰生：《赵可任生平略述》，载中国人民政治协商会议梧州市委员会文史资料研究委员会编：《梧州文史资料选辑》第十二辑——人物专辑（一），1987 年版，第 90-92 页）。

② 吴太昌、武力等：《中国国家资本的历史分析》，中国社会科学出版社 2012 年版，第 235 页。

① 谭熙鸿：《十年来之中国经济（下）》，中华书局 1948 年版，第 227 页。

④ 朱子爽：《中国国民党工业政策》，国民图书出版社 1943 年版，第 38 页。

及《工业政策实施大要案》。大会宣言提出："抗战期间关于经济之建设……凡事业之宜于国营者，由国家筹集资本，从事兴办"；《非常时期经济方案》则认为，建设事业"非政府单独力量所能完成，政府对于与国防有密切关系之工矿业率先创办外，其他多数事业应提倡人民自力经营或利用友邦资金办理"；《工业政策实施大要案》则划定"国营与民营工业之范围"，"基本亟需之工业由政府限期举办……政府除对于与国防有密切关系之工矿业率先创办外，其他多数事业应提倡人民自力经营或利用友邦资金办理"。同年 6 月，经济部制定了《抗战建国经济建设实施方案》，内中强调"基本事业宜以国力经营"，具体包括"建设煤、钢、铁、铜、锌、钨、石油、机器、电工器材等工矿事业"。1939 年 1 月，国民党五届五中全会通过的《西部各省生产建设与统制（矿产与重工业为主）案》对于战时大后方的国营企业、地方省营及民营的关系再次做了较为明确的界定："凡与国防有重大关系之矿业以及重工业，自以国营为原则；但经中央许可，仍得由省经营之。其他矿业、轻工业、农业，以及不带军用性的普通商业，则务采奖励民营之方式。"①

这种划分方式也得到当时学界的认同。如著名学者吴半农就曾撰文讨论过省营企业与国营企业的划分问题，他从学理的角度提出了具体的标准，认为国营企业有几个方面的原则：锁匙事业和军备制造业、须由中央政府统筹或统制的重要事业、在政治文化上有重要作用的事业都应由中央政府经营。因为这些事业，有的关系整个国家的存亡得失，有的需要国家拿出整个的力量来举办，有的需要政府根据全国的情形做通盘的打算，有的需要全国有一个统一的政策。如果听任各省自行经办，不仅有害于全国性的经济计划和经济统制施行，而且足以破坏国家的统一运动，加强地方主义的阻力。不过，"中央政府办理这些事业，也可视事实的需要，允许省政府投资"②，"有全国性或省际性的归中央经营"。③

那么，省营企业经营范围在哪些方面呢？吴半农认为，从地域上来看，

① 张忠民、朱婷：《南京国民政府时期的国有企业（1927—1949）》，上海财经大学出版社 2007 年版，第 48- 49 页。

②③ 吴半农：《省营事业论》，《新经济半月刊》第 8 期（1941 年 7 月 16 日），第 164 页。

“以省或市为范围的归省或市经营”。[①] 具体来说，应该划归省营的事业有下列几种：各省现有和可能发展的特产；有迫切需要，而规模宏大，各省私人不易或不愿举办的普通事业；为地方机关及省营事业所需的其他制造事业；省内公路和运输事业；以省或市为范围的公用事业，如市内电话、市区交通自来水等；地方性的森林垦殖和公共工程，如省内的河工、水利等；以一省的金融活动为业务的银行业。[②] 吴半农认为，各省政府举办这类普通企业时，需防‘与民争利’，并需“树之以楷，为民先导，供私人投资知所适从，而不阻塞其发展的途径”，[③] “省营事业最好依照特种公司条例，尽量吸收民股，使其成为政府与人民共同发展各省经济之机构”。[④] 根据上述内容，现将国营企业、省营企业及民营企业经营范围列表如表3所示。

表3 企业形式及其经营范围

企业形式	经营范围
国营企业	国防重工业，基本矿业
省营企业	不与中央计划抵触而又不与民争利者为主
民营企业	民生轻工业、其他矿业、农业及不带军用性的普通商业

从表3中可以看出，凡国防重工业或有独占性质之工业与基本矿业属于国营企业经营范围；其他民生轻工业则准许民间经营；至于省营企业，主要采取限制其发展的方针：既不准其染指重要国防工矿业，又不准其与民营企业争利。

国营和省营工业在经营范围方面存在一定的区别，当然在实际经营中，存在着相互交叉甚至违规经营的内容也是可以理解的，毕竟这种经营范围的划分不是那么具体和严格，有些省营企业公司经常利用自己的特权与民争利，与中央企业争利。所以时人抱怨说，“近年来除了国营事业，即由中央政府经营的事业以外，各省政府也在经营各种事业。省政府可否经营事业是一个困难的问题，现在省政府即已经营了，中央政府如何予以管制也

①③④ 吴半农：《省营事业论》，《新经济半月刊》第8期（1941年7月16日），第164页。

② 吴半农：《国营与省营》，《新经济半月刊》第11期（1941年7月16日），第246页。

成问题。国营事业与省营事业如何划分，省营事业又与各县政府所经营的自治事业如何划分，不但是一个经济制度的问题，并且是一个中央与地方政府权责划分的问题。事实上，中央政府似乎不曾积极地鼓励省政府经济事业，但省营事业却在近年来颇为发达。中央政府最初的措置是订定法律予以管理，后来的趋势则为限制甚至于禁止。"[①] 这种超越省营企业经营范围的情况表现在以下几个方面：

（1）违规开办矿业。抗战时期国民政府明确规定：即凡国防重工业、有独占性质之工业与基本矿业属于国营。一般来说，省营企业公司都能遵守这些规则，完全自营的矿业很少，但也有一些省营企业独资经营矿业，如在云南有鲁甸矿务局、平彝锡锑公司；在湖南有醴陵煤矿局、常宁水口山铅锌局、金矿工程处、桃源金矿局、湘潭云湖煤矿工程处等。[②] 其他省营企业公司也偶尔经营矿业，但大都是与资源委员会合办，可算基本没有违反相关规定。

（2）与中央企业争利。抗日战争时期，国民政府以所谓"非常时期"为由，实行经济统制政策，即实行贸易垄断、统购统销、限价议价以及专卖等政策，并设立专门机构进行管理。这些垄断行业利润丰厚，川康兴业成立后想办法进入这些行业，进行商业经营，并且美其名曰"以商养工"。桐油属于中央重点统购统销业务，川康兴业公司与复兴公司商订"经营桐油联系办法"，1944 年其桐油销售业务达到 6000 万元。另外，公司还以安县茶叶来换取松潘羊毛。川康兴业公司还委托四川农业公司及西康皮革公司代购灌毛（产于灌县的羊毛）及康毛（产于康区的羊毛），原计划投资 500 万元，后来投资额涨到 900 万元。除此之外，公司还在小五金贸易方面投资了 300 万元，从中赚取利润 100 万元；公司还花 50 万元购入烧碱，150 万元卖出，净赚 100 万元。川康兴业公司就是通过这种投机行为，"大量囤积"市场上的紧俏物资以获取暴利[③]。

（3）与民营企业争利。有些省营企业公司利用自身优势经商谋利，如

---

① 陈之迈，王向民主编：《民国政治与行政丛书 中国政府》，上海人民出版社2015年版，第211页。

② 陈真：《中国近代工业史资料（第三辑）》，三联书店 1961 年版，第 1240、第 1347–1354 页。

③ 陈真：《中国近代工业史资料（第三辑）》，三联书店 1961 年版，第 1302 页。

以福建企业公司为例，抗战期间福建省内米粮供应紧张，福建省贸易公司为米商从银行取得贷款提供担保，米商得到贷款后从闽北产米区如宁化、光泽、邵武、崇安等地购运大米到福州销售，公司对每担米抽手续费 5 角。由于大米购销被少数米商所垄断，米价从每担（150 斤）13 元涨至 16 元多，后来竟涨至 20 多元，影响民食非浅。对于运销物品，公司均抽收商品价值总额 5%，仅几个月收入就达到 5 万多元。[①] 为扩大经营，公司曾拟设 10 个国货商场以向外埠进口货品，后因内部意见不统一，仅在南平县办了一个国货商场，不久因公司改组，改为南平办事处。[②] 米商从福建省政府那里领取采购证明书和放行执照，政府在必要时还派出军警护送运输米粮，保障货运风险。因此，有人批评福建企业公司这种行为是“官僚政客利用豪商的资本来搜括财物，而商人则依赖官方来压低小生产者的售价，甚至有强买强卖的情况”。[③]

宁夏马鸿逵的“富宁公司”则通过垄断宁夏土特产品购销，贱买贵卖牟取暴利。例如该公司将低价收购来的羊毛、皮毛、药材等土特产品和烟土运到天津高价销售，甚且把这些羊毛抛售到美国，以换取黄金和美钞。除此之外，马鸿逵还进行武装走私，在敌占区卖掉土特产品和烟土，然后收购日用百货运回宁夏高价销售，大发国难财，[④] 因此其被人讥为“带枪的买办”。[⑤]

总体来看，省营企业公司越权经营行为虽然不多，但也确实存在。1941 年 5–7 月，国民政府相继通过了《非常时期省营贸易监理规则》和《省营工业矿业监理规则》，同时专门设立了“经济部省营公司监理委员会”，对战时大后方发展甚快的省营企业实施监理，确定省营公司的经营范围应“适合中央整个计划及法令”，并且禁止省营公司“未经中央许可经营

①②③ 傅晖：《略忆福建省贸易公司》，中国人民政治协商会议福建省委员会文史资料研究委员会编：《福建文史资料》第十三辑，1986 版，第 83–89 页。

④ 陈翰笙：《解放前的中国农村（第三辑）》，中国展望出版社 1989 年版，第 750 页。

⑤ 刘继云：《宁夏三马政权始末》，《宁夏社会科学》1987 年第 1 期。

之专卖事业；未经中央主办机关委托，自行收购政府指定之统销物品”。[①]在国民政府大力干预下，省营企业公司前期经营中存在的越权经营行为有所收敛，取得了预期效果。

五、二者发展结局不同

省营企业公司的发展经历了战前的初步发展、战时的蓬勃兴起及战后的衰落三个不同的发展阶段，它的发展轨迹与国营企业不完全相同：

在其发展初期，它作为中央政府的对立面出现；在抗战时期特殊环境下，中央政府需要发展地方经济以促进抗战，所以愿意花费大批资金发展省营企业，省营企业也因此获得了快速的发展；[②]而在抗战胜利以后，中央政府不愿看到地方政府经济势力坐大，因此对省营企业的投资日渐减少，直至完全断绝，这直接导致了省营企业急剧衰落的结局（与此同时，国营企业却得到急速的扩张与发展），[③]最后几乎所有的省营企业都因为资金困难而日趋破产。如贵州企业公司在1945年8月日本投降后，“总公司及各单位主要负责人纷纷离去”，投资企业从原来的28家减少到了19家，而且不少单位出现了亏损。雍兴实业公司所属玻璃厂、卫生用具材料厂、实用化学厂等战后很快关闭东撤。西北实业公司至抗战结束后“赔累甚巨”。广西企业公司各厂矿到1946年亦随之自行解散。广西企业公司在抗战中后期日益严重的通货膨胀影响下亦十分困难，“本公司采购原料、销售成品之工作，原定计划由总办事处统购统销，但因物价变动无常，流动资金有限，各厂场需用之物料，尚未能大量采购，储备供给，只能随需随购，因受物价高

① 中国国民党中央执行委员会宣传部编：《抗战六年来之工矿》，国民图书出版社1943年7月版，第32页。转引自葛洪波：《广东实业有限公司经营管理研究——国民政府统治时期国营企业个案剖析》，暨南大学2001年未刊硕士学位论文，第21页。

② 1937年全面抗战爆发后，中国国内统一的市场被打断，处在沦陷区和大后方的各省份为了发展本区经济，纷纷建立自己的工业和商贸体系，以求在抗战的环境中获得生存发展的物质条件。

③ 抗战胜利后省营企业公司的衰落原因很多，其中一个重要原因是国民政府不愿投资省营企业公司，不愿看到省政府经济力量增强，避免其与中央势力抗衡，甚而形成尾大不掉之势。

涨影响，以致产品成本过高，推销至感困难”。[①] 而到了战后，处境更为艰难，“自回桂复业以后，除各营业处略有微利弥补外，尚须不时向银行揭借，以资应付。尤以仕敏土厂、制革厂、印刷厂、酒精厂等或在筹备期间，或需资金周转。先后向广西银行揭借三十余亿元将各厂所存废铁及不合目前需用之机器数件出售”。[②] 因而在 1949 年 1 月，广西省营各工厂、农场、矿区等因遭受战祸，损失巨大无力恢复业务，只好将现有产业全部捐赠广西省政府。[③]

陕西省企业公司在抗战后因物价跌落，亏损甚巨，“以全部资产抵偿债务尚有不足之感”。[④] 同时被要求“盱衡时势，重整旗鼓，将各厂之不适于环境者，分别予以结束或整顿，务期吻合实际，以利国家社会”。[⑤] 福建企业公司所属各厂也在抗战胜利前后因为各种原因而“纷纷倒闭”。江西兴业公司“战时单位曾达四五十个之多，到了战事结束时，散的散，关的关，无形中陷于停顿状态”等。[⑥] 省营企业公司这样的发展结局和国民政府的态度有直接关系。如国民政府资源委员会主任翁文灏就指出，中国经济事业单位“可有国营与民营二类，而不可又有省营之特殊办法”，“庶整个的国家经济能充分前进，而不受分崩离析之苦”。[⑦] 翁氏认为中国经济发展应以

---

① 陈雄：《广西企业公司概况》，广西建设研究会编：《建设研究》第 8 卷第 2 期，1942 年，第 56 页。

② 《广西企业公司报告》，1948 年 9 月 29 日，广西建设厅档案，档号：L8-9-4104，广西壮族自治区档案馆藏。

③ 《广西企业公司股东临时会议事录》，1949 年 1 月 13 日，广西建设厅档案，档号：L8-9-4116。

④ 《三十五年一月至十二月业务报告书》，1946 年 12 月 25 日，陕西省企业公司档案，档号：93-1-171，陕西省档案馆藏。

⑤ 《三十四年一月至十一月业务报告书》，1945 年 11 月 30 日，陕西省企业公司档案，档号：93-1-171，陕西省档案馆藏。

⑥ 参见政协西南地区文史资料协作会议编：《抗战时期内迁西南的工商企业》，云南人民出版社 1988 年版，第 56 页；李德芳、蒋德学编：《贵州近代经济史资料选辑》（上）第二卷，四川省社会科学院 1987 年版，第 795-796 页；向达之：《论近代后期西北地区工商业经济的严重萎缩》，《甘肃社会科学》1993 年第 6 期；钟文典主编：《20 世纪 30 年代的广西》，广西师范大学出版社 1993 年版，第 304 页；张来仪：《福建的公营事业》，《文汇报》1946 年 9 月 11 日。

⑦ 翁文灏：《中国经济建设中的几个根本观念》（1944 年），翁文灏：《科学与工业化——翁文灏文存》，中华书局 2009 年版，第 593 页。

国家为本位，不能以区域或省份分开独立经营，不允许各自为政。[①]国民政府上层官员的反对态度对省营企业公司的发展有着直接的影响。从这个意义上来说，省营企业被认为等同于国营企业并不十分合适。

六、结　语

近代中国企业经历了一个曲折的发展过程。长期以来，学界根据资本来源的不同，习惯将其划分为国有企业、民营企业、买办企业[②]和外国在华企业四种形式。[③]结合上文的分析，省营企业划归国营企业并不十分妥当。简单地把省营企业划为国营企业范畴，习惯上原无不可，但是这样的划分却抹杀了近代中国企业发展的多样性和复杂化问题。在现在的概念框架内，省营企业公司既非民营企业，也与国营企业有诸多方面的不同。那么我们又该如何来看待这种类型的企业呢?

省营企业作为一种独立的企业形态，在台湾地区（台湾现在还存在一定数量的省营企业）不存在任何问题，但在中国大陆则存在诸多方面的争议。主要原因是1949年以后中国大陆实行了完全的计划经济制度，根本就不存在独立的省级财政系统（省财政系统自然是存在，但没有独立于国家财政系统），所有由各级政府经营的企业均被认为是国营企业。这种观点如果套用到近代企业研究，则存在诸多逻辑思维混乱的问题，如国民政府为何会鼓励国营企业发展，而遏制省营企业发展；二者发展的结局为何会如此不同等。因此，为了避免这些方面的思想混乱问题，学者在研究中国近代企业发展的历程时，不妨将省营企业作为一种独立的企业形式来看待，以利于更好地区分和研究。

---

① 翁文灏：《中国经济建设中的几个根本观念》（1944年），翁文灏：《科学与工业化——翁文灏文存》，中华书局2009年版，第593页。

② 买办是指1800—1910年帮助欧美国家与中国进行双边贸易的中国商人，买办企业指由这些买办出资创办经营的企业。从这个角度来看，买办们创办企业时的资金来归根结底来自于个人资金，所以应划归为民营资金比较合适，其创办的企业也应归类为民营企业。但考虑到传统的习惯，本文遵从原书归类方式。

③ 吴承明、江泰新主编：《中国企业史·近代卷》（本卷前言），企业管理出版社2004年版。

实际上，在近代中国，相当一部分学者认为区分省营、国营企业是很有必要的。如学者孟宪章在《中国近代经济史教程》中，就将国营企业和省营企业分开来论述，“经济部对于各种企业之促进，定有一整个计划，再分别性质，划分国营、省营及民营三种。”[①] 同时期另一个著名学者李紫翔则采取了一种折中的方法，他说：“关于国营工业的定义和经营主体，现在尚无确定的释明。流行的几种说法：最狭义的是以资源委员会经营的工矿业，才认为国营企业；较广义的，是以中央各部会经营的为范围；最广义的，则包含中央、地方各级政府、军队、党团部、中央及地方银行等所经营的工业在内。我们在统计上是采用广义的，不过冠以公营工业的类名，而在类名下，再分国营、省营、县营、国省合营及国民合营等项目，似乎较为恰当。”[②] 同时期著名经济学家吴半农也指出：“‘国营事业’这个名词，照我国目前通常的用法来看，似有广狭两义。从广义来说，它是指各级政府所经办的经济事业而言；这里的‘国营’应作‘国家经营’或‘政府经营’解释，实相当于英语国家所谓‘政府企业’（government enterprise）或‘公共企业’（public enterprise），它和‘民营’两字对称时，便可称为‘国营’，和‘私营’两字对称时，也可称为‘公营’。这个意义的范围较广，除了中央政府所办的经济事业外，还包括着一切省营、市营和县营的事业在内。从狭义上来说，这里‘国营’只含有‘中央经营’的意思，它和地方政府所经办的‘省营事业’形成一个对称的说法。”[③] 按照这样的说明，“中央政府所办的事业称为‘国营’，各省政府所办的事业称为‘省营’，意义明晰，自无含混之处”。[④] 省营企业、国营企业间关系总结如图 1 所示。

① 孟宪章：《中国近代经济史教程》，中华书局 1951 年版，第 238 页。

② 李紫翔：《大后方的国营工业》，《经济周报》第 2 卷第 6 期，1946 年 2 月 14 日。

③④ 吴半农：《国营与省营》，《新经济半月刊》1941 年第 11 期，第 246 页。

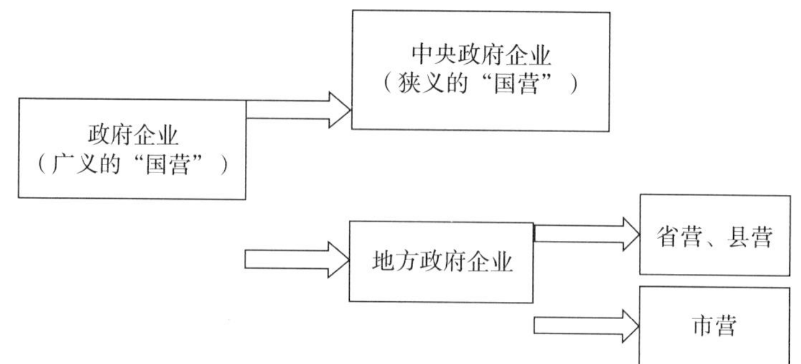

图1　省营企业、国营企业间关系示意图

资料来源：吴半农:《国营与省营》,《新经济半月刊》1941年第11期，第246页。

综上所述，笔者认为从研究的角度出发，明确和细分国营、省营企业的性质概念，不仅有利于深化近代中国企业史的研究，而且能更好地认识近代中国社会经济性质。

试论1904年《公司律》产生的背景和原因

胡　勃*

公司是一种近代企业组织形式，公司法是规定公司的设立、组织活动和解散以及其他与公司组织有关的对内对外关系的法律规范。在近代以前，我国工商业未有公司这种组织形式，也就无所谓公司法。1872年，清朝“仿西国公司之意”建立了第一家股份公司——轮船招商局；1904年，更是制定了历史上的第一部公司法——《公司律》，这是第一部近代意义上的法律，从而打破了传统的“诸法合体”的千年法律体系。是什么因素让中国人做了这么大的改变？本文将以国人公司法意识的发展为线索，来探讨这个问题。

一、国人与公司制度、公司法规的初步接触

中国人较早接触“公司”这种企业组织形式应该是从英国东印度公司与中国开展贸易活动开始的，东印度公司的“船只最初来中国是在1650年到1660年，华人称此社团为‘公司’，即公共司事之意”。[①] 这大概就是国人对公司概念的最早、最原始的认识。但当时“公司”主要是专用来指英国东印度公司的，直到1833年其独占结束。[②] 魏源在《海国图志》中说：“公司者，数十商辏资营运，出则通力合作，归则计本均分，其局大而联。”[③] 这显示其对公司的形式特征已经有了一定的了解。但是他这种表面

* 作者简介：胡勃，四川大学艺术学院博士后、讲师。

① 威廉·亨德著文，本文引自林树惠译《鸦片战争》第一卷，见陈真、姚洛、逢先知：《中国近代工业史资料（第二辑）》，生活·读书·新知三联书店1958年版，第37页。

② 参见方流芳：《“公司”词义考：解读语料的制度信息》，《中外法学》2000年第3期。

③ 〔清〕魏源：《海国图志·筹海篇》。

的了解远远比不上当时那些亲身参与外商企业的华人附股者。

鸦片战争之后，外国人在中国的各通商口岸竞相开设企业的同时寻求华人资金的支持。[①] 这些企业涉及轮船、航运、保险、银行及一些工业部门，可以说，近代早期中国境内的外商公司很少没有华商附股的。不少企业中华股占公司资本的40%，甚至是一半以上。[②] 例如，华商在旗昌轮船公司的投资就占了公司总资本的一半以上。[③] 曾任旗昌轮船公司早期主要职员与船长的伯尔声称：华人是这个企业的最大业主，旗昌洋行只拥有该公司"不到三分之一的股权。"[④]

由于华商附股的比重较大，自然有相当比例的华人进入董事会，在参与外商企业经营决策的过程中，他们学到了近代公司运作的机制和经营管理企业的方法。买办在这一过程中表现得比较突出。

在外商企业已查明身份的47个华籍大股东中，有28个是买办。[⑤] 表1是买办在上海五大外商轮船公司附股情况。

表1　买办在上海外商轮船公司附股情况（1862—1875年）

单位：两

年份	公司名称	创办者	国籍	开创资本实数	买办资本	
					实数	占比（%）
1862	旗昌轮船公司	旗昌洋行	美	1000000	330000*	30
1867	公正轮船公司	轧拉佛洋行	英	170000	51000*	30
1868	北清轮船公司	淳欲洋行	英	194000	58000*	30
1872	太古轮船公司	太古洋行	英	970000	0	0
1873	华海轮船公司	怡和洋行	英	325000	60775	18.7

注：* 表示估计资本额。

资料来源：据［美］郝延平：《十九世纪的中国买办：东西间桥梁》，李荣昌等译，上海社会科学院出版社1988年版，第153页改绘。

---

① 汪敬虞：《唐廷枢研究》，中国社会科学出版社1983年版，第105页。

②⑤ 许涤新、吴承明主编：《中国资本主义发展史（第二卷）》，人民出版社2003年版，第179页。

③ 汪敬虞：《十九世纪西方资本主义对中国的经济侵略》，人民出版社1983年版，第485页。

④［美］刘广京：《英美航运势力在华的竞争（1862—1987）》，邱锡荣、曹铁珊译，上海社会科学院出版社1988年版，第26页。

买办积极参与附股，一方面是由于其资本的雄厚，另一方面是由于和洋人的密切联系，以及对新思想的敏锐接纳，这对其了解、学习近代公司运作的机制和经营管理企业的方法是很有好处的。特别是 19 世纪五六十年代，西方近代的公司制度和公司法规逐渐成熟。英国于 1844—1862 年接连颁布了《合股公司注册与管理法案》（*An Act for the Registration, Incorporation, and Regulation of Joint Stock Companies —Joint Stock Companies Act, 1844*），《公司条款总则》（*Companies Clauses Consolidation Act, 1845*），《有限责任法》（*limited Liability Act, 1855*），《股份公司法》（*Joint stock Companies Act, 1856*）以及《1862 年公司法》（*Companies Act of 1862*）。通过这些法规，有限责任制和公司的治理结构得到确立和完善，英国公司企业的发展进入了新的时期。伴随着这一变化，19 世纪 60 年代后，中国境内的外商公司进入较具规模的有限公司阶段：一些经营公用事业的公司一开始就以股份有限公司形式组织起来，而一些早期的公司也逐渐改为股份有限公司。[①] 例如 19 世纪"70 年代后期以后，英国商法，特别是那些涉及有限赔偿责任的商法，也普遍应用于在华英国轮船公司"。其结果就是吸引了更多的中国资本到外国企业中来，在轮船和保险等领域表现尤为突出。[②] 同时，这些外商企业不仅已经形成了股东会、董事会以及职业经理这样的治理结构，而且在内部管理、会计制度、成本核算、折旧、公积金提取以及收益分配等方面也都逐步形成制度。[③] 对以上这些，附股华商们特别是进入董事会的能行使一定权力的买办们多少能有所感受。

尽管有的资料表明早期华董们在董事会上的表现是比较沉默的：在 1869 年公正轮船公司的一次股东代表大会上，包括唐廷枢在内的五名华董，没有一名发言[④]，但是曾经担任过公正、北清、华海三家外商轮船公司的董事并且精通英语的唐廷枢应该从中受到了启发。因为唐廷枢后来在轮船招

---

① 张忠民：《艰难的变迁：近代中国公司制度研究》，上海社会科学院出版社 2002 年版，第 104 页。

② ［美］郝延平：《中国近代商业革命》，上海人民出版社 1991 年版，第 281 页。

③ 张忠民：《艰难的变迁：近代中国公司制度研究》，上海社会科学院出版社 2002 年版，第 110 页。

④ 参见张秀莉：《19 世纪上海外商企业中的华董》，《史林》2004 年第 4 期。

商局和开平矿务局的表现可以做最好的证明。唐廷枢和另一名买办商人徐润注重“商”的权利，按照西方公司制的原则经营招商局，使招商局呈现向上的发展态势。曾任驻轮船招商局代表的 H. B. 马士在 1884 年唐廷枢离开招商局后说：“这是一件憾事……毋须绝对的管理权，每周两次的董事会使他的才干得以发挥就可以了。”[①] 一方面，这固然反映了唐廷枢的个人能力，另一方面也说明了唐廷枢管理招商局的方式受到西方公司治理机制的影响（唐廷枢最终屈从于“人治”，被迫离开招商局，这也正好说明了中国需要一部公司法来维护股东和公司利益）。

除了以上直接影响以外，外商企业对国人公司法规意识的间接影响也不小。其方式主要是通过媒体、舆论。当时，通商口岸的报纸上经常刊登一些招股广告。下面引用的是英商华利银行招股广告：

华利银行告白：

> “……向者，英国设立公司之例，如某行因亏空停止，该债主即能向公司有股份之各人取其家私银产以偿公债，并全数得向其内富商讨还。近者，改此规条，私项无取偿公债之累。今止以其公司内各人所有之股份银为定数，不准债主另索取私财。规条更为尽善尽美，但事同本公司照该例内之款而行，且必以公司之名录入国薄。拟定全从英国一千八百六十二年开公司之例办理本公司，当照此例延请总理董事。……”

这段文字介绍了英国由于颁布《1862 年公司法》，股东从负无限责任到负有限责任的变化（指出“私项无取偿公债之累”，“各人所有之股份银为定数”），还涉及登记注册的制度（“必以公司之名录入国薄”）以及公司治理机制（“当照此例延请总理董事”）。该则广告以较大的版面首刊于光绪壬申（1872 年）三月二十三日的《申报》，一直到七月底，陆续刊登了 40 多期，可以说是做了一次关于公司法的“普法”宣传。

---

① H. B. 马士致德璀琳 1886 年 10 月 19 日，转引自［美］郝延平：《十九世纪的中国买办：东西间桥梁》，李荣昌等译，上海社会科学院出版社 1988 年版，第 153 页。

外商企业的附股商人可能是中国最早了解公司制度、公司法规的人。当然，他们了解的程度深浅不一。一般来说，对于买办了解得更深一些。其中有的人还形成了自觉遵守公司法规的意识。例如，郑观应在 1880 年就说过："（伦敦宏远公司）由股董会商公举伦敦港务总理方合商律。"[①]郑观应这里说的"商律"其实就是公司法，当时中国并无商律或公司法，可见这时郑观应在思想上已把公司法作为一个准则，并愿意实践之。当然，像郑观应这样的人当时很少。只有公司在中国的土地上生根发展，人们对公司制度、公司法规的认识才会越深刻。

二、国人规范公司管理、制定公司法规意识的产生

外商投资的示范以及"洋务运动"的政策引导了中国近代工商业的产生。1872 年，清政府"仿西国公司之意"创办了轮船招商局。这是近代中国第一家发行股票面向社会筹集资本兴办的新型股份制企业。此后开平矿务局、电报总局、上海机器织布局等企业相继创设。它们都模仿西方公司，招募商股。所谓"轮船之有商局，犹外国之有公司也"[②]，这些"官督商办"的"商局"主要看中的还是"公司"的集资功能，而忽视了公司的内部运营制度，这就给之后中国公司制的发展带来了隐患。19 世纪 80 年代初，鉴于轮船招商局、开平矿务局等垄断企业获利丰厚，社会上形成一股集股投资、争购股票的风潮。《申报》记载："现在沪上股份风气大开，每一新公司起，千百人争购之，以得股为幸。"[③]由于人们如此地盲目购买股票，至 1883 年，金融风潮来临，出现了股市大跌，人们争相抛售股票的

---

① 郑观应：《再致黎召民方伯论创办伦敦宏远公司》，参见夏东元编：《郑观应集》（下），上海人民出版社 1988 年版，第 573 页。

② 聂宝璋编：《中国近代航运史资料》（第一辑下册），上海人民出版社 1983 年版，第 771 页。

③ 《申报》1882 年 8 月 12 日。

情形。[①]

这次金融风潮暴露了当时公司发展过程中的一些问题。首先，时人多是抱着“投机”而不是“投资”的心理去购买股票。人们看到购买股票可获大利时就群相效尤，趋之若鹜，“一公司出，不问好歹，不察底蕴，股票早已额满”，[②]“一俟略有余利可获，即以出售”。[③]甚至有一边买进，一边卖出者。所以时人评论“愿入股者，亦未必尽谙西人贸易之经”。[④]也就是说，他们对西方的公司制度还不了解。其次，按西例股本是公司企业的股东对该公司的永久性投资，一经购买，则不能向股份公司随意退股。可是，当时退股或要求退股的事时有发生。如1883年，上海股票持有者要求各矿总办发还股银。[⑤]还有的集股者为了赢得股东的信任，公开承诺退还股本。如邢内银煤矿务局在《申报》上登载启示，声明“有愿退股本者，亦听其便，决不短少分厘”。[⑥]值得注意的是官方的态度，如直隶顺德铜矿开采不成功，经李鸿章干涉，命凡已交股款“悉照原本归还”。外国报纸评论：“这恐怕是世界上第一个矿业公司，在业务失败后，仍能答应股东们归还全部股金。”[⑦]再一个问题就是，有人以开矿为名，借机诈骗。这给时人的印象非常深刻，笔者曾看过几则当时的材料，都是把诈骗事件和之后人们视集股为“畏途”的结果联系起来。薛福成记述当时“凡稍通声气之商人及无业游民，动辄察请通商衙门允其开矿，遂借为集股之徽帜，数十万金一朝可致。彼方悠其挥霍，饮博声伎穷极奢豪，仅聘一矿师入山探视，

① 关于1883年金融风潮的原因，可参考李英铨：《论1882—1883年中国金融风潮》，(《安徽史学》2005年第6期)。其他说法也很多，杜恂诚认为引起“1883年金融风潮最主要的直接原因是中国商业资产阶级对工、矿、交运等企业做了力不能及的过分投资”（杜恂诚：《民族资本主义与旧中国政府（1840—1937）》，上海社会科学院出版社1991年版，第24页）。笔者倾向于认为该危机的发生具有偶然性。

②④ 《答暨阳居士采访沪市公司情形书》，《申报》1884年1月12日。

③ 《论股票房屋两案宜立定章以清积牍》，《申报》1885年2月2日。

⑤ 参见杜恂诚：《民族资本主义与旧中国政府（1840—1937）》，上海社会科学院出版社1991年版，第24页。

⑥ 孙毓棠编：《中国近代工业史资料》（第一辑下册），科学出版社1957年版，第1099页。

⑦ 孙毓棠编：《中国近代工业史资料》（第一辑下册），科学出版社1957年版，第1155、第1156页。

或远购机器，未及半途而商本早罄矣。是售诈也，非开矿也”。[①]而股东“究不知矿产若何，矿在何处，无怪一败涂地也”。[②]从材料看，所谓的诈骗事件，也不见得是蓄意欺骗，而是与公司治理机制的缺失有很大关系。而当时人买股票都是很狂热的，对股票的性质尚未弄清楚，遑论有监督公司的意识。

所以，针对这些问题，钟天纬做了一个总结：“徒慕公司之名，不考公司之实。”[③]于是钟天纬等考西方公司之实，提出了引进西方法规，规范中国公司发展的建议（见表 2）。

表 2　有关引进西方法规、规范中国公司发展的建议

作者	时间	观点	简评	材料出处
钟天纬	1883 年	“照西洋成法，凡立公司必经商会派人考查，酌定其章程”	这是规范公司创办的思想。晚清《公司律》颁布后，公司亦往往是通过商会上报注册	钟天纬：《扩充商务十条 上南张制军》，邵之棠编：《皇朝经世文统编》卷五十七 理财部二 商务
		“使总办不能独操其权，而悉以各股东公论为断”	注重股东的权利，显示出规范公司治理机制的思想，此乃是公司制度的灵魂	
钟天纬	1883 年	“外国设公司，律法本有成书，苟斟酌折衷、垂为令甲，庶中国公司足与洋人相埒而能驰域外之观矣”	提出根据外国公司法规，斟酌损益，制定中国的公司法	钟天纬：《扩充商务十条 上南张制军》，邵之棠编：《皇朝经世文统编》卷五十七 理财部二 商务

① 《庸庵文外编 · 书〈周官 · 人〉后》转引自施正康：《中国近代间歇性投资热潮考察》，《档案与史学》1999 年第 4 期。

② 朱云表：《商务议》，[清] 求是斋：《皇朝经世文编五集》卷十八　商务。

③ 钟天纬：《扩充商务十条上南皮张制军》，邵之棠编：《皇朝经世文统编》卷五十七　理财部二　商务。

续表

作者	时间	观点	简评	材料出处
许庭铨	1883 年后不久	“集股之事宜饬董其事者时时结算”	股东应参与企业大事	许庭铨:《中国近日富强之术以何者为先论》，陈忠倚编:《皇朝经世文三编》卷二十六　户政三　理财下
		“亏十分之一，招众股东议，曰止者寡、曰为者众，则复为；又亏其一矣，又议，曰止者众、曰为者寡，则立止如是”	提出股东议事的规则，少数服从多数	
		“事由公议，虽有亏折，司员无罪”。若违此例而亏折，“籍其家财以偿之”，“家财不足，照骗人财物例以罪之”	提出对因违背公司股东公议而造成损失的公司管理层的处理办法。然而“照骗人财物例以罪之”反映了传统法律在处理公司事务上的缺失	
朱云表	1883 年后不久	“取外洋公司章程律法翻译遵行”	提出翻译借鉴西方公司律法	朱云表:《商务议》，[清]求是斋:《皇朝经世文编五编》卷十八　商务
		“公司由各股东公保董事十二人，由众董事再推总办正副各一”	公司经营者的产生办法是股东推选	
		“(总办、会办)每人亦有多股于中”	即今天的“管理者持股”，是一种现代企业股份激励机制	
		“总办受成于各董，各董受成于各股东上下箝制，自无弊病”	揭示了公司治理结构的实质	

钟天纬等提出的规范公司发展的建议涉及公司的创办，公司管理层的选举及对其的制约和激励，股东议事的原则和办法，对管理层违规的处罚办法等，这些都是当时中国公司发展过程中亟须解决的问题。特别是提出制定公司律法的问题，这说明在当时的中国产生了制定公司法规的需要。

就笔者目前所见的材料看，钟天纬是明确提出制定中国的公司法的第一人。钟天纬有如此见识与他的特殊经历有关。钟天纬于 1872 年入上海“广方言馆”攻读英语，为该校第一期学生。1879 年，他受清政府出使德国大臣李凤苞邀请游历欧洲各国，考察政治、文化和经济状况，比较西方文化与中国政俗之短长。1881 年，钟天纬回国，受聘于江南制造局翻译馆。他曾参与编辑了 1881—1884 年的《西国近事类编》《工程致富》《英美水师表》《铸钱说略》《考工纪要》等书外，根据游历考察所得，撰写了《格致说》《格致之学中西异同论》《西学古今辩》《中西学术源流论》等篇，专门探讨中西文化的差异和优劣。可见钟天纬是见多识广而又对中西方文化都有深刻了解的人，这就使他有魄力提出公司法的建议，而又有将西方公司法“斟酌折衷”而不是照搬的高见。

由于钟天纬是在给张之洞上书时提出该建议，而恰恰又是张之洞 1901 年的“江楚会奏”对清朝政府下决心制定《公司律》等商法起到决定性作用，所以研究《公司律》，不可不追溯钟天纬的《扩充商务十条》。同时，钟天纬的交际圈很广泛，他的观点也可能会传播给与之接近的人。目前可以确定的是，钟天纬对盛宣怀就提出过用西法规范中国公司发展的建议。[①] 在 19 世纪 90 年代，钟天纬和康有为、梁启超、谭嗣同等维新人士交往密切，并为汪康年主办的《时务报》撰稿，他们之间当会在思想上互相影响。[②]

在钟天纬提出制定公司法时，中外法学的交流也使人们有机会认识公司法规了。西方法律、法学传入中国，早期的表现方式主要是译书，特别是国际公法书籍的翻译。随着中西交流的深入，其他类型的法律书籍也被介绍到中国，其中就有关于商业和公司的法规。京师同文馆法国人毕利干翻译的《法国律例》(*Code Napoleon*) 内分《刑律》《刑名定范》《贸易定律》《园林则律》《民律》《民律指掌》六部分。其《贸易定律》“系陈明一切商贾交易之事，并于一切运载各货或系雇赁车船，并车夫水手及铺户生意赔累倒行打账等事，均归《贸易定律》，因案例衡之”，实际上就是《法国商法典》的简译本[③]。其《民律》实际上就是1804年颁布施行的《拿破仑法典》。[④]可

① 参见钟天纬：《轮船电报二事应如何剔弊方能持久策》，陈忠倚编：《皇朝经世文三编》卷二十六 户政三 理财下。

② 钟天纬在上海与维新人士多次“雅集”，他还是《上清帝第三书》的作者。

③ 帅天龙：《二十世纪中国商法学之大势》，《中外法学》1997 年第 4 期。

④ 李贵连：《中国法律近代化简论》，《比较法研究》1991 年第 3 期。

以肯定的是，《法国律例》中有关于公司的规定。[①] 该书由军机大臣王文韶作序，于1880年用聚珍版刊刻。《法国律例》这一类法律书籍的翻译，使人们开始接触到了原汁原味的公司法规。

综上所述，国人在19世纪80年代初产生规范公司管理、制定公司法规的意识，这种意识来源于当时公司制发展过程中出现的问题，因此可以说这时中国已有制定公司法的需要。由于金融风潮等因素的影响，直至甲午战争前，人们的集股热情并不是太高。公司的一大功能就是迅速扩大资本，而时人却视集股为“畏途”。这时，若发布一些制度章程来对公司的某些方面（如公司的成立）进行规范，难度并不大，但清政府没有这样做。其根本原因就在于清政府一直采取的是限制、压制民族工商业发展的政策。只有改变这种政策，工商企业得到发展，制定公司法、规范公司发展才会被政府提到议程上。

三、国人制定公司法规意识的发展和酝酿

《马关条约》签订后，外国有了在通商口岸设厂的权利，因而清政府也不得不放松对民间设厂的限制。这样一方面可以挽回失去的利权，另一方面可以增加税收，以应对赔款造成的严重的财政危机。“振兴商务为富强之本”[②] 开始成为朝野的共识。要振兴商务就要保护商人，改变以前压制的商人情况。而且，由于政府对新的企业组织形式——公司的规定更是空白，商务活动中日益增多的商事纠纷再也无法以传统的法律加以解决。马克斯·韦伯说：“资本主义‘经营’所需要的法律形式和社会学基础在中国

① 《拿破仑法典》最初定名为《法国民法典》，1807年改称为《拿破仑法典》，1816年又改称为《民法典》。有人说，法国1807年的（旧）商法典对股份公司做了简单的规定，又有日本经济史学家大塚久雄讲道：“近代民主型股份公司在大革命后的法国在拿破仑的《民法典》中法典化。”（[日]大塚久雄：《股份公司发展史论》，胡企林、胡欣欣、江瑞平、韩朝华译，中国人民大学出版社2002年版，第463页。）

② 中国科学院历史研究所第三所主编：《刘坤一遗集》（第三册），中华书局1959年版，第1413页。

的经济中都付阙如。"[①]商人利益无从保护、公司运作规范的缺失导致新的企业组织形式——公司制得不到更大的发展，传统律法与新的商业思想、商业形式产生强烈的不适应，时代呼唤相应的商业法律的出现。

传统法律难以保护投资新式企业的商人的问题在 1883 年金融风潮中就已经表现得很充分。我国古代法律的特征是"诸法合体"，而对民事，特别是对商事方面的规定又很少。大量的商业纠纷是在商业社会内部通过习惯法进行处理的。当时曾有外国人提出报告，"调查和研究都没能发现在中国衙门的民事案件中起控制和支配作用的法典的存在，商务纠纷一般交付给行会仲裁，据信中国官吏是从其内在的道德感中演绎出可适用于他面前等待判决的案件的原则的"。[②]再加上"中国积习相沿，好持崇本抑末之说"，所以在出现集股欺诈案件时，"地方官以为钱债细故，置之不理"。甚至有将控诉人"管押而罚其金"的事。所以，维新派人士陈炽说，不定"专律则商情终抑，而商务必不能兴"。[③]清政府也注意到这个问题。甲午战争后，清政府为了振兴商务，推广设立商务局，有些商务局的章程专门提到对集股案件的处理。如《创办福州商务局章程》规定："凡纠股经商……如有从中私挪暗蚀、托名亏折、倒避捲逃等情，一经被累人控告，传案讯实，即先行查封备抵，一面变通办理……"[④]《山东商务局章程》规定：纠股设立公司者"如有暗蚀资财、私挪股本、托名亏折、倒避捲逃等情，一经被累人控告传案审实，应即遵照戶部刑部奏定章程，勒限追欠，逾限发交地方官分别定罪。"[④]又如《芜湖商务局详定保商章程》规定："有纠立公司者，须先邀公正巨商三人出其连环保结"，并"赴商务局立案，然后方准开张。"[⑤]这些规定虽然是在保护集股者利益，但处理案件的思路还是按过去处理钱债纠纷的办法，对公司集股案件并无特别的针对性。不过规定纠立公

---

① ［德］马克斯·韦伯：《中国宗教：儒教与道教》，洪天富译，江苏人民出版社 1993 年版，第 103 页。

② George Wialliams Keeton，*The Development of Extraterritoriality in China*，2 Vols，London：Longmans，1928，pp. 371–374. 转引自帅天龙：《清末的商事立法》，见徐学鹿主编：《商法研究》（第一辑），人民法院出版社 2000 年版，第 52–53 页。

③ 陈炽：《立商部说》，邵之棠编：《皇朝经世文统编》卷五十七　理财部　二商务。

④④⑤ ［清］甘韩编：《皇朝经世文新编续集》卷十　商政。

司“须先邀公正巨商三人出其连环保结”，并“赴商务局立案，然后方准开张”，这一点还是有意义的，颇似后来《公司律》中规定的注册制度。这说明在《公司律》颁布之前，随着公司制的发展，政府的规章政策还是做出一些符合实际的调整的。不过，实施效果如何就不得而知了。盛宣怀就说过：商务局“不过具文，无裨商务”，“局所虽多，徒滋纷扰”。① 类似的话袁世凯在《东抚袁复奏条陈变法折》中也说过：“商务局者，不过具文，无裨商务。”② 所以，要发展公司制度就非“变法”不可。这一点张之洞是深深地认识到的。在《马关条约》签订的当年，张之洞就曾在两江总督任上“奉旨招商”。他在江苏以及以后在湖北的招商活动中深感集股之不易，他认为：“华商集股，设有欺诈，有司罕为追究，故集股难。西国商律精密，官民共守，故集股易”，所以要“译商律，商非公司不巨，公司非有商律不多。”③ 李鸿章也提出了保护商人、制定商律的要求。他指出：“泰西各邦，皆有商律专以保护商人，盖国用出于税，税出于商，必应尽力维持，以为立国之本。”④

但这些观点只是从集股纠纷的角度出发，而中国公司制经过 20 多年的发展，已经在产生变化了。

变化之一是，“官督商办”的弊端暴露得越来越明显。由于“官督商办”严重背离了公司企业的经营原则，进入 19 世纪 90 年代，已是名誉扫地。连两江总督刘坤一也认识到：“若复狃于官督商办之说，无事不由官总其成，官有权，商无权，势不至本集自商、利散于官不止。”所以导致“招股之事叠出，从未取信于人。”⑤ 郑观应长期任职于官督商办企业，他指出：“华官不惟不能助商，反朘削之，遏抑之”，“虽谓之官督商办，其实商股不

---

① 《请设上海商业会议公所折》,《愚斋存稿》卷七，转引自朱英：《论晚清的商务局、农工商局》,《近代史研究》1994 年第 4 期。

② 〔清〕甘韩编：《皇朝经世文新编续集》卷一　通论。

③ 张之洞：《劝学篇・外篇・农工商学第九》，赵靖、易梦虹主编：《中国近代经济思想资料选辑》（中册），中华书局 1982 年版，第 381 页。

④ 《钦差商务大臣李谢恩折》，转引自朱英：《论清末的经济法规》,《历史研究》1993 年第 5 期。

⑤ 中国科学院历史研究所第三所主编：《刘坤一遗集》（第二册），中华书局 1959 年版，第 833 页。

敢过问”,“名为保商实剥商，官督商办势如虎。”[①] 他深感“中国尚无商律，亦无商法，专制之下，股东无如之何”，于是呼吁：“仿西法，颁定各商公司章程，俾臣民有所遵守，务使官不能剥商，而商总、商董亦不能假公济私，奸商墨吏均不敢任性妄为，庶商务可以振兴也。”[②]

变化之二是，股份有限公司开始出现。中国过去的公司未明确规定股东负有限责任还是无限责任，因而股份有限公司能迅速吸收资本的功能难以发挥。1895 年《万国公报》发表的李提摩太所译《英国颁行公司定例》详尽介绍了“有限公司”与“无限公司”之区别。该文声明：“比年以来，华人向英国各业公司购买股份票者，所在多有。华人自立公司，亦复相继而起，然泰西有通行之公司定例，尚多茫然莫辩，市道所关匪浅鲜也，今将英国核定颁行之例，择其与上海公司相合者备录于左，使人知所遵守焉。”[③]《万国公报》当时的销售量达几千份，其对公司法规知识的传播起到的作用可想而知。[④] 在“取《英国颁行公司定例》观之”后，有人认为公司目前所处的困境，是“立法之未善”造成的。“考西人定例，公司分为二等：一曰有限公司，一曰无限公司 ”，有限公司的股东“无后患者也”，“西人近来所设，大半皆有限公司”，而“中国虽亦有仿而行之，则尚如晨星之可数”。[⑤] 显然，时人已产生了立法以确立股份有限责任公司的思想。

涉外商务的发展也亟须公司法等商事法律来对商业活动予以保护。早在 1877 年，驻英公使郭嵩焘就奏请朝廷“参核各国所定通商律法，分别条款，纂辑通商则例”。[⑥] 但该事未有结果，对外经济活动中对清末制定《公司律》起到重大作用的事件应是惠通公司股份案。

---

① 赵靖、易梦虹主编:《中国近代经济思想史资料选辑》(中册)，中华书局 1982 年版，第 100-101 页。

② 赵靖、易梦虹主编:《中国近代经济思想资料选辑》(中册)，中华书局 1982 年版，第 102 页。

③ [英] 哲美森:《英国颁行公司定例》,[英] 李提摩太译,《万国公报》1895 年 8 月，第 15392 页。

④ 郑观应还把该文附在《盛世危言》中 (见夏东元编:《郑观应集》(下)，上海人民出版社 1988 年版，第 629-634 页)。并加按语:“英国颁行公司定例甚善，我国亟宜通饬仿行。”

⑤《论商务以公司为最善》，邵之棠编:《皇朝经世文统编》卷六十三 理财部八 公司。

⑥ 郭嵩焘:《使英郭嵩焘奏请纂成通商则例折》，王彦威纂辑，王亮编:《清季外交史料》卷十一，书目文献出版社 1987 年版，第 205 页。

惠通公司股份案是清朝末年涉及面最广、影响巨大的一场中外经济诉讼案。该案几乎席卷整个上海工商界，涉及金额上百万两白银，因而引起了中英两国高层的关注。而惠通案的整个诉讼几乎是围绕着公司法展开的，从这一过程可以看出，制定一部“公司法”也是国际经济交往的需要。

1891 年成立的大东惠通银行前身是英商在上海创立的大东惠通押借公司。惠通押借公司初创时采取先付部分股金的方式筹集股本。1893 年银行本金开始亏损，董事会决定每股加收本金。股东纷纷拒付，于是发生了一系列的债务案。正是通过这几场诉讼案，更多的人了解了公司法，认识到公司法的重要作用。当时，惠通银行的股票约一半在华商手里，如续付股本华商将损失上百万两白银。为了诱使华商交银，英国人先同在上海的两个外国股东打官司。英国人先是上告法国驻上海总领事，要求法国人肋秘先支付所欠股银。根据英法两国条约，公堂依据法国公司法审理该案。法国公司法规定：第一次召股，至少要收取股本 1/4 的股本金。而惠通银行的股本是每股 10 镑，第一次只收取 1 镑 5 先令，据此原告被判败诉。消息传来，“中外人闻之咸鼓掌称快”，[①] 尤其是华人附股群体开始知道了公司律例对保障他们的经济利益的重要性。接着，惠通银行又向美国驻沪总领事控告，要求美国人许士卑付足股金。许士卑是在惠通公司改为银行前买的股票。这次，美国法官引用英国公司法规的一个案例，认为当初惠通公司根据英国公司法注册，并据此发出招股节略和颁印公司章程都不是说做银行生意，据此判定惠通公司改作银行违例，法官宣布惠通公司败诉。

而后，惠通公司屡向华商催逼，均被中方以约章无华洋合股之条驳回，不过客观地看，中方的这个理由也是站不住脚的。在英国压力下，1898 年惠通公司控告华商的案件终于开庭审理。这次，英方控告的是两个在惠通公司改为银行后买股的华人大股东。双方均请了律师，展开了激烈控辩。控方阐述的中心问题一个是华洋合股是否合例的问题，另一个就是既然售股合同中载明“应付随时所索未清股款之责”，股东就有“照付加股银款”

---

① 盛档资料译文，英文原件见 The North-China Daily News，1894年4月26日转引自周松青：《大东惠通银行股份案始末》，见丁日初主编：《近代中国》（第十辑），上海社会科学院出版社 2000 年版，第 92 页。

之责。并且合同内有"按英国通例而行"的字样，据此，原告的律师认为"两造已订明系用英律，因英律内明载有限公司之章程……此等公司章程均照英国政府所定商律而行"，故令买股人按照公司规例与按照英律无异，英方律师之意就是双方所订之章程是符合英国公司法要求的。英国律师还特别指出"大凡两国人立合同，按贸易常规，彼此可先订明照国律例……假令被告，合同上明写不用华例，愿按英例，仍不合乎理。缘华民无任意不欲归中国管治之理也"。[①] 这段话站在英国人的立场上来看，说明他们和华商是在公平的情况下达成遵守英例的协议的。而站在中国的立场上读这段话，则让人心中涌起一阵酸楚，华民谁任意不欲归中国管治？不就是中国缺少商法、公司法吗？案件的主审者江海关道蔡钧，肩付"保全华商"（李鸿章托马建忠转致蔡钧语）的重任，在搜集前述法、美两国领事审理惠通案的判词后，决定照英国法律审理此案，他主要利用美国领事法庭审理惠通案时抓住的惠通公司的漏洞，认为根据英国公司章程"惠通公司没有改做银行的道理，改为银行是公司的错误，股东无需为此承担责任"，[②] 判惠通公司败诉。惠通案就此告一段落。

惠通案的影响是巨大的。对中国来讲，一方面保住了华人的巨额利益；另一方面使中国更多的人认识了商法、公司法，知道了运用商法、公司法的重要性。就惠通附股者来说，上海华人持有公司 20 万股中的 8 万股，各行各业受牵连的不下千人，所以说影响是很广泛的。当他们了解到"英国律章有不依照章程应将股本退回之例"[③]，就请清政府出面要求英国方面退回股本，这说明他们已经主动地开始运用公司法。就该案涉及的清朝官员来说，有李鸿章、张之洞、刘坤一、聂缉椝、马建忠等，他们是对历史发展起到重要影响的人物。通过惠通案，他们对商法、公司法的认识也有所提高。1895 年，时任两江总督的张之洞指出：按照西例，集股公司要否加

---

① 周松青：《大东惠通银行股份案始末》，见丁日初主编：《近代中国》（第十辑），上海社会科学院出版社 2000 年版，第 106–107 页。

② 周松青：《大东惠通银行股份案始末》，见丁日初主编：《近代中国》（第十辑），上海社会科学院出版社 2000 年版，第 114 页。

③ 周松青：《大东惠通银行股份案始末》，见丁日初主编：《近代中国》（第十辑），上海社会科学院出版社 2000 年版，第 105 页。

股，应以公司章程为准，而不以生意盈亏为据。惠通公司违背原定章程为押借公司，而改作汇兑生意，"自不应执收股原章向人派索。现据该行缮发知单，声称生理久亏，尚须加收一镑等语。查照西例，衡情度理，凡华商附此股本者，可以毋庸缴收，本大臣自当一律保护"。他还认为，华商要追还股本，不是空言所能做到，只能通过法律途径解决。[①] 刘坤一在惠通案发生后也"令立商学以究源流，蒐商律以资比例"。[②] 而恰恰就是张之洞、刘坤一在 1901 年向清政府建言制定旨在保护公司、促进公司发展的商法。

1901 年初，清政府发布"变法上谕"宣布"改弦更张"后，同年六月，张之洞、刘坤一联名发出了"江楚会奏变法三折"，其中的《遵旨筹议变法谨拟采用西法十一条折》提出了定"商律"的建议。其主要理由如下：第一，"洋行，皆势力雄厚，集千百家而为公司"而"欧、美商律，最为详明"对这些公司"多方护持，是以商务日兴"。而华商却不过是"坐贾零贩"，无法与洋商相抗。第二，"中国素轻商贾，不讲商律，于是市井之徒苟图私利，彼此相欺，巧者亏逃，拙者受累，以故视集股为畏途，遂不能与洋商争衡。"第三，"凡遇商务讼案，华欠洋商，则领事任意需索；洋欠华商，则领事每多偏袒。"于是"华商或附洋行股份"或"假冒洋行"，"若再不急加维持，势必至华商尽为洋商之役而后已"。故"必中国定有商律，则华商有恃无恐，贩运之大公司可成，制造之大工厂可设，假冒之洋行可杜……十年以后，华商即可自立，骎骎乎并可与洋商相角矣"。[③] 第一点讲的是外国公司因有商律保护而强大；第二点讲的是中国没有商律，因而华商畏惧集股成立公司；第三点讲的是中国要有自己的商法，华商才能不受外人欺负，才能使自己的公司站住脚，不成为洋商的附庸。这几点理由都是围绕公司来讲的，可见在张之洞、刘坤一心目中，最急需制定的商法就是公司法了。由于"江楚会奏变法三折"几乎成为日后清政府的"新政"纲领，

① 《张之洞批刘麒祥转禀文》，光绪二十一年六月十七日，转引自周松青：《大东惠通银行股份案始末》，见丁日初主编：《近代中国》（第十辑），上海社会科学院出版社 2000 年版，第 102–103 页。

② 《筹办农工商务分门实学片》，中国科学院历史研究所第三所主编：《刘坤一遗集》（第三册），中华书局 1959 年版，第 1088 页。

③ 苑书义等主编：《张之洞全集》，河北人民出版社 1998 年版，第 1442 页。

中国的第一部公司法这时已呼之欲出。[①]

从 1895—1901 年的情况看。政界、商界人士都对公司法的认识有了不同的提高。其根本原因就是传统的法律体系已不适应公司制发展的要求，不适应中外经济关系发展的要求。于是国人开始主动去了解外国公司法规，[②]《近代译书目》就列举了大量翻译过来的关于商法（包括公司法）的书籍。从总体情况来看，制定公司法规的时机已经酝酿成熟了。

四、清政府制定《公司律》

光绪二十八年（1902 年）二月初二日（3 月 11 日）清朝发布上谕称："我朝大清律例一书，折衷至当，备极精详"，但也不得不承认"为治之道，尤贵因时制宜，今昔情势不同，非参酌适中，不能推行尽善。况近来地利日兴，商务日广，如矿律、路律、商律等类，皆应妥议专条"。同时要求各出使大臣"查取各国通行律例，咨送外务部"，并谕令袁世凯、刘坤一、张之洞等督抚大吏"慎选熟悉中西律例者，保送数员来京，听候简派，开馆编纂"。[③] 这条上谕是清政府决定修律的标志性文件。不久，袁世凯等奏荐刑部侍郎沈家本、出使美国大臣伍廷芳主持修律。光绪廿八年（1902 年）四月初六日（5 月 13 日）又有圣旨称："现在通商交涉，事益繁多，著派沈家本、伍廷芳，将一切现行律例，按照交涉情形，参酌各国法律，悉心

① 张之洞、刘坤一不是最早向清政府提出商律的官员，1901 年 3 月，出使俄奥国大臣杨儒在给朝廷的奏章中就提出了制定商律的主张。他认为，中国在对外贸易方面一直处于劣势主要是由于"彼有商学而我不讲，彼有商会而我不兴，彼且有公司以集资，国家为保护"，故"亟应订商务之律，设商务之局，遍询商家之疾苦不便而善谋补救，博访商家之盈虚利弊而为主持"（见近代史资料编辑组编：《杨儒庚辛存稿》，中国社会科学出版社 1980 年版，第 201 页）。

② 光绪二十七年（1901 年）六月十四日（7 月 29 日），盛宣怀向清廷呈奏"呈进南洋公学新译各书并拟推广翻辑折"，呈进南洋公学所译有关兵政、理财、商务、学校 13 种新译书籍供御览，尚有 15 种新译书籍俟排印齐全后另行呈进，并提出推广翻译的建议。（见夏东元编著：《盛宣怀年谱长编》（下册），上海交通大学出版社 2004 年版，第 746 页）而大概在 1897 年前后盛宣怀就曾请伍光建翻译《英国商律全书》。

③ 〔清〕朱寿朋编：《光绪朝东华录》（五），中华书局 1958 年版，第 4833 页。

考订，妥为拟议，务期中外通行，有裨治理。”[①]但转年三月，商部才奉旨修商律。[②]而在此之前，伍廷芳已到上海去参加商约谈判了。

商约谈判是根据《辛丑条约》的规定，中国政府与英、美、日、德等国商议修改各通商行船条约及有关通商事宜。最早是中英商约谈判，1902年9月，两国达成《续议通商行船条约》。以前的研究者一般注意该条约第十二款规定：“中国深欲整顿律例，其与各国改同一律，英国允愿尽力协助，以成此举，一俟查悉中国律例情形及其断案办法及一切相关事实皆臻完善，英国当放弃其领事裁判权”。[③]论者常以此来说明商约谈判促进了清末修律工作。但就制定公司法来说，该条约第四款更有直接意义。第四款的内容首先是承认华洋合股“合例”。然后“中国又允，遇有华民购买公司股份者，应将该人民购买股份之举即作为已允遵守该公司订定章程并愿按英国公常解释该章程办法之据。倘不遵办致被公司控告，中国公堂应即饬令买股份之华民遵守该章程，当与英国公堂饬令买股份之英民相等无异，不得另有苛求”。相对应地，“英国允英民如购中国公司股票，其当守本分与华民之有股份者相同”。[④]该条约完全是针对惠通公司股份案的，当时惠通公司的律师反复申明，华人既买股票就要遵守买股合同，合同上规定“按英国通例而行”，所谓“英国通例”在惠通股份案中就是“英律内明载有限公司之章程”之规定。英国律师还说了“大凡两国人立合同，按贸易常规，彼此可先定明照何国律例”，[⑤]那么，反过来英人买中国人股票，中国人又能拿出什么中国的通例让英国人选择呢？最终只能是依英国律例。

我们再来看一份1905年中德商约谈判所留下的材料：“中德商约底稿

---

① 〔清〕朱寿朋编：《光绪朝东华录》（五），中华书局1958年版，第4864页。

② 光绪二十九年十二月（1904年1月）商部的一个咨文说“本年三月臣载振钦奉谕旨编订商律”（中国第一历史档案馆：清农工商部档，291号案卷。转引自《略论〈钦定大清商律〉对外国法的移植》《郑州大学学报（哲学社会科学版）》，2005年第5期）。

③ 王铁崖编：《中外旧约章汇编》（第二册），生活·读书·新知三联书店1959年版，第109页。

④ 王铁崖编：《中外旧约章汇编》（第二册），生活·读书·新知三联书店1959年版，第102页。

⑤ 周松青：《大东惠通银行股份案始末》，见丁日初主编：《近代中国》（第十辑），上海社会科学院出版社2000年版，第106–107页。

及中国政府索改各款”[①]，其底稿第六款也是关于华洋合股的规定。该款规定，华人附股德国公司，“即应视为已允按德国公堂解释，遵守公司律例，及该公司自订合同章程”。反之“德民附股于中国公司者，亦须遵守公司律例，及该公司自订之合同章程”。与中英商约类似的规定相对照，这时，中国政府已经能明确地提出德民附股于中国公司也要遵守公司律例了。原因就在于，1904 年中国有了自己的《公司律》。并且中国政府特别要求在“德民附股于中国公司者，亦须后加上‘按中国公堂解释’的字样”，因为中国当然有解释自己的公司法的权力。

这样看来，尽快制定公司法也是商约谈判中维护中国商民利益的需要。中国有了公司法，就能在某些方面取得与外国人对等的地位，从而尽可能维护中国商民的利益。

所以综合各种情况，当伍廷芳于光绪二十九年（1903）八月到京履任时，载振等与之商议：“编辑商律，门类繁多，实非尅期所能告成。而目前要图，莫如筹办各项公司，力祛囊日涣散之弊，庶商务日有起色，不致坐失利权。则公司条例，亟应先为妥订，俾商人有所遵循，而臣部遇事维持，设法保护，亦可按照定章核办。”于是，“赶速先拟商律之公司一门，并于卷首冠以商人通例……”[②]于是，中国第一部《公司律》经过短短三个月的编纂，于 1904 年 1 月 21 日正式颁行。

综上所述，可以看出国人的公司法意识经历了一个发展深化的过程，伴随着这个过程的是中国公司制发展的深入以及涉外经济活动的增加，而这也就是《公司律》制定的重要原因。

---

① 中国近代经济史资料丛刊编辑委员会主编：《辛丑和约订立以后的商约谈判》，中华人民共和国海关总署研究室编译，中华书局 1994 年版，第 323 页。

② 〔清〕朱寿朋编：《光绪朝东华录》（第五册），中华书局 1958 年版，第 5013 页。

矿权与铸币化：近世日本分层货币制度的演进

——兼论与中国的比较 *

许　晨 **

中央民族大学经济学院

【**摘要**】伴随着矿业大开发的进程，中日两国在16世纪前后形成了独特的分层货币制度，贵金属与贱金属在不同交易层次充当货币职能。然而，两者的演进轨迹出现了较大歧异——日本较快实现了分层货币制度向单一贵金属本位的转变，而中国的分层货币制度则呈现黏滞与维持的状态。这与两国的资源禀赋与历史制度有着重要关联，日本的货币分层具有内生性特征，通过对矿权的控制与白银铸币化实现了贵金属与贱金属的主辅币联系，并通过历次货币改铸降低了货币成色；中国的货币分层具有外生性特征，无法通过制度变革来实现向单一本位的转化，因而多是使用信用创造的方法来扩大货币供给，以克服金属货币制度下的天然紧缩性缺陷。"内外有别"是两国货币制度走向歧义的基础条件，也为制度变迁的方向提供了内在动力。

【**关键词**】分层货币制度；矿权；铸币；金属货币；中日比较

中国古代的货币制度长期存在分层化的特征，"战国秦汉勉强是金钱平行本位，六朝隋唐是钱帛平行本位，宋金元至明初是钱钞流通制度，明中

---

* 基金项目：国家社会科学基金青年项目"中国近代区域性货币市场及其信用机制研究"（18CJL002），国家社会科学基金重大项目"近代中国金融市场发展与运行研究"（16ZDA133）。

** 作者简介：许晨，中央民族大学经济学院讲师，主要从事中国近代经济史、金融史等研究。

叶到清末是银钱平行本位。”[①] 从这一角度看，铜钱在其中始终扮演着低价值货币的角色，而高价值的货币则随着历史的演进而改变。进入近代以后，分层化的货币体系并未快速转变为单一本位制度，而是带有强黏滞性，并没有随着近代化的开启或政权的更迭而迅速瓦解，直到废两改元和法币改革后才彻底改变。

日本中世至近世在货币制度上受到了中国的影响，特别是大量中国铜钱流入日本，对日本国内货币体系的形成产生了深刻影响。伴随着一系列政治事件的发生，日本自近世时代起也形成了具有自身特点的分层货币体系，即金、银、铜三种货币并行，这与中国同时代的货币制度有着天然的相似之处。日本在明治维新以前实行的所有货币改革都没有完全突破分层货币体系的框架。明治维新后，日本在货币方面的最大变革，就是由幕府时期的分层货币体系转变为了近代金本位制度。而这个过程，恰好处于日本从一个落后国家迈向近代化的时期。以往的研究普遍认为，《马关条约》的签订使日本获得了大量赔款，以此作为准备金全面建立了金本位体系。然而，日本之所以能够较为顺利地转变为金本位制度，有其深层次的历史制度原因，与其在近世时期的货币制度建立与演进有着密切联系。

货币分层现象在 16 世纪的东亚具有一定的普遍性，并不归属于金融学已有的本位体系，而是一种特殊的制度安排，中日两国的历史都证明了该种货币制度曾长期存在，但学界关于其形成原因及差异的探讨却付之阙如。更进一步的是，近代中日两国同样从货币分层的起点出发，却走出了不同的轨迹，两国货币体系变迁的速度有着天壤之别。也就是说，即便该种货币制度在东亚区域内有一定普遍性，但在具体运行中则尚有区别，然而学界尚无对于这种差异的原因的分析。实际上，对金属矿藏的占有是建立全国性货币制度的基础，但这一过程在中日两国之间存在着迥然相异的路径；贵金属铸币化是使称量货币便于流通的主要手段，也是在金属货币时代分层货币制度实现并轨的一个重要环节。中日两国在贵金属铸币化的进程中也出现了明显的速度差异。从矿权和铸币化的角度，可以看出中日两国在 16 世纪以来货币制度演进中的差异及其原因。

---

① 彭信威：《中国货币史》，上海人民出版社 2015 年版，第 6 页。

一、从“银矿战争”到三币制度

日本在江户时期以前并没有形成完整的货币制度，尽管贵贱金属混合使用，但从总体来说，铜钱在日常使用中占据主要地位。日本国内铜矿比较缺乏，在平安时代（794—1192 年）确定神户港为与中国进行贸易往来的港口后，从中国进口了大量唐钱、宋钱，称为“渡来钱”。从 12 世纪起，日本国内主要使用这些“渡来钱”，同时有一些自铸的“模铸钱”也在流通。“模铸钱”是仿照中国铜钱的形制和重量铸造的铜钱，也刻有中国年号，实际上类似于私铸钱，此外还有中国的私铸钱传到日本。为了加以区分，一般将“模铸钱”和中国私铸钱称为“恶钱”——与以洪武、永乐、宣德年间中国官铸铜钱为代表的“精钱”相对。这种状态一直持续到 16 世纪末至 17 世纪初。

与铜材缺乏相对应的是，日本的金银储备相对丰富，但开采较晚，这与全球金属开采技术的进展有关。随着矿业大开发的进程，日本开始大量开采和铸造贵金属货币，然而最初以金银铸造的形制较大的货币并不能在全国范围内通用。不少日本白银在 16 世纪前后流入了中国，而这段时期也是中国明代白银货币化最为显著的阶段。关于中国白银流入和日本白银流出的关系仍存争议，不少学者认为中国的白银需求刺激了日本的白银开采与出口，如黑田明伸认为白银的充沛供应开始于 1540 年日本石见银矿（今岛根县大田市）和 1570 年左右秘鲁波托西银矿。[①] 何平也认为日本和美洲银矿的开发正是缘于中国强大的白银需求。[②] 诚然，日本和拉丁美洲银矿的开采给世界经济格局带来了巨变。但就日本而言，江户时代有“银山三千轩”之说，绝不仅仅有石见银矿而已。石见银矿的重要意义也绝不仅是扩大了白银的供给量。在中日比较的角度上，其反映了中日之间对于贵金属矿藏权益的不同看法，也反映了两者在货币主权方面的歧义，进而影响了

① Akinobu Kuroda, Silvers Cut, Weighed, and Booked, *Silver Usage in Chinese Monetary History*, Hongkong Maritime Museum, 2017, pp.109-121.

② 何平：《世界货币视野中明代白银货币地位的确立及其意义》，《中国经济史研究》2016 年第 6 期，第 5-17 页。

日本近世货币制度演进的路径。

白银作为货币与财富的象征，在日本固然有着根深蒂固的思想根源，但矿产资源似乎并不归属于“万世一系”的日本天皇，而是呈现出成王败寇、你争我夺的局面，这在几次“银矿战争”中表现得十分明显。日本三大银矿被江户幕府全面掌控之前，关于银矿的斗争已经时有发生，石见银矿争夺战则是其中最主要的代表。

1526 年，石见银矿被博多商人神谷寿贞（一作神屋寿祯）发现，而当年就发生了大内义兴攻陷石见六城的事件，大内义兴本身是周防国（今山口县周防市）的大名，夺取矿山后，迅速在石见银山旁的温泉津町筑造了矢泷城用于防御，可见其进攻之用心。然而不久后大内义兴于 1528 年死去，温汤城（今岛根县川本町）城主小笠原长隆趁乱于 1531 年夺取了矿山，但是小笠原在该地区势力有限，西部的大内氏虽然被小笠原打败，但很快重整旗鼓；东部的尼子氏对石见银山也觊觎已久，矿山先是于 1533 年被大内义隆夺回，随后又于 1537 年被尼子晴久占领。尼子晴久对于矿山的经营十分在意，专门构筑了山吹城用于防御，然而仅两年后矿山就又被大内氏夺回，而在 1540 年，石见银矿又被小笠原氏所攻克。一年后大内氏又重新攻取石见矿山地区，这一时期对于石见银矿所在地区的争夺十分激烈，仅在 1536—1543 年，石见银矿的所有权就在大内氏、尼子氏、小笠原氏之间易手达 5 次之多。1543 年尼子氏与小笠原氏达成谅解，共同开发银矿并维持了 10 年左右的和平时期。然而这一时期，毛利元就势力发展迅速，成为了该地区的政治军事新锐，1556—1562 年爆发了专门为争夺矿山的战争，对阵双方即为毛利氏与尼子氏，双方在几年间互有胜负，银矿多次易主，最终以毛利氏胜出而告终。从此，毛利氏取得了对石见银矿的控制。① 这一时期处于日本战国时代后期，织田信长在近畿一带已经有了相当大的势力，日本国内开始有了统一的趋势。1582 年明智光秀发动了“本能寺之变”，织田信长自杀，而后丰臣秀吉发动讨逆，战胜明智光秀，随后完成了日本全国的统一，建立了以丰臣秀吉为中心的中央集权体制，在石见地区附近

① 大賀吉茹：《石見国銀山旧記》，本庄栄治郎：《近世社会経済叢書 第8巻》，東京：改造社，1927 年第 195-201 頁。

的毛利氏不得不屈服于丰臣秀吉。从此开始，丰臣秀吉开始了第一次统一货币的尝试，石见银矿由丰臣秀吉与毛利氏共同管理。丰臣秀吉死后日本大乱，德川家康趁机统一日本全国，于1600年起取得了矿山所有权，迅速对其采取了直辖措施。

石见银矿并非个案。日本战国时期各地大名为了筹措军费，纷纷开发领地内的矿山，铸造仅在领地内流通的金银货币，因此这一时期不但没有统一的货币制度，甚至连银矿的归属都时常改变，矿权并不统一。同一时期，日本至少还有两个较大的银矿被发现并开采，与石见银矿一起并称为日本三大银矿。其中，但马生野银矿（今兵库县朝来市）的开发时间较早，于1542年开始开采。与石见银矿一样，它从一开始就受到了各方势力的重视，虽然没有经历大规模战争，但由于其地理位置靠近近畿地区，织田信长和丰臣秀吉都对其进行了专门的直辖，随后德川家康控制了该银矿。摄津多田银矿（今兵库县川西市）虽然开发时间较晚，但开发速度较快。该矿藏银铜伴生，铜产量也很高，因而在日本国内也十分重要。丰臣秀吉于1588年开始开采多田银矿，其将金银矿山垄断经营的办法一直被江户幕府所延续。

从“银矿战争”到矿产直辖反映了日本国内对于矿产资源的争夺与统一趋势，也反映了统治者对于贵金属矿产的认识从资源权开始上升到货币主权的层面。金属矿权不归全国名义上的统治者天皇所有，而是成为了战争的借口和目的。

同一时期或稍晚的中国虽然在政治上面临着明清鼎革，却始终保持着大一统的格局，“普天之下，莫非王土”，矿山从来都是天子所有，尽管其开发方式在历朝历代有所不同，但其所有权并无争议，即便在并不太平的年代里，也并无因争夺矿山所有权而发生的战争。然而，名义上的拥有并非真正拥有，所有权和经营权的分离是中国古代金属矿藏开采的重要特征。典型的案例是，云南地区长期承担着全国银、铜等金属币材的供给职能，但在清前期，吴三桂曾割据一方，在云南拥有极强势力。然而，从康熙撤藩到三藩平定，并无关于银铜矿藏的争夺，学界在对三藩之乱的前因后果做出的研究中，也无关于矿山利权的任何论断。吴三桂任平西王和称帝后，尽管发行过“利用通宝”和“昭武通宝”两种铜钱，但并未看到其管理银

矿开采和直接经营银炉的史料。而且，据康熙年间的《云南通志》中记载，“滇产五金，其来旧矣，但时出时竭，所获甚艰”[①]，这一方面说明了不论政局如何，云南矿产开采历史已久；另一方面也说明了在这一时期，云南的矿业并无突破性进展，争夺矿权在平定三藩的决策中并不重要。根据近来学者对云南铜矿业的最新研究，矿税是按照定额缴纳的，中央政府并不直接管理矿产开发，皇帝虽想寻求矿利，但难以摆脱关于矿业危害的各种说教的束缚。康熙帝虽坐镇京师，却清醒地意识到矿产实际控制在地方官手中，而在奏报时可能产生寻租问题，并通过密奏揭开了官员藏匿矿厂的事实。[②]虽然该研究主要是针对铜矿，但在官员的奏报中也有金、银、铁等矿藏的清单，且为数不少。可见，清代前期奉行了有限制的“听民开采”的政策，只是采用固定税率收取矿税而已，而厂矿的数量与规模完全按照官员的奏报。“听民开采”的政策到了乾隆、嘉庆之后更加放松。名义上的管理并没有落到实处，矿权分离是中国古代因循而来的传统，这也阻碍了资源权向货币主权的转化。不同的是，日本人对于矿藏追求利权，偏好直辖，这是战国时期的社会背景所决定的，也直接导致了矿权转化为货币主权。虽然从织田信长开始，日本有了统一的趋势，混战局面开始减少，但这一观念并未随之改变。

织田信长虽未统一日本，但其推翻了室町幕府，率先控制了主要的政治、经济城市，如京都和堺，建立了自己的政治权威和经济优势。在其短暂的统治期内，在经济上实行了一系列有利于工商业及商品经济发展的措施。在货币方面颁布了“撰钱令”以禁止市面上广泛存在的撰钱行为（即在流通领域对不同成色重量的铜钱进行挑选和折价的现象），明确规定了金、银、钱币的流通规则，特别是确定了精钱和恶钱的兑换比例，即按照不同的材质和磨损程度将一些劣钱以二当一、以五当一、以十当一。同时，按照层级规定，公事一律用金币交易，商业则一律使用铜钱。这使得分层的货币体系开始在日本形成，原本杂乱无章的货币体系初步得以调整，也

① 《云南通志》卷十二，第 5 页下。

② 温春来、李贝贝：《清初云南铜矿业的兴起》，《暨南学报（哲学社会科学版）》2018 年第 2 期，第 104–119 页。

为后来的币制统一打下了基础。

正是有了这样的基础，丰臣秀吉在初步建立政权后，就有能力着手考虑进行统一币制的工作，主要的前提条件是控制金银等重要矿山，以保证占有币材。1588 年设立了金座，即专门铸造金币的机关，以此来控制货币的铸造和流通。这一时期铸造的形制较大的金币较多，主要是赏赐和作为军费，在市面上不能流通，而且在重量上也没有固定，金银之间也没有一定的兑换比率，因此仍然没有一个完整的货币体系。但是对金银矿山的占有和金银货币一定规模的铸造，既是织田信长货币政策的延续，又为德川家康统一币制奠定了坚实基础。

1603 年德川家康在江户（今东京）建立幕府，标志着日本进入近世时期。早在 1601 年，他就已经下令铸造金银货币。这段时间日本矿山业发展迅速，德川家康采用了和丰臣秀吉一样的办法，对日本国内的金银矿山实行统制，将主要的金银铜矿山都划为直辖领地。部分没有收归直辖的矿山，对其领主征收“运上金”，实质上是一种租税，这样就在实质上实现了统治者对于币材的控制和对货币铸造权的独占。随即，德川幕府在全国各地创设了数个金座和银座，专门用来制造货币。金座的位置主要在产金的东部地区，关西地区只有京都金座；银座则主要在产银的西部地区，关东地区的银座只有江户一处。金座和银座所铸造的都是能够流通于市面的形制较小的货币——其中最重要的是庆长小判金和一分金、庆长丁银和豆板银。

庆长小判和一分金都是可以流通的金币。不同的是，一分金的重量大致是庆长小判的 1/4。根据估算，这两种金币在德川幕府时期的实际铸造额大致在 13024000 两，流通额为 10627000 两左右。[①] 丁银和豆板银作为称量银制货币，在形制上也有大小之分，丁银是银锭状的较大银制货币，豆板银则大小不定，但多为圆形的小型银制货币。在实际交易中，大额交易使用丁银支付，而小额零钱用豆板银支付。丁银和豆板银在这一时期的铸造额约 120 万贯。[②] 丁银是为了方便交易而产生的，其说法来源于日语中写作

① 日本銀行調査局編：《図録日本の貨幣第2巻》，東京：東洋経済新報社，1974 年，第 172-173 頁。

② 斎藤坦蔵：《德川氏貨幣志》，東京：朝野新聞社，1888 年，第 157 頁。

“丁度”的汉字，其含义就是“恰好、整整”，表明了合乎尾数不需取舍的含义。[①] 但在使用丁银流通交易过程中遇到仍有零头时，往往使用豆板银来补足，补足时不超过一块丁银。[②]

以此为基础，德川家康建立起了金银并行的币制体系。金为铸币，计量单位为两、分、朱。采用四进制，1 两为 4 分，1 分为 4 朱；银是称量货币，计量单位是贯、匁[③]、分。1 贯为 1000 匁，1 匁为 10 分。在这个体系下，货币的发行与流通受到中央政府的严格控制，这种现象在前代是并不存在的。

在重铸金银货币后，德川幕府开始整顿铜钱，于 1604 年和 1608 年先后两次颁布“撰钱令”，并命令从 1610 年开始停止流通永乐钱，逐渐代之以 1600 年前后两次发行的以日本年号命名的庆长通宝和 1619 年发行的元和通宝。1636 年在江户和坂本（今滋贺县大津市）设立钱座，大量发行了宽永通宝。到了 1668 年，渡来钱彻底停止流通，但民间仍见零星流通至 18 世纪初。从 17 世纪到明治维新前，日本在全国各地设立了共计 60 多个钱座，从而保证了停用中国货币后铜钱的供应。德川家康的做法是将优质货币一概退出流通，加大劣钱的供给量。这虽然在实际上降低了货币的成色，但是起到了整齐划一的作用，这也标志着德川幕府统制货币的初步成功。这说明在统一的政治条件下，日本开始有能力独立发行和管理货币，“三币制度”正式形成。

三币制度是一种典型的分层货币体系，金、银、铜三种金属货币分层并行，主辅币区分不明显且形制各异，既有称量货币，也有计数铸币。在兑换方面也是以市场为核心，虽然官方规定了金银比价是金 1 两兑换银 50 匁，但市场交易价格却是随行就市的，基本在金 1 两兑换银 40~60 匁，另外 1 两金在市场上可以兑换铜钱 3~4 贯。另外，三种货币有其大致固定的收受人群和交易层次。日本自德川时代起就实行了兵农分离的措施，在社

---

① ［日］细川孝行：《日本历代政权通货发行史概要》，薛菊仙译，《考古与文物》1994 年第 5 期，第 106-111 页。

② ［日］三上隆三：《日元的诞生：近代货币制度的形成》，汪丽影、彭曦译，南京大学出版社 2017 年版，第 24-25 页。

③ “匁”是日本汉字，重量为 3.75 克，这个货币单位的设置大约等同于中国的重量单位“钱”，明代以后相当于公制 3.72 克左右。

会身份管理上实行了严格的身份等级制度，“士农工商”四民社会逐渐形成。由于等级身份之间的差别，货币的使用也呈现分层状态——武士间主要使用金币，工商业者交易主要使用称量银制货币，而农民则较多使用铜钱。此外，幕府官方控制的交易以及国内大宗商品交易主要使用金、银，广大农村地区的集市贸易中则大量使用铜钱。在商品标价中，也会因为消费者阶级的不同而使用不同的货币进行定价，如上流人士喜食的鲷鱼使用金币计价，大米、高级茶叶等使用白银计价，而一般茶叶、蔬菜等日常食品使用铜钱定价。① 在国际贸易中，金、银是可以使用的国际货币，其中金主要用于与荷兰的贸易，而银主要运往中国，铜钱则仅在国内流通。城乡小额商品交易都用铜钱支付，占据了主要地位。在金银货币的产地及其周围都市圈，金银货币较为常用，而在农村地区或远离金银产区的地方，仍大量使用铜钱，且铜钱有很多种类，在市场交易时相互混用，这与中国近代的货币分层情况是类似的。

然而，日本江户时期的分层货币体系是在若即若离的中央与地方关系的幕藩体制下的产物，各地的大名在效忠将军的前提下在藩国内部具有一系列独立的行政权和司法权。② 因此，这种货币制度与同时期或稍晚的中国相比，仍有一定特殊性。国内学者以“割据性”来描述这种特殊的情况。③ “自古东部地方通用金货与铜钱，而不用银。西部诸国主要用银货，辅以铜钱。”④ 即货币的流通在日本国内形成了东西两大流通圈，东部主要的金矿产地及其周边主要使用金币和铜钱，而西部主要的银矿产区及其周边主要使用白银和铜钱。“它的割据和独立也是相对的，因为它要受到德川幕府统一集权政权的强力制约”，⑤ 藩国和幕府之间是既对抗又妥协的。在这种背景下，币材的分割和交通的不便更加促成了日本近世分层货币体系的形

① ［日］三上隆三：《日元的诞生：近代货币制度的形成》，汪丽影、彭曦译，南京大学出版社 2017 年版，第 21 页。

② 然而，武士等上层阶级却并不一定在经济上占据优势。可参见［日］速水融：《近世日本经济社会史》，汪平、李心悦译，南京大学出版社 2015 年版，第 68–70 页。

③ 周爱萍：《日本德川时代货币制度研究》，中国社会科学出版社 2010 年版，第 120–122 页。

④ ［日］新井白石：《折焚柴记》，周一良译，北京大学出版社 1998 年版，第 156 页。

⑤ 沈仁安：《德川时代史论》，河北人民出版社 2003 年版，第 57 页。

成，并使之具有地域分割的特点。简而言之，日本近世虽然通行三币制度，但实际上划分为东西两个区域性的二元化分层体系，关西地区表现为银铜分层，关东地区表现为金铜分层。

除此以外，近世日本也与近代中国一样，存在着一些地方性货币，即日本各藩国内流通的“藩札”。藩札是地方政府为了解决财政问题而发行的仅在当地通行的纸币，行用范围仅限于藩国内部。由于是地方政府发行的货币，实质上相当于中国近代的“私票”“帖子”。地方发行的货币和幕府铸造的统一的全国性货币混杂流通，共同构成了日本的分层货币体系。

造成近世日本货币地域性分割的最主要原因是幕藩体制和币材的物理分离。战国时期，地方大名割据一方，币材无法从其他藩国获得。德川时代虽然获得统一，但在幕藩体制下，各地区仍以藩国大名为行政长官，政治经济的区域性仍然明显。同时，幕府奉行锁国体制，与外界的联系并不很多，铸造货币的原料基本都是国内自给。日本三大银矿——石见大森、但马生野、摄津多田都在西日本地区，东日本则盛产金矿，如气仙川砂金矿、甲州金矿、佐渡相川金矿都分布在东日本地区或其附近岛屿上。幕藩体制下中央与地方既对抗又合作的关系，造成双方既有依存性又有独立性。各地区内部惯行流通哪种货币往往有许多历史积习和行用方便的因素，中央的干预作用比较有限。虽然通过“银矿战争”解决了矿权的问题，但如果要完成本国国内货币统一，则必须采取进一步的制度变革。

二、货币改铸与白银铸币化

在金银铜三币制度下，货币之间不仅具有层级关系，还有地域分割的态势，而且多种货币之间混杂流通，币值差距极大。江户幕府极度希望能够统一货币，因此官方的货币改铸行为在这一时期多次发生，从而导致江户时期的货币成色、形制变动非常频繁。其中，较大规模的货币改铸自1695年至1860年共计8次。

17世纪末至18世纪初，日本国内的贵金属矿藏经历了第一次大规模减产，由于矿山减产和白银外流，两种贵金属与铜钱的比价不断上升，贵金属——尤其是白银的价格本身也十分不稳定，1695年元禄改铸和1706—1714年的宝永货币改铸就是在由此导致的财政困难和货币量不足的情况下进行的。铸造新币实际上就是降低货币成色，从元禄改铸到宝永改铸，成色品位越改越低，宝永改铸中成色最低的“四宝银”，含银量只有20%。元禄和宝永两次改铸虽然暂时缓解了货币流通量不足的问题和幕府的财政危机，但也造成了严重的通货膨胀，使得原有的良币退出了流通，新铸造的劣币充斥市场。

面临这样的问题，于1716年继任成为大将军的德川吉宗早已希图改革，并于1719年推行了“享保改革”，目的就是用开源节流的方法维护幕府财政。在这一过程中，金、银货币都被重新铸造，成色回升。颁布《金银通用新令》，停止原先元禄时期的金银货币的流通，命令商民将原有的货币按照政府定价兑换成新货币，这有利于收回旧货币，将币材收归中央。但是，享保改铸推行的将旧货币兑换为新货币的进程并不顺利，在货币兑换市场上，旧货币的转换率始终不高，新旧货币的市场兑换价格也没有按照官方定价来进行，幕府只好推迟旧货币的使用时间，这就导致了市场上更多货币同时混杂流通。1736年德川吉宗再次以货币改铸的手段推动货币改革，即元文改铸。与享保改铸相比，这一次主要的不同是降低了货币的成色。但比起之前宝永年间最差的货币，其纯度还是要高一些。同时，在旧货币强制转换成新货币未果的情况下，规定了新旧货币的兑换标准，承认旧货币的流通。另外，在铜钱不足的情况下，不仅增铸铜钱宽永通宝，还发行了铁钱宽永通宝，与铜钱宽永通宝基本等值流通。铜材不足虽然给普通百姓在进行一般交易时带来了些许困难，但反过来也为贵金属本位的建立提供了客观前提。

元文改铸之后，日本国内的物价较为平稳，不同货币的比价也相对保持稳定，这样的情况持续了80年左右，使得这期间的田沼货币改革往往被研究者所忽略。[①] 这次货币改革是在1765年由田沼意次领导的，其核心措

① 即便是一些关于此问题的专论，对于田沼货币改革也不一定给予相应的重视。不过，也有少数日本学者高度评价了该次改革。仅各举一例，前者如大塚英樹：《江戸時代における改鋳の歴史とその評価》，《金融研究》1999年第9期，第73-94頁；后者可参见三上隆三：《日元的诞生：近代货币制度的形成》，汪丽影、彭曦译，南京大学出版社，2017年版。

施是发行了明和、南镣银铸币，取代了原先称量的银制货币。这就使得日本国内金、银、铜三种货币均为铸币，初步废弃了称量货币制度，同时根据新货币的成色对于金银比价进行了修正。银铸币的产生对于分层货币体系向单一本位制的转化有着明显的促进作用。同时，这一时期由于政治中心东移，银铸币的发行也是面向以江户为中心的、原本以金币为主要货币的都市圈的——这不仅有利于国内统一市场的形成，也在客观上有利于金币主币化和银币辅币化。配合继续增发铁钱以满足一般交易需求等相关措施，田沼货币改革取得了成功。这之后的江户时期内的货币改革，都没有突破田沼改革的框架。

在经历了一个相对平稳的时期后，由于幕府财政危机，文政时期和天保初期（1818—1832年）采取了错误的货币政策，不但无法缓解财政困难，更导致了严重的金融动荡。在这一时期，日本商品经济不断发展，江户幕府原本每年缴纳固定数量的实物作为税收的“石高制”已经难以适应经济发展。同时，幕府的财政支出也一直有增无减，自然灾害频发导致财政支出进一步增加。财政赤字现象时有发生并一直困扰着幕府统治者。此时，银价也开始上涨，引起长期用银的关西地区经济形势恶化。幕府对于这种形势采取了最为简单粗暴的做法，即盲目降低货币成色，滥发铸币。这样政府获得了较多的铸币收益，暂时缓解了财政紧张的局面，但如饮鸩止渴，带来了极其严重的后果，引发了严重的通货膨胀，物价也随之飞涨。这也大大影响了政府的信誉，货币的价值越发低落。到了天保年间（1830—1844年），日本国内面临着全面的幕府统治危机。在货币方面幕府试图再次进行货币改铸，以解决经济和社会等一系列问题。在降低货币成色的基础上，加铸了铁钱，同时禁止了文政时期的货币流通，并且由官方制定金银兑换钱币的比价，实际上是加强了对于货币发行和流通的管控。这次改铸行为给幕府带来了一些财政收入，但是缓和社会矛盾的目标并未实现。各地的手工工场开始大量出现，封建的商品流通体系渐趋瓦解；通货膨胀十分严重，物价飞涨；社会危机不断深化，各地起义和骚乱风起云涌。[①]

但是，从另一个角度看，天保改铸使得日本原来的货币分层趋势进一

① 周爱萍：《日本德川时代货币制度研究》，中国社会科学出版社2010年版，第211–251页。

步弱化。天保年间，豆板银、丁银只占新铸金银货币的 7%，称量银制货币进一步减少，铜钱的铸造也趋于大额。[①] 在农村经济发展和物价上涨的情况下，欠发达地区对于小额货币的需求减少，而对大额货币的需求增加，有利于实现贱金属向辅币的转化，或实现小额贵金属对贱金属的替代。同时，大量银和铜制货币被用来作为与中国贸易的结算货币而大量流出，在客观上也让金占据了更有利的地位。这为明治维新后日本金本位的建立奠定了基础。

综观整个江户时期幕府领导的货币改铸行为，一个重要的转折点是田沼改革实现了银制货币由称量向铸币的转化。但总体上来说，金银货币比例还是维持在一个相对平衡的比例上，但总量则大大增加。江户时期到明治维新初期的货币铸造量统计如表 1 所示。

表 1　江户时代金银货币流通量的变迁

单位：千两

年份	金制货币	称量银制货币	计数银制货币	合计	年均增长率（%）
1695	10627	3333	0	13960	—
1710	15050	10755	0	25805	4.2
1714	13570	18120	0	31690	5.3
1736	10838	10204	0	21042	-1.8
1818	19114	4208	5933	29255	0.4
1832	23699	5361	16804	45864	3.3
1858	28315	3902	20536	52753	0.5
1869	74231	3512	52392	130225	8.6

资料来源：岩橋勝：《徳川時代の貨幣数量——佐藤忠三郎作成貨幣在高表の検討》，梅村又次等編：《数量経済史論集 I 日本経済の発展近世から現代へ》，日本経済新聞社 1976 年版，第 258 頁。

表中所选取的年份基本都与历次货币改铸相关。从统计中可以明显看

① 新保博：《近代日本経済史》，東京：創文社，1995 年，第 32 页。

到上文提到的两种趋势：第一，江户时代的金银货币流通量增加十分明显。从 1695 年起，金银货币流通量就大量增加，到 1869 年时已经将近 1695 年的 10 倍之多。第二，计数的银铸币逐渐替代称量的银两。19 世纪起，计数银铸币的流通量就超过了称量银制货币，此后逐渐有取而代之的倾向。此外，还可以看出，金银总比重在不同时间虽有变化，但基本保持平衡，大部分时间维持着金多银少的局面。

1853 年日本开放后，开始意识到了世界货币体系格局的变化并有所行动。1858 年的《日美通商条约》确定了日本货币与外国货币同种类同数量通用，这就使日本的金融体系开始对外放开。明治政府于 1871 年颁布了《新货条例》，这是近代日本最为重要的货币金融文件。这份文件最初确定实施银本位，将金币、铜币都作为辅币。但仅一个月后，在美国考察的伊藤博文就提出世界货币格局的大趋势是金本位，于是《新货条例》颁布时就改成了实施金本位。然而政策在实施的时候经历了一番波折，因为市场上流通的银制货币仍很多，一时间难以统一收回。同时，世界银价迅速走低，导致政府规定的 1∶15 的金银比价难以为继，黄金外流严重。到了 1877 年，市场上的银制货币数量甚至超过了金制货币。时任大藏卿的大隈重信建议采用金银复本位制，随后 1878 年起内地贸易也允许用银结算。而在几乎同一时间爆发了西南战争，消耗了大量财富的同时，也导致了通货膨胀加剧。另外，在伊藤博文的建议下，明治政府于 1872 年颁布了《国立银行条例》，试图通过对国立银行的调整来稳定货币金融局势。1873 年又颁布了《政府纸币与公债兑换条例》。规定银行可以使用不兑换纸币向政府换取等额的公债。但这导致了纸币的贬值，挤兑频现。货币市场呈现出混乱的局面。新的大藏卿松方正义于 1881 年在面对国内货币乱象时，提出了新的改革建议，主张建立中央银行，通过中央银行的调控，尝试在日本推行银本位。1881 年起推行紧缩的财政和货币政策。1884 年颁布了《银行兑换券条例》，正式发行可兑换银币的银行券。日本已经成为了事实上的银本位国。这次改革比较成功，原先滥发的银行券大部分都被收回，货币风波渐趋平息。但金银比价在此阶段不断走高，银本位的弊端越来越凸显。明治政府内部一直存在建立金本位的讨论，1893 年 11 月货币制度调查会对于此问题仍有分歧，但建立金本位的意图已经较为确定，主要的意见在于缺乏足够资金。这之后在松方正义的主导下研究考虑转变为金本位，直到甲午战后获得赔款，于 1897 年颁布《货币法》，日本正式建立金本位。①

诺斯在讨论制度稳定性与制度变迁时认为变迁的进程主要是渐进式的，一般是对构成制度框架的规则、准则和实施的组合所做的边际调整，而稳定是通过一系列复杂的制约来实现的。②制度变迁之所以多是渐进式的，是由于政府或组织总是基于所掌握的不断变化中的信息而对制度、规则框架进行微调。因此即便是战争或武装斗争，其之于制度层面的结果而言也并不一定是爆发性的逆转，路径依赖总是或多或少存在的。从短期看，日本近代的货币变革经历了一番波折。若从长期的角度看，制度变迁的方向则是较为稳定的——目标始终是建立全国性的单一贵金属本位。在这其中，白银铸币化成为了重要变革因素，以此为基础的一系列变迁都是渐进性的边际调整。

日本近世以地域分割为特点的分层货币体系是内生地影响着制度本身的，也决定了外生因素的性质和强烈程度。由于金和银在日本国内都是以本地货币的形态存在，其比价并不一定随世界市场的波动而及时调整。这看似难以抵御国际金融市场的波动或带来套利行为，但也为日后金本位改革奠定了基础。如果没有金币、银币的出现和大量使用，就无法想象以金币代替其他所有货币的场景。分层货币制度暗含着统一货币的激励，当白银铸币化后，就建立了与金币、铜币的联系机制，从而有利于铜币辅币化，一旦主币出现大幅波动就将激励人们通过辅币来实现劣币驱逐良币。金银之间的比价变动、交易的不顺畅就成为了内生的准参数或变量，推挤着制度向单一本位发展。

三、中日比较视角下的货币市场分割问题

中日两国自 16 世纪起都面临着货币市场分割的现象，而铸币化是整合

① 参见［日］三上隆三：《日元的诞生：近代货币制度的形成》，汪丽影、彭曦译，南京大学出版社 2017 年版，第 112–189 页。

② ［美］诺斯：《制度、制度变迁与经济绩效》，刘守英译，上海三联书店 1994 年版，第 111 页。

市场的有效工具。正是由于铸币进程的差异，导致了中日两国货币市场走出了歧义的两种路径，也对经济的各个领域产生了不同的影响。

计数铸币取代称量货币的历史进程，从方便交易的角度来说，有其显著的合理性。到了称量金属货币时代的终末期，随着商品经济的发展和通货膨胀率的上升，总会不可避免地产生币值悬殊、流通不便的问题。更加直观地说，当铜钱一文的实际购买力越来越低的时候，笨重的铜钱就会成为交易的负担。而如果使用银两等较重的称量银制货币，又会面值太大无法找零，依然流通不便。可见，民间一般日常交易对于小额贵金属铸币的需求始终处于抑制状态。与此相对的是，贵金属货币即便处于称量的形态也可以十分恰当地满足城市大宗交易的需求。因此，不同层级的货币在城乡之间的分割情况是常见且明显的。

然而，中日货币市场分割的状况存在“内外有别”的本质不同。日本形成金银铜分立局面的原因主要来自内部，如矿藏分布和幕藩体制。日本战国时期依靠武装斗争来争夺土地和资源，矿山是其重点争夺的对象，对矿山的独占就意味着占有财富。同时，幕藩体制下导致货币的行用被划分为不同阶级，藩国林立也使得政权内部离心力较强。内生性分割的状态成为了影响制度稳定性的内生变量，内生地决定制度是自我增强的还是自我削弱的，以及是否会发生制度变迁。

从长期看，中国近代的货币市场处于分割状态，整合趋势并不明显。[①]造成货币市场分割的因素则主要来源于外部。严重匮乏的金银矿产资源、生产技术的外生性，使得中国货币市场分割的形态主要是单纯层级式的，金并不是国内货币，而是被当作外汇来处理，金银到银铜的价格传导需要一定的时间，同时由于货币兑换也导致信息传递产生障碍。长久以来的二元经济结构使得对于贵金属货币化的内在动机进一步弱化。这样就阻滞了贵金属货币化的进程，进而使银钱并行的货币体系长期维持。[②]因此金银之

① 参见杜恂诚：《近代中国货币市场的整合与分割》，《中国社会经济史研究》2018 年第 3 期，第 85–100 页。

② 参见许晨、燕红忠：《近代中国的二元货币与二元经济研究》，《浙江社会科学》2018 年第 8 期，第 27–34 页。

间的关系，以及其与铜钱的关系，就成为了博弈的参数，外生地决定着博弈的均衡。外生变量的改变意味着博弈的均衡可能将会改变，但却不会内生地影响制度变迁方向。

在弱政府的条件下，解决货币市场分割是不现实的。即便政府具备较强统治力，也较难改变外生分割的客观状况，许多手段仅对内生性分割有效。近世以来的日本采取了统一调配资源的政策作为中央政府为解决货币市场分割状态的方法。停止使用外来铜钱，自铸铜钱。同时，设立了金座、银座、钱座等制造货币的机构，自行铸造各种货币，强令金银同时流通。这种政策要面对的主要挑战是金属之间的比价波动问题，如果能够维持国内金属产量，就能相对保持货币制度的稳定性。随着商品经济的发展，大面值铜钱和小面值银币相继出现，实际上都反映了市场交易活动对于中间面值货币的需求。适时改变货币形态以适应经济发展，是货币发行者必须要履行的义务。明治维新后所采取的各种措施，既是适应外部世界变化的必然要求，也是促进国内经济发展的必要条件。

然而，这类办法在解决中国近代货币市场分割的问题时，显得难以奏效。中国的单一银矿在全国几乎不存在，银大多伴生于铜和其他金属矿藏中，限于冶炼提纯技术的发展，白银产量始终十分有限，且距离政治核心区域较远。银矿开采中的两大问题一直困扰着统治者，一是分布不均，全国一半以上产量的银矿分布在云南，而云南地处西南边陲，交通不便，运输成本很高。在中央集权制度下，政府通常也使用调配资源的方法，令白银解京。但在政局不稳时，白银供给就立刻遭遇危机，咸同年间的云南回民起义使白银供给急剧下降，银钱比价曾因此发生过剧烈波动。二是矿源枯竭，由于开采技术的限制，再加上始终没有找到或者找到并未开采新的矿源，导致元代及以前开采的银矿大多在明代以后陷入衰落，只剩下云南部分的银矿继续生产。[①] 两个因素相互作用使政府不得不“听民开采”，白银的供给最终不得不严重依赖国外市场。政府无法控制白银产量，不但大大迟滞了中国古代白银货币化的进程，而且在近代面临国际贵金属市场价

① 薛亚玲:《中国古代金矿、银矿生产分布的变迁》,《浙江社会科学》2011 年第 3 期，第 136–139 页。

格波动剧烈时就显得更加被动。

币材供应这个外部条件，以往并不被学界看作影响中国货币史的制度变迁走向的决定因素，而是大多被当作前提条件来研究。近年来有研究认为中国银产量不高并不能成为无法建立银本位的理由。[①]也有学者认为“一个国家盛产某种商品，并不意味着这种商品就可以很好地充当这个国家的货币本位”。[②]但从历史的经验来看，贵金属本位确实首先在贵金属产量丰富或依靠掠夺而积累了大量金银的国家产生，贵金属严重不足的国家自发地洞察出货币制度的发展趋势，主动向银本位、金本位过渡的现象在全球范围内是不存在的。近代中国若要实现货币制度转向银本位的过程，则必须有一定的主客观条件，使货币制度能够走出对铜钱的路径依赖。这至少需要财富保有者有一个相对的稳定性，同时始终保持着对外开放的政策，这样才能够利用朝贡、商品出口换回大量贵金属。但这些条件在中国古代很难满足——最高统治者及王朝总在不断更迭，内外政策也是瞬息万变，明清两代对于海外贸易的弛禁恰好说明了这点。现代货币金融学的研究进展不能成为苛求古人的借口，古代统治者自然不可能意识到要存贮金银以备后世之用。另外，在铜钱不足的时期，市场并没有选择金银来作为货币的补充，而是在不同时期选择了更为低贱的金属（如铁钱）或其他媒介（如布帛）来辅助交换。说明金银的流通量很小，稀少且珍贵，平民极少拥有，很难具备成为货币的基本条件。因此，无论是考古出土的外国金币银币，还是陇西、岭南等银产量较多的地区用银较为广泛的事实，都非但不能作为我国古代有望实现铜本位向银本位过渡的证据，反而证明了银本位的产生与银产量是有着密切关系的。能否便利地占有币材、占有哪种币材，是使用哪种货币的最根本基础。

冶炼技术的差异也使得两国在货币行用方面逐渐产生差异。室町

① 张杰：《中国的货币本位困境——历史根源与演进机理》，《东岳论丛》2009年第8期，第5–25页。

② ［加］罗伯特·A. 蒙代尔、［美］保罗·J. 札克：《货币稳定与经济增长》，中国金融出版社2004年版，第28页。

时代（1338—1573年）的日本已经开始与中国和葡萄牙等欧洲商人进行贸易，后借此机会先后引进了灰吹法和汞齐化法，并用来开采日本各地的矿山。其中，石见银矿从1533年起就开始使用灰吹法，并在这之后将该种方法推广到其他矿山，产量上升迅速，经推算在17世纪初的年产量可达37.5吨。[①] 但马生野银矿于1622年的年产银量已经可以达到3.75~6.75吨左右；[②] 摄津多田银矿1664年到达产量顶峰，年产量银5.6吨，铜430吨。[③] 随后，日本开始使用汞齐化法进行冶炼，在这一过程中，还出现了专门的矿务人员和机械操作的雏形。而中国一直使用传统的灰吹法，这对伴生矿的开采冶炼有着不利影响，导致产量不高且浪费严重。因此，日本的冶铸技术至迟在1600年左右已经高于中国。[④] 日本能够在货币改铸中自发地出现由称量银制货币向银铸币的转化，与技术先进是分不开的。与之相对应的是，近代中国有大量外国银元在市面上流通，并受到了大众的广泛认可。这既反映了人们对于小额银制货币的需求，更反映了中国的白银冶炼技术的落后。小面额铸币的铸造需要更精细的工艺和更多的火耗，这在技术层面成为了中国自铸银元的壁垒。迟至1890年，清政府的机制"龙洋"才问世。

日本近世以来的分层货币体系是一种不完全的主辅币制度，改变这种制度的核心冲击是小额银铸币的出现。白银铸币的出现沟通了银制货币与铜制货币的兑换途径，也活跃了商品经济。在中国古近代社会，过小面值的货币与过大面值的货币并行存在，但它们几乎可以相容得非常顺畅，不存在什么实质的交易障碍，高层次和低层次的货币不是不能兑换，是不需兑换，即两种货币各有各的职能。在进行某种交易的时候，用其所惯用的货币就可以了。当交易需要用到中间币值的货币时，常见的表现是削去银

---

① 石見銀山資料館編：《私たちの石見銀山》，島根：石見銀山資料館，2011年，第10頁。

② 小葉田淳：《生野銀山史の研究》，《京都大學文學部研究紀要》1954年3月，第1-70頁。

③ 小葉田淳：《摂津多田銀銅山史の研究》，《龍谷大學論集》，1970年，第1-26頁。

④ 谢乾丰：《16—17世纪世界银冶技术比较研究——以明朝、日本和西属拉丁美洲为对象》，《自然辩证法通讯》2009年第2期，第75-80页。

两中的一部分，使之成为碎银。而日本的分层货币体系的演进过程中，最重要的一步是取消了称量银制货币，将其全部铸造成银元，使得中间面值的货币大量流通，这种货币很容易就被“模糊化”或者“中性化”了。即便不考虑银与铜之间是否存在主辅币关系，仅考虑并行流通的情况下，银铸币也容易成为过大或过小面值货币的替代物。因此，日本分层货币体系的变革最大的特点在于，它将银元作为沟通大额货币和小额货币的桥梁，从而有意无意地将铜钱辅币化，甚至银元也渐渐趋于辅币化了。

余　论

在生产力低下的历史时期，铜钱作为主要货币的情况是易于理解的。日本就像按照长安城的样式建造了平城京（奈良）一样，在货币制度上也效仿了古代中国的货币体系。而由于其铜产量低、冶铸技术低下，在一段相当长的时期内直接使用中国铜钱。如果不使用国外的铜钱，就必须寻求更为低级或者更难以流通的一般等价物。也就是说，在商品经济不发达的相当长的时间内，铜制铸币是相当先进的货币形态，铜产量较少的国家无非选择了使用其他金属或者进口铜币的方法来进行交易。

货币的选择和行用进入金属阶段以后，在历史上呈现出了由贱金属过渡到贵金属的趋势，具体来说是由铁、铜等转变为金、银等，这个趋势是商品经济发展的必然结果，也是世界性的共同现象。中国古代社会也大体有了这种趋势——从明中叶起，货币白银化的现象日渐显露，但是制钱经济仍然具有强大的控制力。在广大内地和农村地区，金银依然鲜见，交易过程中使用的多是制钱。

虽然这种趋势显而易见，但是如果说货币的材质必须是从铜到银再到金，则并非必然。意即不必按顺序经过铜本位、银本位、金本位的阶段然后进入信用本位。金属货币流通的时代，本位货币的选择是以国内金属储备为基础的，没有这种基础，就没有办法维持币值稳定。金属货币有着天然的紧缩货币特性，无论开采冶炼技术有多高，其总量终究是有上限的。因此，从某种意义上说，所有的复本位制度都建立在单一金属短缺的担忧之上，但也正是由于该制度想要回避的金属短缺问题，造成了“劣币驱逐良币”的市场行为，总有一些货币在市场上流通受阻，因而复本位的建立既无法从根本上解决金属储备不足的问题，也无法实现币值的稳定。

> 中国和日本的分层货币制度虽有一定差异，但它们都在紧缩性的金属货币制度下给出了新的解决方案。近代中国是典型的竞争性的货币体系，不仅各种金属并行、中外货币混杂，还有各种庄票、银票、私帖等纸币同时存在。同时，在金属货币不足的情况下，民间自发地产生了转账汇兑、债务冲销的各种手段，用信用创造的形式对抗着币材的不足，在实践中维持了货币制度的相对稳定和运转效率。近世日本的货币制度则带有明显的单一本位过渡性，在白银仍为称量货币时，其分层特征十分明显。从白银成为铸币之后，其分层特征开始逐步减弱，金银铜三种货币虽然仍依照社会等级起到不同的作用，但两种贵金属之间开始建立联系，而这种模式为其金本位改革奠定了基础。

货币制度的演进应该是适应经济发展水平的。如果货币制度变迁是适应经济发展阶段的，经济运行就会相对顺畅；如果货币制度变迁不适应经济发展，则会产生相反的效果，严重的将导致物价波动、通胀通缩或经济紊乱。中国近代以银钱并行为特征的分层货币体系中，相对强势的货币所对应的经济层也是强势的，反之则反是。铜钱的弱势是农村相对弱势的体现。小农经济的束缚始终限制着商品经济的发展，制约了生产力的进步，使得农村的经济发展水平难以脱离铜钱的循环。与之相对应，货币体系就必须维持在相应的制度框架内，任何超越经济发展水平的货币制度只会使经济运行变得无序化。

经济发展历程：经验与教训

——第六届全国经济史学博士后论坛综述

杨　郁　高珊珊*

南京审计大学经济学院

由中国社会科学院、全国博士后管理委员会办公室、中国博士后科学基金会共同主办，中国社会科学院博士后管委会、中国社会科学院经济研究所、中国经济史学会、南京师范大学社会发展学院、南京审计大学新经济研究院联合承办的第六届全国经济史学博士后论坛于 2019 年 11 月 9—10 日在南京师范大学隆重举行。来自国内外高校、科研院所等机构的与会专家和青年学者达 60 余人，以“经济发展历程：经验与教训”为主题展开了激烈的讨论与交流。本届论坛共收到论文 50 余篇，涵盖财税及货币、工业与手工业、家族与地方社会、粮食与土地政策、企业与经济思想等领域。

开幕式上，江苏省政协副主席、南京师范大学副校长朱晓进教授致欢迎词，对出席论坛的各位专家和学者表示热烈欢迎和感谢，并预祝论坛圆满成功。中国社会科学院经济研究所党委副书记、副所长朱恒鹏研究员和中国经济史学会会长魏明孔研究员分别致辞。

本届论坛分为主题报告和分组讨论两大环节。两场主题报告分别由南京审计大学经济学院院长李陈华教授和南京师范大学党委常委、宣传部部长张连红教授主持，中国社会科学院魏明孔研究员、厦门大学人文学院副院长王日根教授、《中国经济史研究》主编魏众研究员、南京大学李玉教授、山西大学刘建生教授、江苏社会科学院王卫星研究员分别对主题报告进行

* 作者简介：杨郁，南京审计大学经济学院硕士研究生；高珊珊，南京审计大学经济学院硕士研究生。

了一对一的精彩点评，深入浅出，妙语连珠，受到了与会人员的高度评价。在后续的分组讨论阶段，分别以财税及货币、工业与手工业、家族与地方社会、粮食与土地政策、企业与经济思想为主题安排五大会场，进行了论文宣讲与学术研讨，中国社会科学院经济研究所高超群研究员、隋福民研究员，厦门大学林枫教授、张和平教授，南京师范大学晋文教授等对此阶段的论文做了精彩而细致的评价。下面就会议主要讨论的情况做一简要介绍，以与学界分享。

一、财税及货币

财税收入是一个政权赖以生存的经济基础，不同时期赋税的征收对象、内容、形式以及数额等也有所不同，而过重的税收负担则会引发国民经济和社会民生的动荡。何志文（中国国家博物馆）探讨了吐蕃统治西域时期的赋税制度，发现这一时期的百姓赋税负担沉重，欠税现象常见，而通过借一还二方式偿还所欠税额，更是加重了赋税负担。税收与经济运行、社会治理密切相关，社会转折往往伴随原有财税政策与社会现实的不适应而引起的变革。唐盟（中央财经大学）利用“商税场务”的有关数据进行实证分析，发现北宋时期课征商税降低了官府对农税的依赖，农税和商税并行的税收结构有利于减轻农民财政负担和缓和社会冲突，从而为解释北宋国内矛盾经常处于非剧烈对抗性状态提供了一个新的研究视角。房产税直接涉及普通民众，同时又与政府财政收入密切相关。李东鹏（上海音像资料馆）研究发现近代上海工部局在西方财税理念指导下建立的房税制度，在近代中国产生了强大的示范效应，被国内中央和地方政府学习借鉴，对探索近代中国财税领域的“冲击”与“反应”作用提供了案例。货币体系是否合理对一国经济社会发展产生重要影响。田牛（贵州社会科学院）通过研究川楚白莲教起义时期清政府财政、货币问题后发现，太平天国时期通货膨胀具有较深层的历史原因和较浓厚的近代特征：诱发因素既有中国传统王朝周期律的作用，也有西方殖民势力初入中国对既有社会矛盾的激化，更有货币市场白银紧缺导致财政危机进而引发经济萧条的隐患。

二、工业与手工业

工业的产生与发展不仅催生了人类文明，也是人类文明史演进的主要动力。王庆等（中国人民大学）借助文献计量，通过对中国历代文献和科技文献的梳理和统计，重绘了李约瑟（1978）中西方科学及发展对照图中“审慎的”中国科学发展水平曲线，发现自公元前二世纪起，中国历代的著述强度和科技著述强度从整体上呈现出了不断上升的趋势，且极盛于清一代；以隋朝为分界中国存在着两个明显不同的科技发展阶段。项露林等（重庆交通大学）从农业景观、分工层次和产地竞争三个方面重点考察和探讨了传统时期中国和西欧的优势手工业——丝织业和呢绒业，并通过分析两种商品各自在双方市场的优势地位，以探寻工业革命前后中西方手工业发展道路差异的真相，发现并不存在真正意义上的“大分流”现象。张若愚（南京师范大学）选取南通大生纺织公司作为研究对象，廓清其在抗战初期的历史走向与脉络，探究其在“德产”外衣下的生产经营，见微知著，进而管窥沦陷区民族工业的生存议题。康健（安徽师范大学）以新近见的官方档案和民间文书资料，对祁门红茶初创时期进行考察，力图展示晚清时期祁门红茶贸易的图景。

三、家族与地方社会

豪族问题一直是东汉史研究的核心。瞿同祖先生曾有言：“东汉的历史都可以被看作是豪族的历史。”吴孟灏（南京审计大学）探讨了东汉豪族的家庭结构、居住实态、宗族规模，从社会经济角度形成了一个关于豪族的基本认识：东汉豪族一般聚族而居，常采取城乡双家制，其宗族组织内部主要由宗族成员和拟制宗族成员的小家庭构成。董乾坤（安徽大学）利用自光绪七年（1881 年）至民国四年（1915 年）的系列家庭收支账簿作为核心资料，探讨了处于王朝体系中最底层的生员，如何利用技术性知识来增加家庭收入，其在当地社会中的作用及其与地方社会的关系。

编修方志是中国悠久的文化传统，以记录四方风俗、物产、舆地以及故事传说等。刘猛（安徽大学）通过研究清代湖南的方志纂修活动，发现为保证纂修活动的顺利进行，清代湖南地区的地方长官、士绅等积极参与，采取自愿捐纳、募捐、派捐、公费等多种途径筹集修志经费。明清两朝商业经济的蓬勃发展促进了人口的流动，徽商的身影活跃于江南的各大城市，“徽之富民尽家于仪、扬、苏、宋、淮安、芜湖、杭、湖诸郡”。汪映雪（南京大学）聚焦于徽商出徽入杭现象的发生和演变，发现徽商定居杭州后的文化生活深刻影响着杭州本地的文化景观，其中的典范代表更被载入杭州史志，甚至参与杭州地方历史书写。

四、粮食与土地政策

战国秦汉时期粮食亩产量是中国古代社会史、经济史研究的重点问题之一，是当时社会生产力的重要参考指标。陈星宇（南京师范大学）通过对传世文献和出土简牍的研究，发现战国秦汉粮食亩产量的变化经历了先升高再下降的过程。在传统农业社会中，粮食价格堪称市场价格的中心。它不仅是物价研究中的核心问题，更是认识其时的社会经济乃至百姓生活的一个重要窗口。刘鹏（扬州大学）以秦的粮食和其他物资的价格为研究对象，对秦民尤其是广大小农阶层的大体生活状况做了一定考察，发现强盛一时并履行着强大农业经济职能的秦帝国在某种程度上还是呈现出了一种“国富民穷”的特质，一般秦民尤其是广大小农阶层举步维艰。贾明恺（辽宁大学）借助地理信息系统（GIS）软件，重构并呈现晚清民国时期“珠江—西江”流域商品流通网络与方言区重叠分布格局，并进一步从地理时间、历史趋势两个层面分析成因。1912—1937年作为中国历史上重要的转型时期，是中国社会由传统向现代变迁的重要阶段。李欢（中国社会科学院经济研究所）通过对民国山西公营事业的研究，发现公营事业的发展一方面可以推动地区经济，另一方面也可以促进地方政治集权化，因此受到山西当权者的推崇。

五、企业与经济思想

近代中国民族资本企业与外资企业的互动，是中国经济史研究中的一

个重要内容。张跃（宁波大学）以中国冷冻蛋品工业为例，深入研究了中外资企业间的市场竞争与合谋问题，展现了近代中国企业由间接贸易向直接贸易转变的艰辛。王子龙（东京大学）结合日本有关八幡制铁所的研究成果，分析了汉冶萍公司如何在近代中国内忧外患的严峻市场环境下艰难生存。1937 年抗战爆发后，大后方许多省份出现了一种新的企业经营模式——省营企业公司，其经济总量在当时的国民经济中占有非常重要的份额。卢征亮（西南民族大学）从财政基础、投资主体、经营主体、经营范围等对其进行研究，比较了其与国营企业的差异。刘存京等（韩国国立昌原大学）基于 20 世纪 50—70 年代中印计划经济发展政策的比较，探讨中印发展成就上的较大绩效差异和异质混合性，提供探讨导致这种现象的政策、组织和其他因素的内在历史逻辑，发现计划经济时期两国事实上的制度结构、发展政策的似是而非，对后来两国走向市场化改革道路和改革对外开放模式的影响有主要的逻辑关联。

目前的宏观经济研究和政策制定都严重依赖于国民收入核算体系中以货币计量的统计变量，而其中的“国民生产总值 GDP”已成为经济学相关研究中最重要的概念和统计变量之一。蔡超（南京大学）从理论和现实的角度，对 GDP 统计和经济增长的本质内涵进行再审视，认为当下政府不应该再特别关注 GDP 的总量问题，更应该强调 GDP 的结构问题和质量问题，集中精力解决好不协调不平衡的发展问题，推动国民经济由高速增长转变为高质量增长。

闭幕式上，首先由五个会场的小组代表对各分会场的论文宣讲和专家点评情况进行了总结。其次南京大学李玉教授以“经济史研究的叙事、‘说理’与‘说礼’”为题，对本届论坛作了总结发言，认为经济史学作为经济学与历史学的交叉学科，仍具有巨大的研究空间和学术潜力，同时提倡做学术研究在“坐言”的同时还要“起行”。经济管理出版社编辑对于博士后文库的申请、评审等向与会者进行了详细解读。最后魏众研究员幽默风趣地致简短闭幕词，认为本届论坛议题集中且内容多样、百花齐放又与时俱进，是一场思想交流、碰撞与融合的盛宴，对经济史学领域的学术交流和研究具有积极意义，并对下一届论坛的成功举办充满希冀。